本研究为2011年教育部人文社会科学研究规划基金项目成果，项目编号11YJA740020

语用学学人文库

何自然 主编

社会文化理论与语用习得研究

A Study of Sociocultural Theory and Acquisition of Pragmatics

段玲琍 著

暨南大学出版社
JINAN UNIVERSITY PRESS

中国·广州

图书在版编目（CIP）数据

社会文化理论与语用习得研究/段玲琍著. —广州：暨南大学出版社，2017.9
（语用学学人文库）
ISBN 978 - 7 - 5668 - 1997 - 0

Ⅰ.①社…　Ⅱ.①段…　Ⅲ.①汉语—语用学—研究　Ⅳ.①H1

中国版本图书馆 CIP 数据核字（2016）第 279514 号

社会文化理论与语用习得研究
SHEHUI WENHUA LILUN YU YUYONG XIDE YANJIU
著　者：段玲琍

出 版 人：徐义雄
策　　划：杜小陆　刘　晶
责任编辑：刘　晶　李　鹏
责任校对：周海燕
责任印制：汤慧君　周一丹

出版发行：暨南大学出版社（510630）
电　　话：总编室（8620）85221601
营销部（8620）85225284　85228291　85228292（邮购）
传　　真：（8620）85221583（办公室）　85223774（营销部）
网　　址：http：//www. jnupress. com
排　　版：广州良弓广告有限公司
印　　刷：佛山市浩文彩色印刷有限公司
开　　本：787mm×960mm　1/16
印　　张：19
字　　数：356 千
版　　次：2017 年 9 月第 1 版
印　　次：2017 年 9 月第 1 次
定　　价：58.00 元

总 序

语用学（pragmatics）作为一门学科，近二十多年的发展日新月异。语用学的学术视角从最早的语言哲学扩展到语言学，逐渐触及语言学的各个领域，出现了各类与语用学相结合的新兴学科和边缘学科，对翻译学、外语教学、词典编撰、跨文化交际、人工智能、文学批评、心理学等许多相关学科产生了深远的影响。语用学现已成为当代语言学中的显学，吸引了越来越多的学者从事语用学的学习、教学和研究。

20 世纪 60 至 70 年代，与语用学有关的课题在西方语言哲学的日常语言学派中十分盛行，但它直到 70 年代末至 80 年代初才成为语言学的一个分支学科。1977 年，《语用学学刊》（*Journal of Pragmatics*）在荷兰发行，标志着语用学作为一个学科得到正式确认。同一时期，pragmatics 引入日本，被翻译为"語用論"，日本学者毛利可信于 1978 年就曾以"意义的不确定性——从语义学到语用学"为题发表过文章；1980 年，毛利可信出版了亚洲第一部语用学专著《英語の語用論》(《英语语用学》)。在我国，语言学界前辈许国璋先生于 1979 年在中国社会科学院语言所主持出版的《语言学译丛》中就曾连续译介过与日常语言哲学有关的奥斯汀的《论言有所为》等文献。《语言学译丛》改版后的《国外语言学》季刊在 1980 年就刊登了胡壮麟先生介绍国外语用学的文章。到了 1983 年，西方正式出版了列文森的《语用学》(*Pragmatics*) 和里奇的《语用学原理》(*Principles of Pragmatics*)。这些国外语用学经典著述，经我国学者不懈引进，使语用学在我国开始扎根、发芽。随后，经过三十多年的努力，我国语用学研究得到不断发展，研究队伍不断壮大，与国外同行学者之间的学术交往日益增多，并不断产出具有国际视野的研究成果，体现出中国学者的学术见解和创新。

当然，我国语用学研究的全面创新及语用学学科的深度发展还有很长的路要走；作为我们自己的学术团体，中国语用学研究会也有很多工作要做。2011 年，第十二届全国语用学研讨会暨第六届中国语用学研究会年会在山西大学外语学院召开之际，研究会常务理事会决定组织出版“语用学学人文库”（以下简称“文库”），并成立了编委会，约请暨南大学出版社自2012年起出版语用学方面的有关论著。中国语用学研究会认为，在这个时候筹划出版“文库”丛书是有其积极意义的，可以极大地促进我国语用学教学与研究的繁荣，使汉语、外语学习和实际运用得到应有的重视，使汉语在我国社会经济生活中的使用质量得到不断提高，并为在国际上普及汉语和宣传中华文化而给力。

我们计划“文库”丛书每年出版2至3部专著。这些著述着重反映以下三个方面的内容：第一，评介当前国外语用学学科的前沿课题；第二，结合和借鉴国外语用学的理论和实践，指导和提高我国汉语和外语的教学与研究；第三，介绍我国学者在语用与社会、语用与文化、语用与翻译、语用与心理、语用与认知等方面的创新成果。

我们曾征询过国内外有关专家、教授、学者的意见，草拟了一份“文库”选题建议，发布在“中国语用学研究会网”（www.cpra.com.cn）上，供大家撰稿时参考。我们盼望我国从事语用学教学与研究的同仁能够积极支持这个“文库”的出版计划，踊跃撰稿，为进一步繁荣我国语用学的学术研究作出贡献。

“语用学学人文库”编委会

2012年5月

序

四川外国语大学商务英语学院院长段玲琍教授承担的教育部人文社会科学课题如期完成并提交结项，我有幸参与其成果的评估。如今，该课题成果顺利通过验收，段教授有意将该成果作为“语用学学人文库”系列之一，由暨南大学出版社出版，并嘱我写一小序。欣喜之余，我慨然接受邀请。

第一次见段玲琍教授应该是2007年的9月下旬，我去贵州大学外国语学院参加“第五届中国英语写作教学与研究国际研讨会”，会议前先去贵州师范大学外国语学院做了一场题为“语用学与语法教学”的讲座，会议结束后在贵州大学外国语学院又做了一场题为“语用学研究的目标与方法”的报告，在贵州师范大学郑志进教授的介绍下结识了当时仍在贵州大学担任教学及行政工作、同时从事语用学与外语教学研究的段玲琍教授。与段教授的缘分还在于，她还在广东外语外贸大学的外国语言学及应用语言学研究中心读过书，获得了硕士学位，是我的校友。此后，她去泰国苏兰拉里理工大学深造，获得了英语语言研究专业语用学方向的博士学位。由于研究兴趣相似，这些年来我一直较为关注段教授的研究工作。

段教授长期从事语用习得、语用测试及英语教学法研究，是国内为数不多的语用测试方面的专家，目前担任中国语用学研究会常务理事，先后承担了多个省部级项目，如“语用能力测试工具的效度研究”“社会文化理论与语用习得研究”等，出版了《中国学生语用能力的习得研究》等专著并发表了大量相关文章。如今，她基于其教育部人文社会科学项目撰写的专著《社会文化理论与语用习得研究》即将付梓，我深为敬佩并表示由衷的祝贺！

既有关于二语语用能力发展的研究主要是参照Ellen Bialystok，Lyle Bachman，Jenny Thomas等关于语用能力的界定并在言语行为理论框架下展开。《社会文化理论与语用习得研究》开辟了一条新路子，围绕外语学习者的语用能力发展问题，紧扣语用教学教什么（教学目标）、怎样教（教学方法）、怎样测量（测试工具）等问题，引入社会文化理论视角，基于该理论中的四个核心理念，构建了一个适合语用习得研究的理论模式，并进一步尝试建立了二语语用教学模式，这是对现有研究视角的重要补充。该成果具有较高的理论价值，为社会文化理论对二语语用发展研究的适用性提供了第一手证据，表明了社会文化理论的理念有机融入语用习得教学模式的可行性，作者开展的各项实证研究对现有语用教学改革思路具有很强的启发意义，对提升语用教学的教学效果具有借鉴价值。总体来看，各项实验设计合理，数据分析严谨、细致，讨论充分，文献综述全面，引证合理，研究结果可信，体现了很高的学术水准，充分反映了作者通晓本领域的研究状况，具有很强的问题意识和实证研究能力。相信本成果的出版能对进一步推动中国二语语用教学实践、促进二语语用能力发展研究起到积极作用。

是为序。

陈新仁
2016 年 6 月于南京

目　录

第1章 引论

1.1 问题的缘起

中国人的英语以 Chinglish 或 Chenglish 闻名于世；中国人英语发音最大的问题就是没有连读，但这并不是最主要的语言问题。老外们时常议论，很多中国人在说英语时，听起来没有礼貌；并不是这些中国人本身没礼貌，而是他们还没有习惯英语的礼貌表达方式。比如，中国人在餐厅或咖啡厅，会说“我想要一个汉堡包”或者“我想要一杯咖啡”。但是，如果直接把这些话翻译成英语“I want to have a hamburger.”或“I want to have a cup of coffee.”老外们会觉得这样说话很没有礼貌，当然他们也不会直接告诉你。而在西方国家，老外们一般会说“Could I have a hamburger，please?”或“Can I have a cup of coffee，please?”再比如，中国人在拒绝别人邀请的午宴或晚宴时，会说“抱歉，我不能去，我还有别的安排。”翻译成英文就是：“Sorry，I can't. I have another appointment.”如果这样说，那别人也许不会再邀请你了。老外们一般会这样说“That is a good idea! I would like to join in but I have another appointment today.”（爱思英语网，2014）。

以上引文出自一篇网络媒体讨论如何学好英语的杂文，看似一个非常简单的关于语言表达恰当性的问题，却提出了一个非常严肃的学术问题，即培养学生的语用能力。语用能力（Pragmatic Competence）是用目标语做事和交际的能力，即在适当的语境下运用得体性和适切性语言的能力。对于第二语言学习者来说，就是学习者学习第二语言的语用能力，即学习用第二语言（或称“目标语”）做事和交际的能力。语用能力是语言系统的一个重要层面，无论是母语学习者还是外语学习者都认为获得语用能力是语言学习者所追求的终极目标；语用能力也是许多学者提出的交际能力的重要成分之一，如，Hymes（1971）、Habermas（1984）、Bachman & Palmer 等（1996）（见 Kasper & Roever，2005：317）。在二语习得领域中，语用能力的习得（简称“语用习得”）研究比起语音、词汇、语法等的习得研究起步较晚。得益于语用学领域的语际语用学，语用习得研究又译为“中介语语用学”（Interlanguage Pragmatics）研究，主要对外语学习者语用能力进行描述；语用习得研究是二语习得与语用学领域的跨界研究。

20 世纪 80 年代以来，语用能力研究成为中外二语习得和语用学研究者的热门课题（Kasper & Rose，2002）。国外以 Thomas（1983）、Blum-Kulka et aL.（1989），Beebe et al.（1990），Schimit（1993），Nelson、Al-

Batal、Echols（1996），Rose（2001），Kwon（2003），Kasper & Roever（2005），Dippold（2009），Taguchi（2011），Maíz-Arévalo（2014）为代表；国内以何自然、阎庄（1986），洪岗（1991），王爱华（2001），李萍等（2006），孙晓曦（2009），卢加伟（2011），陈新仁（2014），冉永平、杨青（2015），冉永平、刘平（2015），陈新仁、李民（2015）等为代表，他们的研究从语用失误开始，研究重心是各种语言的语用策略对比，研究最多的是言语行为，包括请求、道歉、拒绝、抱怨、建议等；其他还包括话语策略、语用理解等。尽管这些实证研究不能涵盖所有言语行为，但它们无论在理论上还是实践上都很有预测力。不过，语用能力的内容很广，目前的研究只涉及了其中的几个方面，还有更多的内容没有涉猎，特别是言语行为之外的语用能力。

20世纪90年代开始，研究重心转向第二语言语用习得研究，研究者对语用能力的可教性研究非常感兴趣，如，是否可以通过有计划的教学干预使学习者获得语用能力（Kasper & Rose，2002：237），研究代表有Billmyer（1990），Bouton（1994），Morrow（1995），House（1996），Tateyama et al.（1997）等；21世纪开始走向系统深入的实证研究（Kasper & Rose，2002），研究代表有Liddicoat & Crozet（2001），Yoshimi（2001），Fukuya & Zhang（2002），Silver（2003），Kasper & Roever（2005），Taguchi（2008a，b），Schauer（2009），Louw、Derwing & Abbott（2010），Taguchi（2011），Taguchi（2012），Soler（2012），Taguchi & Sykes（2013），Wang & Brophy（2014），Roever & Al-Gahtani（2015），Bardovi-Harlig、Mossman & Vellenga（2015）等。国外研究者在教学效果、教学方法、理论背景、学习目标语、研究设计和测量工具研究等方面取得了一定进展，并且已证明语用能力的可教性，多数研究还证明明示教学优于暗示教学，如，Rose & Ng（2001），Takahashi（2001），Koike & Pearson（2005），Rose & Kasper（2001），Koike & Pearson（2005）等。当然，到目前为止，实验性研究并不多，理论探讨也较少见，这表明在这方面的研究还有很多问题等待研究者去挖掘，如，主要的教学方法还是流行于二语习得领域的明示和暗示教学法，教学方法比较单一，希望有更多二语习得的教学方法能在语用能力教学中有所运用，互动假设中重铸、支架概念等在该领域中实验涉猎不多；主要研究方式还是定量研究，包括前测和后测、实验组和控制组，定性研究相对较少，定量和定性的综合研究就更少了。

就理论背景而言，语用习得的理论框架主要有五种：文化适应模式理论（Acculturation Model）、认知处理模式理论（Cognitive Processing Model）、社会文化理论（Sociocultural Theory）、语言社会化理论（Language Socialization）和互动交际能力模式理论（Interactional Competence Model）。占主导地位的是认知处理模式，因为该理论研究历史长，具有比较深厚和严谨的理论背景，而且将该理论应用于语用能力的教学研究比较容易操作，可行性也比较强（Kasper & Rose，2002：59）。认知处理模式的具体运用主要验证Schmidt（1990，1993，1995 & 2001）所提出的注意假设（Noticing Hypothesis），是语用能力可教性研究的主流。正如Kasper & Rose（2002）所说，认知理论是在语际语用学的可教性问题研究中最流行的理论。同时，Kasper & Rose（2002）认为社会文化理论，如支架概念，还有语言社会化理论也是语用能力可教性研究最有潜力的理论依据。

社会文化理论由苏联心理学家Vygotsky（1962，1986）及其同事于二十世纪二三十年代创立；20世纪60年代在美国和欧洲的心理学、教育学、应用语言学界广泛传播，并得到认可；从20世纪80年代开始，美国学者James Lantolf和他的同事就开始致力于将Vygotsky的理论引入二语习得领域，如，Frawley & Lantolf（1985）、Lantolf & Aljaafreh（1995）。Lantolf（2000）编辑了第一本关于社会文化理论的探讨论文集，着重讨论社会文化理论与互动论、输出假设以及交际教学法的区别，如，Ohta（2000）使用最近发展区理论探讨二语语法的习得，从而重新思考互动论；Swain（2000）通过对话教学讨论调节（中介）的作用，并比较输出假设的理念等。

Lantolf & Thorne（2006）合作出版了第一部从社会文化理论视角研究二语习得的学术著作《社会文化理论和第二语言发展的起源》，这是关于二语习得研究的一种独特和新颖的视角，也引起了西方学者针对二语习得认知派和社会派理论的大辩论，《现代语言期刊》（*The Modern Language Journal*，91，Focus Issue，2007）设专栏讨论（文秋芳，2008）。社会文化理论的研究重点集中在社会活动与个体认知发展上，把个体的学习看成知识的建构过程，在关注学习的社会方面的同时，认为个体的心理活动与一定的文化、历史和风俗习惯背景密切联系在一起，知识与学习都存在于一定的社会文化背景中，知识源于不同的社会实践活动（高艳，2008）。根据Lantolf & Thorne（2006），社会文化理论核心由四个部分组成：调节论（又译为“中介”）（Mediation）、最近发展区理论（Zone of Proximal Development）、内化论（Internalization）、活动理论（Activity Theory）（牛瑞英，2007），由此，标志着社会文化理论的四个理念在二语习得研究中系统研究的开始。Lantolf & Poehner（2008）又编辑出版了专门论文集，以实证研究报告为主题，重点报告了社会文化理论中的调节论和最近发展区理论在听说写及评估方面的实际运用效果，如，Ableeva（2008）的二语听力的动态评估效果；Haught & McCafferty（2008）的戏剧和最近发展区在二语课堂中运用以及 Mahn（2008）的使用对话式教学教二语写作等。从 2008 年开始至今，国外学者 Watson（2009）、Wells（2010）、Song & Kellogg（2011）、Lantolf & Poehner（2014）等一直在论证社会文化理论在二语习得研究中的重要性。

当然，国外对社会文化理论的四个核心概念的单项研究从 20 世纪 80 年代开始有成果发表，以调节论和最近发展区理论为最多，尤其是调节论，代表研究者有 Frawley & Lantolf（1985），McCafferty（1992），Apple & Lantolf（1994），Pavlenko（1997），McCafferty（1998），Sullivan（2000），Swain（2001），Morita（2004），Xu、Gelfer & Ferkins（2005），Smith（2007），Choi & Lantolf（2008），Lee（2008，2009），Cross（2010），DiCamilla & Antón（2012），Poehner & Lantolf（2013），Jenks（2014）等；最近发展区理论研究有，Aljaafreh & Lantolf（1994），Lantolf & Aljaafreh（1995），DiCamilla & Anton（1997），Nassaji & Swain（2000），Swain & Lapkin（2002），Poehner（2005），Li（2008），Lantolf & Poehner（2010），van Compernolle & Zhang（2014），Rassaei（2014）等；内化论的研究有 Lantolf（1997），Ohta（2000），Ohta（2001），Negueruela（2003），Poehner（2007），Poehner（2008b），Swain、Lapkin、Knouzzi et al.（2009）等；活动理论研究以下列研究者为代表：Coughlan & Duff（1994），Roebuck（1998），Lantolf & Genung（2002），Andrawiss（2004），Hendry（2009），Feryok（2012），Yu & Lee（2015）等。

国内外语界的学者关于社会文化理论与二语习得的研究从 20 世纪 90 年代开始，主要以理论介绍和评析为主，如，詹德华（1998），麻彦坤（2004），何善量（2007），文秋芳（2008），高一虹、周燕（2009），韩亚文（2009），杨华（2012），秦丽莉、王绍平、刘风光（2015）等从社会文化理论的各个层面进行陈述，并大力推崇；同时，李霞、兰英（2007），马俊波（2008），吴文、甘勇（2011），姜孟（2012）等也指出了该理论的不足之处；还有邹莹（2009），王初明（2009），程晓棠、岳颖（2011），魏梅（2011），贾冠杰（2013），曹宇（2014）等从对比角度分析该理论与其他理论的结合。实证研究主要探讨调节论、支架概念和最近发展区理念在实际教学中的运用，如，张国荣（2004），彭元玲（2008），贾光茂、方宗祥（2009），盖淑华（2010），熊淑惠（2009，2010），程晓（2011），王洁卿（2012），秦丽莉、戴炜栋（2013），杨鲁新、付晓帆（2014），段玲琍（2014a，b）等。关于活动理论和内化理论的探讨，理论和实证层面的研究都比较少，如，高艳（2008），朱静静（2008）。

尽管以上研究从不同角度对社会文化理论进行了验证，但是真正把社会文化理论融入语用习得的研究还不多见。社会文化理论被引入语用习得领域得益于语用习得领域的领军学者 Kasper 等，他们在 21 世纪初撰文呼吁，并预测该理论是有潜力的理论框架，如，Kasper（1995），Cohen（1996），LoCastro（1998），Kasper & Rose（1999），Kasper（2001），Kasper & Rose（2002）；随后，有一些研究陆续发表，当然，在语用能力的观察研究中使用较多，如，Kim & Hall（2002），Belz & Kinginger（2003），Ohta（2005），Ishihara（2007），Winke & Teng（2010），Holmes & Riddiford（2011），Taguchi（2014）；只有少量在教学干预中使用，如，Fukuya & Zhang（2002），Soler（2008），Taguchi & Kim（2014），van Compernolle & Henery（2015）等。国内的研究比较少见，国内各级英语教学大纲（包括中学和大学）都确定了语用能力的培养原则，但是怎样教还是一个难以解决的问题；正如本文开篇所指，连大众媒体都开始关注中国学生学习英语恰当表达的问题了，可见语用能力培养的重要性。

正是基于以上原因，本研究显得十分迫切。

1.2 研究目的和意义

语际语用学研究者自 20 世纪 80 年代开始调查学习者的语用能力以来，语用习得研究者发现仅仅是调查现象还不够，怎样教会外语学习者其母语的语用策略，语用能力是否可教等问题才是解决语用习得的核心课题。起初，许多研究证明语用能力的可教性，之后，教什么（教学目标）、怎样教（教学方法）、怎样测量（测试工具）等问题又成了语用习得研究关注的难题。从认知角度研究语用习得是初期的研究重心，而且已有相当研究成果，但是也存在一些问题，如，教学法、测量形式比较单一；后来研究者建议以社会文化理论为支撑研究语用习得不失为一个新颖的角度。基于此，本研究期望根据社会文化理论中的四个核心理念构建一个适合语用习得研究的理论模式，尝试着以此理论模式为基础建立教学模式；理论上能进一步验证社会文化理论，实践上进一步考察社会文化理论融入语用习得教学模式的可行性，从而最终证明社会文化理论对语用习得的解释力；同时，根据本研究所构建的理论模式进行实证研究，希望能对现有语用能力教学产生一些创新性改革作用。因此，宏观上，本研究拟探讨以下两个大问题：

（1）社会文化理论是否可以融入语用习得的理论模式？

（2）实施了社会文化理论理念融入语用习得的教学模式后的教学效果怎样？

为了进一步将以上宏观问题具体化，使本研究具有可操作性，我们将学生分为四个学习小组，将学习方法分为三种（具体见 4.1），并提出以下细分研究问题：

①实施了社会文化理论理念融入语用习得教学和学习模式后，四个学习小组学生的语用习得能力有何改变？

②在社会文化理论融入语用习得的过程中四个学习小组有何特点？

③对于社会文化理论理念融入语用习得中的三种学习方式，四个学习小组的学生是否能接受？若能，接受度有多大？

尽管本研究的难度很大，有一定操作困难，如：课堂教学和学习任务的设计，教学方法和测量工具，理论模式的构建需要在教学实践中不断地进行试用—修改—再用—再改等循环过程都是难点。但是，本研究仍克服了以上理论构建和教学实施过程的困难。本研究是二语习得与语用学领域的跨界研究，将为英语教学大纲的制定提供理论依据，尤其是能对语用能力的教学原则提供有说服力的依据。本研究教学方法的使用也为教学法研究提供有力佐证，同时也有利于提高英语教师培养语用能力的意识，还能提高学习者的语用能力。

1.3　本书结构

第一章是引论，主要介绍研究问题的缘起、研究现状、研究目的和意义。第二章是文献综述，主要介绍社会文化理论在二语习得领域的研究现状、语用能力研究等方面的内容。第三章为理论框架，阐述社会文化理论的理论基础、语用习得的理论基础、社会文化理论产生背景、社会文化理论的四个核心理念、社会文化理论与语用习得结合的理论模式。第四章是研究方法，包括研究问题和研究假设、学习小组和参加者、学习内容和时间教学设计（教学方法、教学内容、测试方法）、研究问题①的测试和分析、研究问题②的分析、研究问题③的分析。第五章是结果与讨论，对研究问题①②③的实验结果进行陈述并作相应的讨论。第六章为结语，对本研究进行小结，探讨结论对教学的启示，分析本研究局限，并对进一步研究提出建议。

第2章 文献综述

本章将就第 1 章 1.1 节简述但没有展开的内容进行详细陈述，以达到清晰梳理相关研究的目的。首先，展现社会文化理论在二语习得领域的研究现状，包括与理论概念研究和四个理念实证研究相关的文献；接着是对语用能力的习得研究的列举，从语用能力的描述研究、习得研究和测试及研究方法的研究三个方面展现语用能力研究的全貌；最后再回到本研究的中心议题：社会文化理论与语用习得的研究现状。

2.1　社会文化理论在二语习得领域的研究现状

在二语习得研究中，由 Frawley & Lantolf（1985）发表的第一篇从 Vygotsky 理论角度分析二语话语的论文以及 Aljaafreh & Lantolf（1994）经典式的实证研究，标志着 Vygotsky 创建的文化—历史理论进入二语习得领域。该理论在应用语言学界和二语习得界被统称为社会文化理论。Lantolf & Beckett（2009）对 1985—2009 年间发表的有关社会文化理论与二语习得的论文进行了归类，共 48 篇，其中有探讨理论和研究方法的论文，主要以理论与实际结合的实证研究为主，这些研究是对社会文化理论各个层面的具体研究，按照论文数量多少进行排序，最多的是关于调节和私语的研究；其次是关于最近发展区和动态评估的研究；最少是关于内化和活动理论的研究。下面根据以上顺序进行文献回顾。

2.1.1　理论概念研究

1. 国外研究

20 世纪 90 年代开始，研究者主要从最近发展区、互动论、活动论角度探讨社会文化理论的内涵，如，Dunn & Lantolf（1998）比较了最近发展区和 Krashen 的“i + 1”概念的区别；Kinginger（2002）在美国外语教育的环境下定义最近发展区；Atkinson（2002）在构建二语习得中的社会认知派时，借用互动论、连接主义和社会文化理论的观点，认为语言是在互动中学会的，特别是加入了很多社会成员，如，课堂教师、同伴、朋友、家庭成员等；语言学习要融入很多活动，如谈话、表演、思考、写作、阅读、翻译等，作者认为，语言既在头脑中，也在世界中。Lantolf & Poehner（2004）从动态评估角度再探最近发展区；Swain（2001）从对话角度讨论互动的意义；de Guerrero（2005）从私语和内部言语角度分析会话；Thorne（2005）从认识论、政治和伦理学角度分析社会文化理论（以上研究的详细分析见 3.3 节）。

对社会文化理论整体概念的系统研究始于 Lantolf & Thorne（2006）合写的学术著作《社会文化理论和第二语言发展的起源》，他们在论著的开篇对社会文化理论这一术语的使用进行了论证，然后根据 Vygotsky 的著作以及研究者对 Vygotsky 的理论阐释，分别论证了四个理念（调节论、最近发展区理论、内化论、活动理论）作为社会文化理论框架的依据（各个理念的具体分析参见 3.3 节）。作为一个整体，Johnson（2006）分析了人文学科的社会文化转向以及对二语教师教育的挑战：理论与实践、教师掌握知识的合法性、职业发展的界限、二语教师教育的定向。借用 Vygotsky 的语言是思维的心理工具一说，Swain（2006）认为有声思维（Think Aloud）和模拟回溯语库（Stimulated Recall Protocols）作为应用语言学的研究方法是有问题的，因为在回溯的过程中，说话者会受到正在回顾的瞬间和引导语的影响。

Lantolf（2007）也论证系统的概念知识必须是语言教学的一个单位，而且这个知识还需与交际活动连接。同样，借用 Vygotsky 的概念说，Negueruela（2008）认为革命性的教学开始于对概念的理解，而不是语言形式，而且这个概念必须明示教授，并通过视图、言语和交流内化到个体的心里。Swain & Deters（2007）呼吁二语习得新主流的出现——社会文化取向，个体被看作是用调节为手段的代理人（Agents-Operating-With-Mediation-Means），是互动的个体，是接受各种因素来构建个人身份的个体，学习是在接受各种元素中成长的过程。

Johnson（2009）根据社会文化理论的合作教学和学习、同伴活动、支架等方面内容阐述了二语教师的职业发展，如，二语教师的学习、语言，二语教学，社会、文化、历史宏观结构的作用，二语教师的职业发展构成要素。Watson（2009）建议利用社会文化理论的理论框架作为整体构建一种和谐的学习环境，以提高学生的学习兴趣、自主学习能力和通过互动合作解决问题的能力，并以此来证明该理论的可行性。

Wells（2010：xii）在讨论 Vygotsky 和 Halliday 的理论基础上，以语言为基础，总结了人们在获取知识时所要经历的四个基本阶段：①在个人亲身经历的基础上对知识的认识；②与他人的信息交流和理解；③与他人共建对知识的理解和认识；④达到对知识更深层次的理解。由这四个阶段可以看出，个人与他人沟通对知识的构建和获取所起的作用，无论是个人还是他人都离不开语言这个中介工具。

Song & Kellogg（2011）针对社会文化理论在词汇习得方面对语言系统论的考虑，认为社会文化理论能从历史和文化的角度理解词根意义的宽度，是语言习得的终极目标。Fani & Ghaemi（2011）根据最近发展区概念构建了教师的最近发展区，包括四个阶段：教师帮助阶段、自我帮助阶段、内化阶段和再现阶段（或称“理论融入实践阶段”）。Lantolf & Poehner（2014）再次从理论和实践的角度讨论了社会文化理论在二语教学中的拓展与运用，该书还特别针对社会文化理论的批评和质疑进行回应，再次证明将社会文化理论置于二语教学是理智且有意义的。徐锦芬、聂睿（2015：578）认为该书对语言教育中理论与实践脱节问题进行了深入探讨，呼唤语言教学中的实践性，希望理论与实践有机结合，使语言教学得以升华，并认为该书是应用语言学及二语习得领域涉及社会文化理论研究的前沿之作。

2. 国内研究

在国内外语界，自从社会文化理论，特别是支架教学模式的介绍进入中国后，许多学者纷纷撰文评述，认为社会文化理论是二语习得研究的社会学转向，是新兴的研究视角。国内的研究最初以理论介绍和评述为主，以肯定为主，也有指出该理论的不足；近些年出现认知派和社会派的争论，学者们认为应当采取逐步融合的路径。

首先，研究者主要肯定社会文化理论对二语习得研究的作用。詹德华（1998：31）分析了包括 Vygotsky 在内的三位苏联心理语言学家，得到两点启示：一是在语言学研究中引入了文化和历史因素，开辟了一片新天地，因为语言结构本身的局限已被打破。二是我国外语界和中文界对现代语言学研究各自为政，相互不能兼容，各自都没有新突破。苏联心理语言学派走自己的路，创立了自己的学派，为我国的理论研究树立了榜样。麻彦坤（2004：7）认为，Vygotsky 的文化理论揭示了知识建构中个体和社会相互依赖的性质，他从个体发展的社会起源、人类活动以工具和符号为中介、发展的发生学分析和最近发展区四个方面论证了 Vygotsky 社会文化理论的思想内涵建构。

王涛（2006）指出，人类认知和思维的社会文化根源在于调节（中介），调节作用受到心理工具和文化工具的影响，对高级心理机能形成起决定作用的是活动，内化和外化是循环形成的。Vygotsky 的调节论、内化论和活动论以及文化观是对当代教育的重大贡献。桂敏（2006）运用 Vygotsky 的社会文化理论解释语言输入与输出活动在二语习得中的辩证统一作用，因为语言输入和输出是在社会、文化、历史和教育的环境中进行的，二者的相互作用可以促进第二语言的发展。何善量（2007：29）从不同角度解读 最近发展区，认为对最近发展区概念从“认知”“文化”“社会”“教育”和“人学”等角度进行多维透视，不难获得对“脚手架”隐喻、情境认知、实践参与、好的教学、人的生成等多方面的启示。

文秋芳（2008）分析了二语习得领域的认知派和社会派两大阵营的争

论，肯定了社会派的新范式作用；高一虹、周燕（2009：127）则把社会文化派称为“新维果茨基派”，社会文化派在二语习得领域的兴起，以其挑战者的姿态和人文社会关怀吸引了越来越多学者的注意，并激起了他们的研究兴趣。二语习得研究中的心理学派和社会文化学派在批评和借鉴的对话中，也形成了一定的交叠，主要体现在它关注社会人文关怀，关注学习者作为“人”的整体性、多元性和动态性。吴文、李森（2009：51）认为，社会文化理论可以很好地解释生态语言教学观，因为语言学习者与学习环境的关系密切，语言学习和语言使用是在人、大脑、自我、社会和文化的互动中突现的。他们还认为语言学习过程具有多维时空尺度的流变性，语言学习应当有一种潜在习得的可能性。韩亚文（2009：92）讨论了最近发展区理论对二语习得研究的启示，认为最近发展区理论的个体差异、教学本质、合作协商三个要点为教育工作者所接受和重视，该理论为“石化”现象的研究、负面反馈研究提供了新思路，在二语习得研究中的应用也有广阔的发展空间。韩宝成（2009：457）介绍了动态评价的基本概念，从关注点、目的、过程、结果解释及评价者角色等方面与静态评价进行了区分和对比。他还着重介绍了动态评价的理论基础——Vygotsky 的社会文化理论，尤其是其最近发展区概念。他也认为基于社会文化理论的动态评价是一种理念，也是一种方法，应用前景是广阔的。

贾冠杰（2010：40）评述了二语习得的社会文化论大家庭中的新成员“活动论”，认为活动论重视社会文化因素，强调学习者内部和外部因素的相互作用，是一种近几年来刚刚引起我国部分学者重视的二语习得理论。梁爱民（2010：33）通过对比 Krashen 的“可理解性输入”和“最近发展区”理论，发现二者均强调“与他人的社会交往”，可以说 Krashen 的“可理解性输入”最完美地诠释了“最近发展区”的理论内涵，二者具有相似性。

刘星河（2011：94）认为 Vygotsky 以一名方法论者的犀睿目光深层剖析皮亚杰自我中心言语理论，提出自我中心言语是处于社会环境背景下，认为个体认知发展是由语言工具及社会文化历史经历决定，言语思维不是天生的自然行为形式，应受到历史文化过程制约，Vygotsky 开辟了在心理语言学研究领域引入社会文化和历史元素的先河。刘学惠（2011：49～50）认为 Vygotsky 社会文化理论核心概念的丰富思想，尤其对二语课堂环境下二语的学习和发展提供了一种新的诠释角度，体现在以下几个方面：外语课堂作为活动系统——任务型学习的另一种视角；教师作为中介者——师生角色关系的新论释；跨越最近发展区——课堂互动特征的再探析。

杨华（2012：9）认为，思维与言语关系的论述是 Vygotsky 在人类认知和语言发展领域的重大贡献之一，建议用辩证法思想解读思维与言语的关系，为进一步理解 Vygotsky 的社会文化理论及其应用奠定认识论和方法论基础。梁爱民（2012：29）认为语言知识构建机制应包括创设最近发展区、提供概念支架、促进知识内化等环节，语言是认知发展与思维的工具；是社会交往与活动的工具；是人们自我调控与反思的工具。语言知识构建的过程是语言习得的过程，是个体通过外部交往活动，外部言语逐渐内化和思维相结合的过程。

秦丽莉、王绍平、刘风光（2015：196）认为，社会文化理论作为第三代心理语言学的学科属性和当代二语习得研究中的全新理念，决定了社会文化理论在二语习得研究中的重要意义，这一方向的研究不仅为二语习得研究注入了新鲜的血液，还提供了新的研究理念，也为弥补传统外语教学中存在的不足提供了新的策略。

其次，有研究者也指出社会文化理论的不足之处。李霞、兰英（2007：60）在肯定社会文化学派理论对语言学习问题中的自我语言、活动理论、支架的正面作用的同时，也指出该理论许多不完善的地方，如，社会文化学派的第二语言学习理论家并没有对语言的本质提出任何深入或详细的论述；社会文化学派的研究方法在解释自然主义研究时也遇到一些困难；传统的社会文化学派很少对学习质量的等级标准和学习的途径进行研究论述。那些接受了及时有效的支架性指导的人不一定比那些得到较少帮助的人学得更快。马俊波（2008：14）认为，社会文化理论的概念被广泛运用于二语习得研究，并对二语教学带来了有益的启示，该理论消除了语言学习和语言使用的界限，把个人从乔姆斯基理想的听说者世界和实验室中转移出来，放到他们的日常生活中（包括真实的课堂环境）（Lantolf，1995：116）。但是，二语习得研究的社会视角并不能替代目前二语习得研究的主流方法，只是在此基础上开辟了一个新天地。

尹洪山（2011：98）根据社会文化理论特点分析了二语习得研究的社会学转向，因为该理论从社会情景互动的视角考察语言习得的认知过程，为认识二语习得的过程和规律提供新的视角，也为外语教学提供了一些重要的启示；同时，还指出了社会文化理论的不完善之处，如，社会文化因素很难解释二语学习者将英语动词“go”的过去式误写为“goed”的原因；最近发展区和 Krashen 的“i + 1”概念本质上是相同的，因为两者的内涵都很难确定和测量。吴文、甘勇（2011：80）从调节论、最近发展区论和活动论等视角对 25 年来西方社会文化视野下二语习得研究相关成果进行了梳理，认为社会文化理论很好地构建了一个如何理解个体与社会、心智与社会互动的理论框架；但是西方学者将该理论与二语习得研究仅限于立时活动，如，他们依然将话语数据作为理解思维过程的证据，而不是用以建构他们声称的社会与文化的关系网络。另外，社会文化理论既然是一个特定社会文化的产物，而任何社会都具有多维时空的流变特性，因此，今后社会文化视野下的二语习得研究应该加入社会文化的时空流变性要素。

姜孟（2012：57）使用社会文化理论透视了二语习得中的错误、习得顺序和次序、母语迁移、内隐的和外显的二语知识、动机、语言水平和教学方面的新阐释，同时也指出，迄今为止，该理论似乎还没有就二语语言结构如何在社会交往的中介作用下逐步达到内化的过程给出详尽、细致的描述。对于一些问题的探讨，总体上还只是立场式、观点式的，理论构想多少有些臆测，细化、阐释、证实不足。

再次，研究者把社会文化理论放到更宽的视角去比较。邹莹（2009：120）比较了 Piaget 和 Vygotsky 的理论，认为他们分别代表着建构主义发展的不同阶段。从认识论的角度看，他们分属于主体性哲学和主体间性哲学。皮亚杰的个人建构主义更多地强调个人的选择和认知，而 Vygotsky 的社会建构主义则重视社会文化在心理发展过程中的作用。高瑛（2009：82）在分析和比较了认知视域与社会文化视域下的二语习得研究之后，认为理想的发展趋势是二者的有机融合，国内研究应结合中国社会文化环境，探索外语课堂互动话语研究的本土化路径。王初明（2009：58）尝试将当今的一些语言习得理论研究成果，如，认知语言学、构式语法、浮现论（Emergentism）、连接论（Connectionism）、社会文化理论、动态系统理论等语言习得观，聚集在基于使用的语言习得理论（Usage-based Theories）大旗下，转化为外语学习和教学实践的指南，提出外语学习的学伴用随原则，认为语言学习是在互动中学成的，也是在用中学会的，强调学对才能用好。

谭芳、刘永兵（2010：45）对比了 Bakhtin 和 Vygotsky 两位学者理论的核心思想，指出两者的理论均以辩证的关系将学习者内部与外部、心智与社会、自我与他者这些看似对立的部分以对话为纽带连接在一起（Marysia，2004），从而将学习发展的过程纳入社会因素与认知因素相融合的更加整体与宏观的理论视域之内。虽然二者研究领域不同，但是他们在本质上是异曲同工、殊途同归的。程晓堂、岳颖（2011：53）以社会文化理论和功能语言学理论等为基础，论证语言对促进人的心智发展的作用，并在此基础上探讨学习外语的意义。社会文化理论对语言学习的意义的启示主要来自于该理论关于语言与思维的关系的思想以及关于学习的思想。第二语言的习得是在人的社会文化活动中实现的；学习二语一方面可以让我们多掌握一种交流的工具，同时也可以协助我们获得更多的认识周围世界的中介，从而进一步发展认知能力。魏梅（2011：42）认为，在社会文化理论基础上发展了系统—理论教学（Systemic-theoretical Instruction）和动态评估。系统—理论教学的理论基础是中介和内化，它强调通过概念教学并使其物质化和言语化以帮助学习者内化概念。但是，系统—理论教学只强调从外向内的内化，忽视了学习者的内部因素。实际上，内化的结果与学习者的动机、学习策略、学习者的注意力、记忆力等内部因素和个体差异是分不开的，概念的内化是不容忽视的。动态评价的目的是展望学习者的潜在发展水平，评价内容更多地关注概念及认知结构的发展，评价方式主要是评价者的介入与互动。

严世清（2012：53）通过研究系统功能语言学的意义进化论与生命科学、Vygotsky 心理学以及中国的阴阳学说间的理论渊源，发现意义进化论中的“个体发生”和“种系发生”等术语最终可以追溯到 19 世纪的生命科学研究，但系统功能语言学更多是直接借鉴了 Vygotsky 的社会建构主义理论的相应观点，此外还吸收了中国古代的阴阳学说用以说明语言系统层面的进化机制。

贾冠杰（2013：61）认为，语言学习是通过人与人的交互、学习者内心的交互和人与环境的交互进行的。但基于社会文化论的二语习得研究有一定局限性，建议从心理、认知和社会多个不同视角来分析讨论交互论的发展及其主要观点以及对外语教学的影响。韩大伟、邓奇（2013：14）认为，认知与社会视角的割据不能全面地解释语言习得，因此建议融合动态系统理论和社会文化理论的两大视角，社会文化理论更突出人本性，强调人的全身发展，而动态系统理论强调了二语习得体系的自组织功能，更好地融合了习得的系统性与生物基础，二者在动态、系统、互动等方面的共同点及交叉点为构建一个融会贯通的新体系提供了可能和基础。

刘正光、冯玉娟、曹剑（2013：50 ~ 51）探讨了二语习得社会认知理论的基本特征、理论基础及实践意义，分析了二语习得的社会认知基础，同时也指出社会认知理论还有许多有待完善的地方，如，认知理论的优势和社会文化理论的优势有机结合起来，形成一个具有内在逻辑性和一致性的二语习得理论模型仍然还有较长的路要走。另外，当今影响巨大的认知语言学的“基于使用”的语言习得理论的基本原则也没有及时有效地吸收进来。

杨梅、姜琳（2013：436）在介绍由当前六位所谓“非主流”理论的领军人物共同编写的《二语习得的非主流研究理论》一书时指出，该书内容体现了二语习得研究认知派和社会派的交流与整合，虽然该书介绍的理论大都强调社会、文化、环境等因素对二语习得的影响，但这并没有拉大二语习得社会派和认知派间的距离，反而促成了不同流派理论的相互借鉴，有利于二语习得学科理论的整合与发展。曹宇（2014：59）以心智主义和社会文化视角下的二语习得理论为例，从语言观、学习观和方法论三个角度阐述二者的异同，对比两种视角下具体二语习得过程的差异，概括两种视角在本体论、认识论和方法论上的本质不同，认为应当从多角度观察二语习得过程。

3. 小结

国外的研究比较微观，主要从互动、对话、支架、词汇学习等方面探讨社会和文化层面的二语习得概念；而国内的研究比较宏观，在肯定社会文化理论的同时，指出不足，并建议从多个理论角度融合，使该理论更加有说服力。国内外的研究有一点是共同的，那就是都积极呼吁该理论在二语习得界的广泛运用，都认为该理论前景广阔，特别是与其他理论视角（如认知视角）的结合更是受到学者们的极大关注。

2.1.2 调节论的实证研究

1. 国外研究

调节论认为语言学习中调节的主要方式有3种：自我调节、他人调节和物体调节。

首先，自我调节是使用母语或目标语（二语或学习语言）进行思维，思维的方式是借助私语或手势来完成自我调节。这方面的研究是国外研究调节论的起步。Frawley & Lantolf（1985）分析了第一语言儿童和成人以及第二语言成人口头陈述故事的状况，发现语言的功能不仅能讲述故事，还能在展开故事时调节心理过程，一些语言特征，如，时态标记、代词选择、话语连接词、失控或自控等都是心理过程的调节剂。McCafferty（1992）进一步证实了Frawley & Lantolf（1985）的结论，还发现高水平学习者产出的私语量比低水平的少，但是不同文化背景的学习者私语量的使用有所不同。Apple & Lantolf（1994）通过文本回溯任务比较母语者和非母语者对文本的理解度，再次证实Frawley & Lantolf（1985）的研究，两者的水平取决于任务的复杂度，一些非母语者理解度比母语者还好；阅读时不需要理解，但是在回顾时，说话可以帮助理解，这证明说话作为调节工具的作用。Brooks & Donato（1994）认为说话或私语可以帮助完成信息沟任务，是较好的调节工具。Donato & McCormick（1994）的研究发现语言学习策略的掌握依靠自我独白或与他人对话作为调节，甚至比教师的明示教学还要好。Pavlenko（1997）考察了移民学习者是否依赖新语言作为思维过程的调节工具，结果发现即使他们的母语调节作用下降，也不会使用二语（移民国的语言）作为思维的调节工具。Antón & DiCamilla（1998）的研究也证明在二语学习的课堂中母语作为调节思维的工具是必要的。McCafferty（1998）研究了手势与言语的界面，研究表明手势不仅有交际功能，还可揭示个体的内在认知过程，它是一种非言语形式的私语。Elias（1999）证明戏剧表演活动可以加强自我调节，特别适合于学龄前的课程设置。

Roebuck（2000）认为学习者的“自我”形象的树立通过回忆，翻译，使用模糊语言，如 *I think*，*I think* because the article says...；The article stated that...，回溯和重构等形式来塑造；Kramsch（2000）认为自我行为的构建会受到指示性、相似性、象征性副语言符号系统的影响，如书法、擦掉记号、更正、标点符号等这些符号可以帮助人们更好地树立自我形象；Pavlenko & Lantolf（2000）认为“自我”是一个动态系统，空间定位、时间定位、责任定位和社会定位的四个层面会影响自我形象的树立。还有两篇是有关物体调节的文章，Verity（2000）通过描写个人学习经历向学习者展现初学者的学习历程，这种私语似的“日记”方式是学习者值得借鉴的学习方式；McCafferty & Ahmed（2000）通过实践证明手势语作为私语对语言学习的帮助作用很大，甚至大于正规教学。

Centeno-Cortes & Jimenez-Jimenez（2004）考察了二语学习者在学习二语时是否会使用二语来调节思维过程，结果是一语的作用更成功，若一直使用二语思考，他们就无法完成规定的任务，如算术、空间定位等。Lee（2006）考察了私语作为自我调节工具不仅是个体自我言语的方式，也是对话中使用的调节工具，从而证明私语具有动态性，而且源自社会话语。Smith（2007）的实验证明学习者的私语可以告知教师学习者已知或正在挣扎学习或怎样尽力学习的过程，研究者鼓励教师多多关注学习者的自言自语，即使听起来与学习活动无关。

Choi & Lantolf（2008）考察了英语为二语的韩国人是怎样描述运动的事件的，结果是可以使用英语来表达动词，而韩语的动词却需要借助手势，而且学习者在思考问题时使用母语，而不是二语。由于用母语思考，用二语表达动作，找不到对应的二语来表达。Lee（2008）考察了英语为二语的韩国人在生物课上怎样使用私语和手势来学习生物术语，发现学习者会同时使用私语和手势，有时还会用英语私语来演练术语。McCafferty（2008）考察了隐喻手势在讨论时的作用，发现在二语水平不够的情况下，手势和语言的同时使用可以解释说话者的内心思考过程。Swain，Lapkin，

Knouzzi，Suzuki & Brooks（2009）发现自我导向的言语（私语）促进了二语为法语的学习者对语态概念的理解，从而促进概念的内化。

Knouzi，Swain，Lapkin et al.（2010）考察了两位高、低水平法语学习者以自言自语为自我调节工具的过程，结果发现高水平者能有效地利用这个工具解决认知冲突、调节心理过程、建构意义等。DiCamilla & Antón（2012）研究了母语在二语学习的课堂合作互动中对不同水平者的作用，结果发现高水平者使用母语的频率比低水平者更多。

其次，他人调节包括互动、玩耍、同伴的帮助、教师的干预等。Swain（2000：112）认为输出概念是社会构建认知的工具，“超越输出假设就是通过合作对话来达到调节学习目的”，“合作对话就是知识构建的对话”，“正在说”是一种认知活动，“已说”是活动的结果；Sullivan（2000）提出“玩耍活动”，如，讲笑话、双关、字词游戏等是社会调节活动，是交际教学的重要形式。把这种玩耍活动作为一种调节学习方式可以提高学习者的学习兴趣，特别是关于语言形式和语言意义方面。

Swain（2001）将 Vygotsky 的互动调节论运用于测试中，考察了小组互动中发话者和任务的关系以及语言对于发话者启发考生的作用。Storch（2002）在外语课堂学习中考察了 10 位学习者的成对互动情况，可操作性强，验证了社会文化理论的互动调节论。Morita（2004）探讨了研究生协商式参与讨论中的协商能力、身份和权力关系等，学习者会借用互动的过程形成或构建自己的观点。Waite（2004）利用教师的评估干预帮助了解学生，如学生的弱项、知识缺陷，同时还呼吁教师关注学生的课外活动以及个人经历，如家庭经济问题、移民问题等对学生学习的影响。

Xu，Gelfer & Ferkins（2005）使用同伴教学的方式来增加学生的社交互动能力，并得到了学生的认可。Cross（2010）以同伴对话和互动日志的方式考察对学生听力元意识的作用，结果发现有很好的效果。Finkbeinera，Knierima，Smasala & Ludwig（2012）考察了合作学习中教师支架的作用，结果是有教师的帮助学生使用策略的效果更好些，但是教师的支架需要做调整。Poehner & Lantolf（2013）通过网络形式以能动态评估的调节论为理论框架测试二语学生的听力和阅读能力，可以测试三个分数：没有加任何调节表现的分数、加了调节的分数、学习潜力分数，根据此分数设计课程。

再次，物体调节包括各种媒介工具，如手边物件、词典、视听媒体，特别是近年来普及的网络。Lee（2009）以网络为调节工具考察韩国中学生使用视频会议学习英语和对比各种文化之后对其他文化的接受情况，结果发现，通过互动，学生对母国文化和目标国文化的对比及接受促使他们包容和接受各种文化的交融。Jenks（2014）分析了以计算机为媒介的聊天室话语的互动和调节特点，如话轮转换、打招呼回应等，二语学习者通过电脑的调节缓解了说不好或不地道的尴尬局面，可以用不地道的话语“Are you there?”来确定话语的继续。

2. 国内研究

国内关于自我调节的研究几乎没有，只有少量关于教师调节和物体调节的研究。高艳（2008：87）从社会文化理论的角度讨论和分析了语言教师的中介作用，认为教师用语言作为中介工具帮助学习者，而学习者用它来理解和内化新的知识，通过内化获得个人的认知和语言发展。邵钦瑜、冯蕾（2011：105）探讨了教师在大学英语词汇教学中应该起到的中介作用，认为教师应是词汇材料的选择者和解释者，词汇学习活动的组织者，词汇自主学习的引导者与词汇测试的策划者。于书林（2013：77）以社会文化活动理论为理论框架，探讨了教师书面反馈中母语的中介功能，研究发现大部分教师在书面反馈中会使用一定量的母语，原因与教师的信念和语言水平、学生的语言水平、反馈工作量、反馈的目标和任务性质、教师的身份和地位等相关。

王洁卿（2012：775）认为，计算机中介交流研究逐渐成为应用语言学领域的一个热点，因为计算机中介交流互动具有促进二语学习尤其是二语口语能力的潜力；还促进学习者参与计算机交流活动的意愿；也可帮助培养外语学习者的文化理解和跨文化交际能力。

还有学者通过调查发现国内外语学习者对调节作用的忽略，呼吁对此关注。张莲、孙有中（2014：2）认为社会文化理论强调人类认知的社会文化属性和语言在认知发展活动中的中介作用，回归写作作为社会文化实践的本质定义，重构课程理念和目标。课程实践通过创设写作教学活动系统激发语言、思维和社会三者交互，从而帮助学习者实现系统内语言和认知的协同发展。秦丽莉、戴炜栋（2015：236）以给养理论和调节理论为基础，从“生态”视角采用质性方法调查了学习大学英语课程的学生在社会文化环境中对学习资源的感知和解读以及他们如何将这些转化成积极或消极的给养情况，发现了大学英语教学中存在的问题，如口语锻炼机会少、听力设备差、与同伴和老师互动少等。

3. 小结

国外关于以私语、手势语、母语作为自我调节工具的研究较多，强调了它们对个人学习的帮助，有利于知识的内化；他人调节互动的形式比较关注对话形式、互动日志以及高低水平的互动；物体调节以新媒体的聊天方式和话语特点为主。国内的研究涉及面较少，主要还是研究教师的调节作用，如，教师语言、教师的书面反馈、教师母语的使用等，同时也呼吁教师和学习者重视调节的作用。

2.1.3　最近发展区的实证研究

1. 国外研究

国外关于最近发展区的研究首先是关于反馈对学习者最近发展区的明示或暗示作用；其次是支架对拓展或发现最近发展区的效果；最后是动态评估对最近发展区的作用。

首先是关于反馈的研究。Aljaafreh & Lantolf（1994）是国外二语习得界最早探讨最近发展区的实证研究，其研究了专家的纠正式反馈和学习者的协商学习效果，结果发现：明示和暗示的反馈效果取决于学习者的最近发展区；不同学习者即使有相同的二语特征，他们的最近发展区也不同；由于特征不同，同一个学习者的最近发展区也不尽相同；发展是不平衡的过程，取决于专家和学习者的调节；发展不仅体现于学习表现，也出现在明示和暗示调节的转换过程中。Adair-Hauck & Donato（1994）求证了在明示语法教学中交际动态性的体现，发现最近发展区适合外语课堂中的明示教学，特别是对中等水平级以下的学习者很有帮助。Lantolf & Aljaafreh（1995）探讨和解释了学习者"进步"和"退步"的现象，二者不仅取决于二语学习者的语言特征，也取决于学习者和专家的其他调节方式的频率和帮助质量。

其次，支架的作用和形式研究。DiCamilla & Antón（1997）研究了重复在二语学习者合作话语中的功能，发现同伴学习者通过建立相互帮助的支架，使用重复话语可以有效帮助完成学习任务。Antón（1999）分别比较了以学习者为中心和以教师为中心在二语学习中的互动情况，结果发现当需要协商互动时，语言能起到很好的支架作用，可以有效地推动学习者在最近发展区的进步，如，学习者会使用命令句、问句、重复等表达法或者停顿和手势等非语言手段。

Nassaji & Swain（2000）的研究考察了最近发展区内的协商帮助比随机的帮助是否更有效。通过对两个韩国英语学习者在导师指导下的英语写作的定性和定量分析证明协商帮助的有效性，同时，还证明在非合作的学习和随机帮助下，明示的帮助更有助于产生好的结果。Ohta（2000）通过最近发展区理念和互动论的对比，发现二语语法的习得通过别人明显和有序的帮助可以促进学习，但是当帮助是无序的、随意的或暗示的，学习的效果就不明显，因此，他认为有效的帮助取决于帮助者的水平、任务的本质和学习者的发展水平等，这说明帮助或互动是有条件的。de Guerrero &

Villamil（2000）考察了两位英语学习者（一位是读者，一位是作者）在修改作者的一篇记叙文时的互动情况，发现两者的双向互动积极而且有效。Nassaji & Cumming（2000）展现了师生怎样利用互补和不对称支架建构话语，从而进一步证明学习和教学的互动性。

Swain & Lapkin（2002）记录了学习者通过专家有效刺激意识的原始写作与对谈话语言进行的反思。谈话可以揭示学习者的最近发展区，并探明他们在该区域的前进空间。Ko，Schallert & Walters（2003）研究了英语学习者通过教师的帮助讲故事来重新考察支架的作用，结果发现了四种教师作为支架帮助的形式，第一是当讲故事者缺乏基本信息时，教师会及时引导和提示；第二是对讲故事者出现的可能会令听众混淆的地方，教师会比较敏感并提示；第三是教师会引导讲故事者提问来确定听众是否听懂故事；第四是教师会提供一些词、短语或发音的帮助以推断讲故事者的意思。该研究拓展了支架的构成，证明学习者和教师的支架作用。

Li（2008）通过中国学生—专家支架、同伴支架学习语法展示不同的互动模式，结果发现师—生互动和生—生互动一起的效果最好，比单一的师—生或生—生互动效果好。同样，师—生互动和生—生互动中的七个支架功能比其他两种互动模式更能提高学生的语法能力，它们是：宣讲、简化任务、方向保持、提批评意见、失败控制、展示和反馈。Rassaei（2014）以支架理论为依据，探讨了支架式的反馈和重铸对二语学习发展的影响，结果表明反馈在高水平学习中效果比重铸好。

最近发展区和评估的关系密切，Poehner（2005）通过探讨动态评估和教学的关系，发现动态评估有助于评价和保留测试者的最近发展区水平，考官和考生的互动可以探测考生的潜在水平。Ableeva（2008）认为，二语听力的动态评估可以使教师更准确地评估学习者的听力能力以及辨别学习者的听辨问题；Haught & McCafferty（2008）证明在课堂上运用戏剧表演可以使学习者在互动中发现自己的最近发展区，从而更好地评估学习者的最近发展区情况；Mahn（2008）认为，使用对话式教学教二语写作可以增强学习者的学习信心，帮助学习者从对话中拓展各自的最近发展空间，使此空间有可测量性。Lantolf & Poehner（2010）研究了西班牙语作为第二外语的小学教师在课堂教学与学生互动中使用动态评估的效果，动态评估既不是评估工具，也不是评估方法，而是一种概念的框架，是把教学和评估作为一个活动整体来评估学习者的能力以支持学习者能力发展。对学习者最近发展区的使用结合了理论与实践，理论提供了框架，实践可以拓展框架。van Compernolle & Zhang（2014）以最近发展区和动态评估为框架分析一位高水平英语学习者的个案，提供三个分数：一是初步分数（根据首次回答的分数）；二是有调节帮助完成任务的分数；三是学习者潜在学习能力的分数，以预测学习者的潜能。

2. **国内研究**

国内的实证研究主要探讨支架概念和最近发展区理念在实际教学中的运用。首先支架理论主要应用于英语写作教学、词块教学和阅读教学中，张国荣（2004：38～39）通过探讨支架理论在英语写作教学中的应用，得到以下启示：①实现以“学生为中心”的现代教育理念；②充分发挥教师的指导作用；③充分挖掘学生的潜能；④减轻教师负担，提高教学效果。盖淑华（2010：68）以 Vygotsky 的最近发展区理论为指导，采用支架式词块教学方法，探讨二语词块习得能力与语言能力的关系，结果发现，学生的词块习得能力和综合语言能力都有显著提高；但从分项技能来看，词块能力对语言能力的各个方面的影响并不均衡，其中，对写作能力的提高起着更为直接的作用。

马平（2012：133）从最近发展区的角度诠释英语专业阅读教学全过程，通过教学对象分析、教学目标、教学方法和教学评价等过程来探讨与支架的融合，体现了教师的主体支架作用，而且发挥了学生的潜在动力。段玲琍（2014b：18）基于最近发展区的基本理念，采用定性分析方法，通过分析 282 名学生作为观察对象的读书报告、笔录和视频内容，发现教师在阅读教学中帮助学生是一种好的学习方式，但不是最佳的，因为教师的干预会限制学习者潜能的发挥；同伴或与高水平帮助者的互动也是一种比较好的学习方式，但是互动效果取决于同伴或高水平帮助者的水平。

其次，探讨支架的作用类型，并指出不足。彭元玲（2008：139～140）讨论了教师在 E-learning 环境中的支架作用，包括以下 6 个作用：①提供清楚的方向，呈清目标；②让学生从事任务学习；③指示有价值的资源；④对明确的期盼给出评价；⑤“支架”提高效率，减少不确定、惊讶和失望因素；⑥“支架”产生动力。贾光茂、方宗祥（2009：87）以最近发展区理论为基础在大学英语课堂交际活动中研究教师及同伴支架作用，结果发现，教师和同伴都会提供支架；教师的支架作用主要表现为示范解释及转述、词汇纠错、提供词汇和表达方法；学生的支架作用主要有提供词汇和表达方法、提供观点；课堂交际活动激活了学生的最近发展区，促进了语言能力和思维能力的发展。

李丹丽（2012：583）以社会文化理论为背景，以研究教师话语的支架构建作用为目的，运用微观发生法考察分析香港某高校一位英语教师指导学生完成任务时的互动话语，研究发现，教师适时提供重点明确的“支架”可以促进二语学习，而教师话语中的过度调节会对语言学习产生负面作用。高瑞阔、唐胜虹（2014：668）以安徽省 4 所高校 400 余名二年级学生为对象，运用问卷调查和访谈法对英语学习中的同伴资源运用状况进行调查。发现我国大学生对同伴资源作用的总体认知和做法较好，但课外使用英语及写作互动明显不足，且主要限于完成教师布置的任务。不同群体间有一定差异：①英语专业学生在对同伴作用的认知、互动内容和互动方式方面普遍优于非英语专业学生，但互动中对语法和语音关注不够，与非英语专业学生区别不明显；②英语学习不成功者对同伴资源有过度依赖倾向，学习自主性不足。

3. **小结**

国外的研究包括教师支架和学生支架的研究，而且研究了多种教师支架的作用，如，教师的纠正式反馈、教师支架的形式、重复对支架的作用；学生支架的形式，如，同伴支架、协商支架；教师和学生支架研究找到了互动的双向性和发展前进空间。国内的研究主要探讨教师支架的作用，呼吁多利用教师支架；同伴支架强调了同伴资源的相互利用。

2.1.4　内化论的实证研究

1. **国外研究**

国外关于内化论的研究主要探索内化的过程，特别是私语作用下的过程。Lantolf（1997）通过问卷调查学生在学习过程中使用私语和玩耍活动的情况来验证知识的内化效果，结果是高水平学习者比低水平者较少使用语言，以学语言为目标的学习者比不以语言为学习目标的学习者使用玩耍活动的频率高，表明语言学习中玩耍是必要条件，在玩耍活动中学习有利于知识的内化。Pavlenko（1997）考察了二语学习者在完全新的语言环境中是否使用新学的语言来调节他们的思维过程并提高他们的能力，当然，他们使用母语的意识下降，但是，也不完全使用二语为心理调节工具，表明他们的内化的过程是一个从一语到二语的渐进过程。

Ohta（2000）专门讨论了二语语法的内化过程，即从心理间（Inter-psychological）到内心（Intrapsychological）的转换过程。这一过程经历了五个层面：①学习者不能注意所犯错误阶段；②注意错误但是不能改正，需要明示的帮助；③注意错误并在适当的帮助下改正；④注意并及时改正，但是没有内化；⑤学习者在没有任何提示的情况下自动改正，达到内化的效果。Pavlenko & Lantolf（2000）描述了从一种文化到另一种文化的学习者在写作过程中心理内化的过程，他们的写作逐渐失去母语的控制，并尽力使用新语言建构心理和情感过程。

Ohta（2001）通过长时间观察学习日语的二语学习者，提供了强大证据表明学习者使用私语来帮助自己内化目标语，特别是喜欢使用他们自己感兴趣的私语，同时他们还经常使用教师反馈语言以提高自己的表达。Negueruela（2003）对二语为西班牙语的学习者进行了为期 16 周的观察，发现他们会使用科学的概念，如系统知识论来帮助他们提高能力，并达到内化知识和概念的最终目的。Ronbins（2003）讨论了社会文化理论与乔姆斯基的言语与行为的区分，并进一步讨论内化的作用。

Poehner（2007）认为动态评估在区分学习者学习过程发展差别的同时也可以考察学习者的内化活动。Smith（2007）通过考察英语课堂学习中私语怎样内化到学习者心里的过程，进而帮助教师了解学习者的学习过程，建议教师一定要关注学生的私语，即使起初似乎与学习关系不大。Poehner（2008b）以动态评估为基础，提出在评估过程中细化分析学习者的能力，特别是对内化心理过程的分析可以准确评估学习者的能力。Swain，Lapkin，Knouzzi et al.（2009）考察了私语对以二语为法语的学习者的作用，发现私语能起到内化概念的作用。

2. 国内研究

国内关于内化理论几乎没有实证研究报告，有少量理论探讨，如，朱静静（2008：3）分析了中介、内化理论与二语习得的关系，认为在以下几个领域还有相当大的研究空间：①更深入地探索同伴对学习者习得语言的中介作用；②收集非课堂背景中的二语学习者的私语和手势，并探究两者之间的相互关系。

3. 小结

国外的研究强调内化的过程，分析比较详细，国内的研究很少。当然，内化的过程是比较复杂的心理过程，很难细化和量化，而且，内化需要调节、支架的共同作用，单独研究内化的可行性不强，因此，关于内化的研究较少是可以理解的。或许正因为如此，有研究者对社会文化理论提出质疑，认为研究学习者的内化过程是探测学习者认知的过程，该理论的研究不够深入，内化过程的研究没有解释力。

2.1.5 活动论的实证研究

1. 国外研究

国外关于活动论的实证研究主要探讨任务与活动的关系以及不同活动形式对语言教学的作用。Coughlan & Duff（1994）把任务看作是有具体目标的活动，学习者以目标、动机为活动的执行任务，相同的任务可以用不同活动来执行，甚至不同时间点的不同活动也可以执行同一个任务。Donato & McCormick（1994）认为学习策略是私语的副产品，强调“文化为导向的活动”在学习目标和语言生成中的作用。Roebuck（1998）把思维活动置于学习者在教师的控制和目睹下的学习过程，考察他们的私语在文本理解中的功能。

Lantolf & Genung（2002）的研究发现在活动实施过程中目标和动机会经常发生变化，特别是当教师使用的交际活动不能满足学习者的学习目标时。Thorne（2003）利用活动论分析了三个法语学习者以网络为调节工具与母语人士的交流，活动论解释了他们的学习过程。Andrawiss（2004）以活动论为理论框架，探讨在社会、历史、文化语境下的语言学习活动，通过电子邮件、在线聊天、课堂作业等活动观察受试在语言学习中的文化意识，结果发现语言学习是置身社会中的，作为社会人，他的学习必然带有个人成长经历的过程。

Hendry（2009）以活动论为理论框架，考察了课堂互动中学生和老师的感知、调节工具、学生的表现与课堂教学的关系，以及教师怎样利用这些活动框架来适应课堂教学，结果发现学生学习环境的多层因素会影响学习效果，对元语言意识的发展有促进作用，课堂教学互动以教师为主导、以内容为导向。Feryok（2012）以活动论为框架，通过电子邮件访谈、口头访谈和课堂观察分析受试是怎样从特殊的印象引导自身行为，这个特殊印象指受试早期与英语教师学习英语的经历，它可以通过与老师或培训者的个人行动来调节发展感知，受试似乎更易融入教学环境的活动之中，但是社会活动是个人行动的前提，该研究表明，个人行动可以贡献于局部的社会活动，人的一生发展有专业发展的作用。Yu & Lee（2015）根据活动论研究了小组同伴反馈在二语写作中的作用，结果发现学习者的小组反馈受到动机的驱动，而动机又受社会文化语境的形成和调节，因此，动机是小组互动的主要因素。

2. 国内研究

国内关于活动论的探讨，在理论和实证层面的研究比较少，熊淑慧（2009：63）用 Engeström（1999）活动系统模型的框架，以 Lu 的自传文本为研究对象，分析了从她幼年到青少年学习中英文两种语言过程中的身份变化，并建议教师应当充分关注学生来到课堂时本身所带有的文化，因为学校的文化与学习者的文化也许一致，也许不一致。同样的教学活动，由于每个学生文化历史背景的不同，反应也就不同。

熊淑慧（2010：100）通过回顾活动论的发展历史——Vygotsky 的中介理论、Leont’ev 的活动调节理论及 Engeström 的集体活动模型三个发展阶段，改进同伴写作修改活动，可以看出活动论可用来分析行为，诊断潜在的问题，为改进提供理论框架。在外语教学方面，教学的目标和课堂预期的结果不限于学生已知的内容，还可拓展到学生的社会角色以及长期构建的身份。对同伴写作修改这个在很多外语教学中已实施过的活动进行创新，可使这个活动的益处最大化。程晓（2011：72）将芬兰学者 Engeström 提出的活动系统模型，尤其是其中的“客体”概念，用于探究高等师范院校英语专业语音课堂教学，通过分析课堂活动客体的构建过程，反映语音课堂教学复杂性和教学目标的多元化，同时也展示了活动系统模型作为人类文化实践活动（例如：语言教学活动）的理论框架和分析工具的优越性及其广泛的适用范围。

秦丽莉、戴炜栋（2013：30）创新性地运用 Vygotsky 的活动论与 Dornyei 的二语动机自我系统理论对大学英语学习动机进行了探索。研究采用课堂观察、访谈和动机量表问卷调查混合的三角论证方法，结果表明，大学英语学习动机呈动态发展态势，大学英语课程的积极影响较弱，促进大学英语学习动机的主要因素是通过 CET 4/6、拿 BEC 及口译中高级证书等。这些结果在一定程度上说明大学英语教学改革面临着新的挑战。

杨鲁新、付晓帆（2014：66）以活动论为分析框架，采用历时个案研究方法，深入分析了两位中学英语教师参加完为期四个月的自愿研修活动后在语法教学理念及实践上的变化。通过分析教师问卷及访谈、研修活动观察、教师课堂教学观察、学生问卷及访谈等多种数据，该研究发现两位教师在参加研修活动的过程中逐渐改变了自己的语法教学理念及实践。在这个变化过程中，教师的语法教学理念与实践相互促进、交互演变。自愿研修活动为教师提供了互相交流和学习的平台，促进了两位教师不断反思及进行教学尝试。

3. **小结**

国外的研究分析了活动与任务的关系，探寻思维活动过程，还有不同活动形式对教学的促进作用，如，网络、电子邮件、在线聊天和课堂观察的活动。国内的研究以教学活动为主体，探寻活动的复杂性、同伴写作修改活动以及教师自修活动对教学的促进作用。

2.1.6　四个理念的综合使用

1. **国外研究**

随着研究的不断深入，社会文化理论中的调节论、最近发展区论、内化论和活动论的相互作用也成为国外研究者关注的问题。Donato（1994）考察了同伴互动的支架作用，展现了同伴在最近发展区内相互调节合作共同完成二语学习任务的情况。Verity（2000）论证写日记也是一种构建自我的方式，写日记不仅是一种很有效的学习方式，也可以用作调节和支架工具使自己能尽快从一种教学模式过渡到另一种。van Lier（2004）把最近发展区论、调节论和活动论融合在一起，从生态角度理解人类，并与语言教学和学习关联，也就是说，学习者必须把整个人融入大脑、身体、情感环境之中，而不是语法单位之中，语言学习是在有意义的语境中产生的，教师的作用应当是调节学习者的最近发展区。Poehner（2007）以社会文化理论为整体框架说明调节可以帮助学习者有恰当的表现，也可以使学习者的互动能在新环境中恰当使用，动态评估可以区分学习者学习过程的发展差别。Guk & Kellogg（2007）认为学习者调节任务的方式与教师不同，学习者的自我调节是一种内化方式，师生、生生的互动调节创造的是单一或整个班级的最近发展区，而不是两个不同的发展区。

社会文化理论的综合性在 Lantolf & Poehner（2008）编辑出版的专门论文集中体现最充分，文集中的论文"在讨论一个理念的某个方面时会涉及另一个理念的某个层面"（Lantolf & Poehner，2008：18）。首先是关于调节论和最近发展区论相容性的研究，如，Poehner（2008a）分析了学习者怎样利用五种互动调节方式（协商性调节、利用调节者为获取资源的渠道、创造机会来发展学习能力、寻求协调者的同意和拒绝调节）来提高和促进自己的学习，发现和挖掘自己的最近发展区，同时也充分展现了调节论和最近发展区的互动观。其次是调节论对课堂教学的启示，也有最近发展区与内化论、活动论的结合，如，Negueruela（2008：223）提出了五点调节论对教学的作用：二语的发展是概念发展的过程；这个发展过程是意识问题，工具的使用使我们意识到所从事的活动；课程设计是掌握这个概念的关键问题；而使用概念作为工具是理解概念的关键；这种工具—结果的革命性教学是活动、调节的综合结果。Lapkin，Swain & Knouz（2008：248）通过中学外语教学的课堂实践，发现言语化在外语课堂上有很高的产出性，可以加强重要概念的内化过程，同时只要给学生自我解释和同伴解释（课堂或课外）的机会，学习的内化进程会提高。

Poehner（2011）基于最近发展区的动态评估，验证了调节者和学习者对话中互动的效度，提出了二语动态评估的微观和宏观效度。Poehner（2012）探讨在最近发展区中使用自我调节的方式，认为学习者必须小心翼翼地使用自我调节，因为这也是从他人调节到自我调节的过渡。

2. 国内研究

国内关于社会文化理论的综合研究很少。于元芳（2009：128）从社会文化理论视角出发对我国和澳大利亚外语学习者外语学习动机与外语学习成绩的关系进行了对比研究。采用 Gardner 的社会心理模式，主要对

“融合型动机”（Integrative Motivation）、“工具型动机”（Instrumental Motivation）和“动机强化”（Motivation Intensity）三个主要变量的“内在结构”（Internal Structure）进行了探索性因子分析，发现在这三个变量的内在结构方面，我国和澳大利亚外语学习者存在明显差异。进一步的多元回归分析表明我国外语学习者的工具型动机对学习成绩具有很强的预测力，而澳大利亚外语学习者的融合型动机对外语学习成绩具有较强的预测力。段玲琍（2014a：16）以社会文化理论的四个理念为框架，尝试建立一个将社会文化理论融入英语专业阅读教学的模式，并在实际教学中进行实验，232 人参加实验，结果发现依照所设计的阅读教学模式实施英语阅读教学之后，学生在学习风格、词汇量和综合英语水平上均有不同程度的提高，对该模式的接受度也较好。不过，若合作者的能力和水平不够高的话，对学习者的吸引力就会大大降低。

3. 小结

国外的研究主要探讨调节论与最近发展区的融合，最近发展区与内化的关系，把最近发展区与调节论、活动论置于生态环境中；国内的研究不多。当然，国内外的研究较少把四个理念综合，而是结合四个当中的两个或三个来使用。

2.2 语用能力研究

从 Thomas（1983）提出语用失误（Pragmatic Failure）开始，怎样培养“理解别人的用意而不造成语用理解失误”成了语言学习的最主要目标。这个目标就是语用能力，指“怎样使用目标语做事，怎样在不同的语境、活动和社会关系中使用目标语进行交际活动的能力”（Kasper & Roever，2005：317），它包括：说话人使用语言实现不同目的的能力，如请求、命令等；听话人超出字面含义理解说话人真实意图的能力；使用一定规则将话语连接起来的能力，如，话语轮换、合作、粘连等（卢加伟，2011：104）。对语用能力的研究在语用学领域就是语际语用学，它主要分为两方面：一是语用能力描述；二是语用习得研究。同时，语用能力测试一直是语用能力研究的重要层面，因为测试可以决定语用能力的准确性以及研究方法，若没有科学的、有信度和效度的测试方法与研究方法，语用能力研究会受到质疑和挑战，因此，下面的综述包含以上三个方面的内容。

2.2.1　语用能力的描述研究

语际语用学从跨文化语用学（Cross-cultural Pragmatics）言语行为的跨语对比研究开始，如，Blum-Kulka et aL.（1989）的研究重心是对各种语言语用策略的对比研究。前人的研究往往以某种言语行为涵盖语用能力的内容，即，重点探讨某种语言对特定言语行为的使用，较少研究使用一系列的言语行为作为语用能力的代表。在这些言语行为研究中，对请求、道歉、拒绝、抱怨的研究相当深入。

1. 国外研究

首先，关于请求的研究，已发现请求策略有间接性，外语学习者的话语有冗长现象，还有母语迁移情况。Blum-Kulka（1989）的研究发现了请求策略的间接性，使用预言句式“I will ...”，建议式“why don't you...?”等。Blum-Kulka & House（1989）比较了 5 种不同语言请求行为的情况，发现使用最间接请求策略的是说英语的澳大利亚人。Faerch & Kasper（1989）分析了二语学习者使用请求策略的情况，发现他们有表达冗长的习惯。Weizman（1989）比较了 3 种语言（英语、法语和希伯来语）的请求暗示语，发现他们都倾向使用此暗示语，尽管暗示语会使听话者不明白意图，或听话者可以假装不知意图进而否定说话者的要求。Koike（1989）率先讨论了语用能力定义与二语习得关系，他以母语为英语的西班牙语学习者的语料为证明，发现他们学习请求、道歉和命令表达式的时候，母语会迁移到二语的学习上，而且产出的二语句式在语法上较为简单，恰当性较差。

Weizman（1993）考察了学习者对请求的暗示，如，It's cold here.（用来暗示请求关窗）的使用情况，结果是学习者能很好地掌握此用法，学习者使用它是为了避免冒险，而这种多余的用语也是一种交际策略，以上特点表明了语言的间接性。Takahashi（1995）调查了 5 个日语请求策略是否会迁移到英语语境的情况，结果发现存在迁移的情况，而且受到礼貌和常规的交互影响，并且还与他们的语言水平有关。

Wongwarangkul（2000）调查了 50 名泰国学生使用英语请求的情况，结果发现年龄是决定他们使用礼貌请求策略的重要因素，策略使用包括句型、内部修饰（如，礼貌标记）、人称代词、话语长度，同时还发现不同年龄学生的策略使用的创造性均有不同表现。Hassall（2001）比较了澳大利亚的印度尼西亚语学习者和母语者在使用修饰后的请求语时的情况，结果是学习者少用内部修饰语，如，father，yes。但是在常用规定的话步中，如说出请求前先说明理由，It's just like this...，学习者使用请求的理由与母语者一致，会含有冗余信息。

Su (2010) 从一语向二语或二语向一语双向迁移的角度调查了中国人使用和学习请求策略的情况，结果是英语学习者比英语母语者较少使用间接请求策略，但是在汉语请求时却常使用，表明迁移的双向性。Al-Gahatani & Rover (2012) 对比了水平和话语序列结构对二语请求策略的使用情况，低水平学习者不太会预测请求话语，而以自己的话语为基础提供呼应话语；他们较少使用首轮话语，期待发话人引出进一步信息，发话人也会调整话语来适应听话人的水平，社会语境的变化对高水平的影响有限，但是可以清晰辨出。Zhu (2012) 调查了中国学生通过电子邮件发请求的使用情况，结果是学生的用语有使用不当之处，原因可能是教师的输入不恰当。

其次，关于道歉的研究主要使用多种语言的比较。Olshtain (1989) 比较了 4 种语言：英语、法语、德语和希伯来语使用抱歉的情况，结果发现只要社会因素、语境、冒犯程度等相同，不同语言的抱歉趋于相似。Bergman & Kasper (1993) 对比了泰国学生和以英语为母语人士对抱歉用语的感知与表现，结果是语境因素决定了说话者的策略选择，对语境最敏感的因素是升级，越冒犯别人、越让别人丢面子，道歉的升级越高。英语学习者喜欢对冒犯者担责任。Lipson (1994) 分析了美国英语和意大利语的道歉语特点，结果发现意大利语的道歉策略选择受制于交流双方的地位和作用，且比美国人更喜欢用套语。Kim (2000) 验证了 3 个假设，一是早期接触英语的学习者比晚期接触的言语行为（请求和道歉）恰当性要好，更接近本族语者；二是当控制正规输入后，学习者掌握的非正规输入越多，言语行为表达的恰当性越好；三是学习者的文化背景和美国文化背景有相关性。Bataineh (2004) 发现，约旦人在道歉时喜欢自责甚至使用成语来弥补，但是美国人倾向的弥补，有责怪别人的意思；而且两种语言在性别上也有差异，约旦男性自责的言语类型较多，女性使用非道歉策略则较多；美国女性比男性使用更多道歉语，而且道歉策略也较为丰富。

再次，关于拒绝的研究是最多的，主要分为两类，一是各种语言间的对比；二是英语学习者拒绝策略的使用情况。关于拒绝的研究最著名也经常被学者引用的策略分析模式是由 Beebe et al. (1990) 创建的。他们把拒绝回答分为语义套话和附加语（附着于拒绝话语之后）；同时他们还根据拒绝者的身份、地位和不同场景区别了拒绝类型。这些类型包括拒绝请求、邀请、提供和建议。拒绝者的身份分为高等、平等和低等 3 个层次。随后的研究主要是美国和西方国家的拒绝策略对比，Stevens (1993) 是第一个比较英语拒绝策略和阿拉伯语拒绝策略的研究者。Hussein (1995) 认为间接拒绝通常用于平等身份和不平等身份的朋友之间。AL-Issa（1998）发现，约旦人比美国人更喜欢用抱歉来拒绝，如“对不起”。两国人使用“解释”和“说明理由”策略超过其他策略。Nelson，Crason，Al Batal et al.（2002a）使用 Beebe et al.（1990）修正的话语完成测试调查了埃及人和美国人的拒绝策略是否有不同之处，结果发现他们使用的拒绝策略大体相同，还发现话语完成的测试工具适合收集语言语用语料，不适合具有复杂性的社会语用语料，特别是具有面子威胁行为的言语拒绝行为。Nelson，Crason，Al Batal et al.（2002b）的研究根据策略类型的使用频率、直接和间接的交际风格、性别和身份分析了讲埃及语的阿拉伯人和美国人关于拒绝策略的语料，结果是两组在使用频率上有相似之处，不同之处在于男性埃及人比美国人要直接些。

同样，也有许多研究比较了美国和东方国家的拒绝策略。Beebe et al.（1990）的研究展现了美国和日本人不同的拒绝风格。Inook（1992）研究发现，美国人比韩国人较少使用策略，但是当拒绝高身份人时，两组人都较多使用策略（参见 Wannaruk，2004）。Saeki & O'Keefe（1994）的研究发现美国人和日本人在不平等身份之间都使用“多解释”策略以及比较直接的策略（Nelson et al.，2002a）。Wannaruk（2004）也比较了美国人和泰国人拒绝策略的使用情况。两组人使用相同策略，但频率不同。社会地位和引话的类型会影响策略的使用。Liao & Bresnahan（1996）的分析表明，美国人和中国人使用拒绝的表达法不同。总体来说，美国人使用策略较多，中国人在找借口时比较节省语言。中国人往往以道歉这一间接策略为开端，然后再给出理由。美国人倾向于使用不同的理由拒绝，如果他/她认为是正确的，他们会毫不犹豫地提供理由。两国文化在拒绝高身份的人时都倾向提供模糊理由。

关于英语作为外语学习者学习英语拒绝策略时受到母语影响的情况也有相当多的研究。Beebe et al.（1990）的研究调查了在针对不同身份的人拒绝请求、邀请、提供和建议时日本英语学习者的语用迁移问题。他们发现日语对英语的迁移体现在顺序、频率、策略模式上。Bardovi-Harlig & Hartford（1991）比较了学术咨询时英语本族语者和高水平的非英语本族语者的英语拒绝策略。非英语本族语者包括阿拉伯人、中国人、日本人、韩国人、马来西亚人、西班牙人。研究发现这些非本族语者使用最多的策略是以提问作为回避策略。他们还经常以推迟拒绝或沉默作为一种拒绝策略。Robinson（1992）以 12 名将英语作为二外的日本女性学习者为研究对象，中等水平和高等水平的学习者意识到美国与日本文化的拒绝行为差别；低水平的学习者比较容易受到第一语言拒绝行为的影响。相反，高水平学习者比较容易使用英语本族语的拒绝策略（Wannaruk，2005）。He（1998）的研究调查了中国人、美国人以及汉语学习者的美国人的拒绝策略。这三组在拒绝策略的使用频率上有所不同。在所分析的 13 种策略中，有 6 种主要拒绝策略，包括解释、提供另一种选择、直接拒绝、遗憾、劝服、回避。总的情况是中国人和美国人处于两个极端，在不同的场景他们所使用的策略都不同。汉语学习者的美国人处于中间地带（Wannaruk，2004）。

Al-Issa（2003）考察了把英语作为外语学习的约旦人在使用拒绝策略时的社会文化迁移现象和相关内在因素。对比的语言主要是英语和阿拉伯语，结果表明有三方面存在社会文化迁移：语义套话的选择、回答的长度和语义套话的内容。与 Al-Issa（2003）的研究类似，Wannaruk（2005）的研究考察了泰国英语学习者在实施言语拒绝行为时的语用迁移现象。参照对象分别为英语和泰语本族语使用者，结果表明语用迁移存在于语义套语的内容和选择之中。在语义套语选择中，“解释”是三组人首选的拒绝策略。英语和泰语本族语使用者会给出清晰和可接受的解释。三种最常用的策略是“解释”“消极情绪”“感谢”。Kwon（2003）也调查了韩国不同英语水平学习者的拒绝策略语用迁移现象。结果发现语用迁移现象在不同层次的学习者中都存在，而且语用迁移现象和学习者的水平是正相关（参见 Wannaruk，2005）。Nelson，Carson，Al Batal et al.（2002b）对比了埃及人使用阿拉伯语和英语拒绝的情况，结果两者区别不大，还发现话语填充对语用语言学语料比较适合，不太适合社会语用语料，特别是像拒绝这样比较复杂的言语行为，需要考虑身份、等级、场景等因素。Codina-Espurz（2013）调查了 4 个水平组共 100 个西班牙学生关于英语拒绝策略的产出情况。在直接拒绝策略上，初学者组比其他组好；多数学生喜欢使用间接策略；也喜欢用道歉来拒绝请求；在附加语上，水平较低组易于母语迁移；此外，年龄因素会影响语用能力的发展，作者认为是很值得研究的内容。

其他言语行为的研究也有不同程度的研究发表。如，抱怨的研究，Olshtain & Weinbach（1993）分析了抱怨言语行为的递增式的特点：避免冒犯、委婉反对、明示抱怨、警告和直接威胁，学习者倾向于使用比母语者更多的用词。Boxer & Pickering（1995）以抱怨言语行为为例得到了课本和自然语境下的言语行为不匹配的结果——课本的抱怨是直接的，而生活中的抱怨是间接的，因此他们建议采用自然语境下的言语行为。Daly，Holmes，Newton et al.（2004）使用礼貌理论分析了“fuck”作为直接抱怨的复杂社会语用功能，尽管该词是英语学习者应当避免学习的词，但是该词在同辈中使用频率很高，是一种身份的界定。Nawamin（2006）以 30 名英语母语者，30 名泰语母语者，30 名泰国的低水平英语学习者和 30 名泰国的高水平英语学习者为研究对象，调查了他们作为宾馆工作者在受理客人抱怨时的回应语，发现 12 种套语，其中 3 种最常用的策略是：提供修理、道歉和承认负责，其余 9 种策略包括：给定时间、感谢、解释、询问信息、承诺延展、建议、承诺后续行动、同情和重复抱怨。在两组英语学习者中，均发现语用迁移现象，低水平者比高水平者更容易受负迁移的影响。

关于恭维语和恭维语应答的研究不是很多，Nelson，Al-batal，Echols（1996）对比了阿拉伯人和英语母语者对恭维回应的情况，两种语言差别不大，都使用三种类型：接受、弱化、拒绝，句型是同意话语、恭维回应、修饰评价。Rose（2001）收集了 40 部美国电影的恭维语和应答语，发现可以代表现实生活的表达，恭维语的句式有：NP {is，looks}（really）ADJ，I（really）like/ love NP，PRO is（really）（a）（ADJ）NP，You V（a）（really）ADJ NP，What（a）（ADJ）NP！ADJ NP！Isn't NP ADJ！等，恭维主题是外表、行为、能力、财产等，应答话语：接受、不同意、自夸、历史回顾、回应恭维等。

关于建议的研究，Altman（1990）分析语料得出结论，学习者认为“should”作为建议比较强硬，而“had better”较弱，但是根据英语母语者的语感，“have to”才是最强的。Matsumura（2001）从社会文化角度调查了日本学生在加拿大学习后语用能力的变化，以提供建议为例说明在目标语国家学习语用能力比在日本学习英语的表现要好。Koester（2002）以 34 000个语料库的词汇为分析基础，特别分析了提建议和给命令的情况，结果是这两种言语行为都是直接应用，而且要看会话序列的深层含义，如，在真正给建议之前往往先问：“Did you get the new media kit?”“Have you had a chance to look over the information. I sent you? ””What do you think of the media kit I sent?” Vasquez（2004）观察了导师给助手提建议的策略，发现教师常使用正面或负面策略，如，正面的“nice”“you know”，负面“maybe”“sort of”“ I wonder”“I mean”等。Jiang（2006）比较了真实语境和语料库中关于建议的用法，认为课本和真实语境中的用法是有差别的，因此建议课本编写时应当充分考虑真实语境中的用法以提高学习者接近母语者的捷径。

此外，还有少量其他言语行为研究，如，问候、致谢、不同意等的研究，Jaworski（1994）通过对波兰的英语学习者对“How are you（doing）（today）?”问候语的理解和回答，发现学生对此用语的理解有误，甚至不能接受此为正常问候语，也不知怎样回答，或回答不恰当。Hyland & Tse

(2004) 分析了香港五所大学的240篇硕士和博士学位论文中“致谢”的表达结构，结果表明多数学生没有受过关于致谢体裁的风格、结构方面的正规训练，这影响了他们的学术规范和能力。博士研究生，特别是“软”科学领域的，倾向于使用较为复杂的句子结构。Bardovi-Harlig (2009) 调查了122位来自不同语言背景的英语学习者对常规用语，如，You're welcome，No problem，Excuse me等的认知和产出情况，结果为认知的能力是产出的必要条件，但是不够充分，常规用语的低使用原因是：熟悉度不够，但是又过度使用很熟悉的用语，发展水平和社会语用知识不匹配。Maíz-Arévalo (2014) 调查了学生表示“不同意”的情况，学生倾向于使用委婉语言表示“不同意”，如模糊语、请求澄清、解释，而不是强势“不同意”。高水平组使用的策略更宽泛，更像母语，更像英语的模式。低水平组会过分使用抱歉、模糊语。另外，熟悉程度、语言水平以及任务的本质等也是影响选择策略的重要因素。

也有一些分析话语特点的调查研究，但是，相对言语行为的研究要少得多，如，Wildner-Bassett (1984，1986) 关于话语开场白的研究；Pellet (2005) 对比了6个法语母语者和42个法语学习者（分三种语言水平）使用法语标记词donc的情况，母语使用者有8种功能，二语学习者随着水平的提高，使用标记词的频率越高，研究还说明语用能力研究应当超越言语行为的范畴。Dippold (2009) 首先讨论了面子理论框架下礼貌用语的特点，通过分析两名德语学习者的会话，自我展示，如，说话者自我组织话轮、修正话语的方式、参考和身份话语标记词等，建议语用能力的描述应当超出面子理论的框架，不仅是礼貌和面子，自我展示也是很好的语用用语。

2. 国内研究

国内的研究首先是以中国学生学习外语时语用失误的调查研究为主，并适当分析造成失误的原因。最早的是何自然、阎庄 (1986) 从语言本身的语用失误和社交语用失误两方面调查了中国学习者语用失误的情况，发现学生缺乏语言语用和社交语用方面的知识，因而导致失误。王得杏 (1990：11) 分析了中国学生使用英语进行称呼、问候、介绍、寒暄、告别、请求、询问、提议（供）和道歉等言语行为的情况，结果发现学生在以上言语行为的使用方面都有不同程度的语用失误，作者认为，社会文化知识的缺乏是原因之一，为了在跨文化交往中避免交际故障，他建议人们至少需要具备两种能力：一是能感觉到进行中的交际不完全成功；二是能发现交际故障之所在并知道采取怎样的补救措施。洪岗 (1991：59) 调查了中国学生在语言语用和社交语用两方面的情况，结果表明，学生在语言语用问题中失误最多的是一些惯用语的用法，特别是那些在中、英两种语言中都存在且字面意义大致相同的惯用语；社交语用方面失误较多的是那些由于两种文化背景不同，在一种文化中被认为是理所当然的事，而在另一种文化中却被认为是很不合适的。李悦娥、范宏雅（1998）和刘红艳、李悦娥（1999）通过对中国学生讲英语“招呼语”“接受”及“谢绝”的语用失误分析，发现社交语用失误率均高于语用语言失误率。语言语用失误产生的原因包括：汉语负面迁移的影响、言语行为理解上的失误、对礼貌级别不能正确区分；社交语用失语产生的原因，包括礼貌级别使用不当引起的社交语用失误、文化价值观念不同导致的社交语用失误。

孟梅、刘秦亮（2000：92）采用语用能力分析的方法，对大学非英语专业本科生进行了语用语言能力、社交语用能力和汉英语用差异辨别能力的测试。测试结果分析表明，学生在特定的语言环境中，语用失误的现象比较明显。甘文平（2001：74）以问题的形式，调查了大中学生及大学英语教师对语用学基础知识的掌握情况。调查发现，我国大学教师和学生的语用知识与语用能力都比较差，原因是大中学生的英语教材的表达与实际的语言表达不一致，而且大学英语教师未受过语用知识的系统培训。韩东红、兰裕明、姚文清（2002：81）对涉外专业学生的语用能力作了一次调查，从谈话的内容和方式两方面分析了学生的语用失误，认为学生的失误表现在一定的交际场合下不知说什么和怎样说。孙德华（2006：117）设计语用能力调查问卷，对留学生进行了课堂测试。调查统计结果显示：被试留学生语用能力总体上不高，大多数留学生的成绩在低分段徘徊；留学生的语言语用能力要低于社交语用能力。造成留学生语用能力偏低的原因是母语语言规则和文化的干扰，还有传统教学法的影响、语用教学的空白和文化教学的失误。

关于语用能力描述的研究基本上只涉及对言语行为的使用情况的调查，并适当探讨语用迁移的问题，而且数量不多。桑思民、栾守凤（1993）使用问候、道歉、询问、赞誉、请求、道别、提议和介绍言语行为测试 40 名英语专业四年级学生的语用能力，着重分析测试之后学生语用能力的情况，发现出现语用失误的情况较多。董晓红（1994：93 ~ 94）对英语专业二、四年级学生的语用能力进行了调查，发现他们的语用能力较差，表现如下：①不知道如何在一定场合下进行正式的、非正式的交谈；也不知如何用恰当的词、语调来表现出愉快或不愉快，甚至生气愤怒的情绪；②大多数学生不知怎样自然地打招呼、告别以及交谈；③缺乏对英语文化的深入了解，其结果往往是说错话或不知说什么好；④过分注重文字含义，忽视言外之意，或对其不够敏感；⑤缺乏对言语行为和会话规则理论的了解，不能运用这些知识来弥补语言环境的不足。贡献（1997）以科技英语专业三年级学生和汉语专业二年级学生为受试者，就恭维答语作了实验，并根据语料综合本领域的研究提出了分类方法，进而构拟了恭维答语标度假说。通过各种形式的比较，对恭维答语进行了再分析，发现恭维答语后隐藏的规律。

马月兰（2000：47～49）运用语用学理论，通过对5个拒绝语语境的归纳分析，总结出11种拒绝策略，从而说明中美语篇深层拒绝策略的共性，为英汉两种语言的学习者和第二外语学习者提供可行的拒绝策略，从而使拒绝更得体：①回避策略；②转移请求者的注意力；③推迟策略；④批评教育策略；⑤建议策略；⑥假同意策略；⑦暗示策略；⑧模糊表达法策略；⑨开玩笑策略；⑩客观策略；⑪主观策略。黄永红（2001：35～36）用调查问卷的方式对言语行为“道歉”进行了跨文化研究。76名中国人和10名美国人参加了问卷调查，并与Anna Trosborg（1987）的部分数据对比，分析了中国人和美国人在使用道歉策略及在道歉回答方式上所体现的差异，如中国人很少向家庭成员道歉或致谢，但是美国人则相反；还有中国领导不肯道歉，认为这样做不符合身份，但是绝大多数美国领导直接道歉，而且语气中肯。语境和社会关系的深层文化差异是造成这种差异的原因。

王爱华（2001：185）以Brown & Levinson礼貌理论为依据，以Blum & Kulka等学者的“语篇补全测试”为工具，调查了英、汉拒绝言语行为表达模式与社会因素之间的关系，结果表明：①Brown & Levinson的直接性程度的确与礼貌策略有线性关系，即语言越间接越礼貌，但并不是所有的间接言语拒绝行为都礼貌；②Brown & Levinson的三个社会因素对言语行为起着重要作用，但作用的方式在两种语言中却不完全一样，心理距离即情感（Affect）也影响言语的变化；③两种语言在直接性程度上有差异，虽然中美两国人都偏爱间接言语拒绝行为，但中国人要间接得多。姜占好（2004：32）以Elite Olshtain对道歉策略的分类和调查数据为基础，通过调查问卷的方式对中澳大学生道歉策略进行了对比，发现尽管双方在道歉策略的使用上大体相似，但受中国传统文化的影响，中国学生以英语进行道歉时道歉策略的使用频率高于对方，并产生了隐性语用失误。

李萍、郑树棠、杨小虎（2006：56）通过问卷调查研究了中国英语学习者与本族语者的英语抱怨话语严厉程度的差异性，统计分析采用了t检验、单因素方差分析和多重比较等方法。分析显示，受试群体、抱怨情景、学历状况、年龄都会不同程度地影响抱怨话语的严厉程度，但不存在显著的性别差异。王绍斌、李玮（2007）采用“语篇补全测试”问卷调查法，通过对中、澳受试者的答卷进行对比、分析，探讨中国学生使用英语表达拒绝言语行为时在语义成分的选择、语义成分的顺序、具体内容、使用频率四个方面发生的语用迁移。

洪岗、陈乾峰（2011：209）以中美两国有关“朝核问题”例行记者会的录音转写材料为语料，以 Beebe et al.（1990）的“拒绝”言语行为的语义分类为基础，运用会话分析和语用学理论，对例行记者会上中美新闻发言人对记者提问所采用的“拒绝”言语行为及具体策略进行对比分析，并从文化和话语特征角度对中美新闻发言人拒绝策略的使用差异作了较为深入的阐释。研究发现中美新闻发言人在拒绝记者提问时都以间接拒绝为主，但在具体策略的选用上存在较大差异。此外，美方在直接拒绝以及拒绝策略种类的使用上远多于中方。陈融（2014：20）对一系列中国学者的自指方式进行了研究。发现中国学者（特别是硕士研究生）在单个自指时极力避免使用第一人称单数代词，更多地使用第一人称复数代词“我们”、第三人称名词短语如“作者”和无生命名词短语如“本文”来指称单个的自己，这与英语方式相去甚远，原因是中国以谦虚为美德，这样产生了语用能力培养应当考虑国别文化的问题。

另外，对语用迁移的研究也有较多的关注。张辉（1994：25～26）讨论了跨文化交际中语用迁移与语用失误现象并分析了产生的原因：①由于交际文化的差异而造成的交际失误；②外语学习者了解交际中出现的文化背景差异，但由于学习者在语法和词汇方面的水平有限，无法找到确切的表达方式而造成交际失误。

卢仁顺、夏桂兰（2005：79）分别从语言语用迁移和社会语用迁移两个视角对中介语语用学中语用迁移的研究现状作综述，认为文献的研究重心不在正迁移，因为很难区分学习者在实施一个言语行为时是否确实会依赖他们的第一语言，或者说，他们是如何认识第一语言的作用的。廖开洪（2007：115）的研究发现国外语用迁移研究在语用正迁移和负迁移两个领域取得了新的进展，正迁移并不一定促进二语习得，而负迁移并不总是造成负面效果。但是，语用迁移研究对语用可迁移性、语用迁移与语言水平之关系、语用迁移所导致的语言变体及语言规范等问题关注不够，加强这方面的研究，将推动语际语用学的发展。卢加伟（2010b）从影响因素的角度对国内外语用迁移研究作一综述，认为目前语用迁移的研究在可迁移性及其影响因素、迁移发生的判断标准等方面有待深入。

卢加伟（2006）的实证调查证明二语为英语的中国学生在用英语进行拒绝时存在明显的语用迁移现象，但是随着英语水平的提高这种迁移的程度逐渐减弱。卢加伟（2010a：24）的进一步研究发现，语用迁移表现出程度上的不同，并受拒绝诱发因素的影响。而且，无论是在语义程式的使用频率还是排列顺序上，拒绝言语行为中表现出的二语水平与语用迁移的关系基本呈正相关关系，即语用迁移的程度随着学习者语言水平的提高而增强。刘艳（2015：114）以拒绝言语行为为例，调查了不同水平的中国英语学习者在拒绝对象社会权力不同时对拒绝行为面子威胁程度的不同看法，她通过改变拒绝策略能力的差异，研究了中国英语学习者语用能力发展模式。结果表明，中国英语学习者语用能力甚至社会语用能力发展的关系并非是谁先谁后的顺序，而是动态的，随着学习者英语水平的提高而改变。

3. 小结

国内外的语用能力对比研究中，多数研究单一外语语言（以英语为主）的语用能力发展过程，并与以英语为母语的英、美人士作对比，发现不同语言间的使用情况不同；汉语和英语的对比研究起步较早，如，Liao & Bresnahan（1996），Chen、Ye & Zhang（1995），王爱华（2001），李萍等（2006）；同时，这些研究以英语为外语的学习者为研究对象，研究外语学习者的语用迁移情况，发现母语对外语语用学习有正、负迁移作用，如 Beebe et al.（1990），Bardovi-Harlig & Hartford（1991），Al-Issa（2003），Robinson（1992）等；研究还发现语用迁移的现象和学习者的水平是正相关（Kwon，2003）；另外，对关于请求、道歉、拒绝的言语行为研究最多，研究面还是比较单一。

2.2.2 语用能力的习得研究

一直以来，学者们认为语用能力不可教。20 世纪 90 年代中期学者们论证“不管是语言能力还是语用能力都不可教”。但是，能力是知识，学习者拥有它、发展它，同时会使用或丢失它。成人学习者拥有许多语用信息，但他们不知道怎么用。这就给教学提供了机会。教学干预不是给学习者提供知识而是使他们意识到他们已经知道的东西，并且鼓励他们将自己的普遍知识和母语语用知识运用于二语的学习环境中。最后 Kasper 提出“将语用能力作为一种教学目标纳入二语或外语教学中，因为语言课堂是语言学习者的最佳场所”（Kasper，1996：145；Kasper，1997：1～3）。自此，语用能力的习得研究才开始引起学者们的关注，这也是起步较晚的原因。

1. 国外研究

自 1989 年开始对言语行为的使用情况进行调查研究，国外研究者开始呼吁重视语用能力教学问题，起初以课堂教学和在自然环境学习语用能力的比较为主，多数研究结果是课堂教学效果好，但也有不同结果的研究，Billmyer（1990）考察了两组（正式课堂教学和非正式课堂教学）英语学习者与英语母语者使用和回应赞扬的情况，结果表明，在课堂教学的使用与回应情况好于非课堂教学的情况。Bardovi-Harlig，Hartford，Mahan-Taylor et al.（1991）以结束语为例说明怎样在课堂教学中提高语用意识，建议将结束语融入自然会话和课本中，使学生能在自然语境中培养语用能力。King & Silver（1993）考察了 6 名英语学习者在课堂上学习拒绝策略的情况，结果显示学习效果不明显，不过，研究发现书面语和口语的表达有不同效果，表达的句式有不同。Kachru（1994）认为，跨文化交际言语行为研究应置于课堂教学的研究之中，包括研究方法、理论框架、言语行为的界定和评价标准等。Wildner-Bassett（1994）分析了美国学生学习德语日常用语的特点，并利用这些特点尝试在教学中培养学生的语用能力。Davis & Henze（1998）分析了民族法的原则、目标，认为对语用能力的学习有帮助，并以请求和承诺为例加以说明，认为在自然环境下观察语用表达是最有效的学习目标语的途径。同时，民族法也可以帮助解决教学和工作场景教学中“教什么内容”的问题，因为民族法可以通过观察找到语用表达。

同时，语用意识和语法能力的关系研究以及语用接触量研究也是研究初期关注的问题，起初的研究结果表明接触量越多，语用能力的获得效果越好，后期的研究结果呈现复杂性。Kubota（1995）教授 126 名日本的英语学习者学习英语会话含义，结果显示明示教授英语会话含义有较好效果，接触量和时间均起到关键的作用。Bardovi-Harlig & Hartford（1996）分析了体制性场景中的输入，认为言语行为的内容和形式、同伴和不对等身份的互动、原型的效果、学习者的语用和语法能力等都是影响语际语用发展的重要因素。Bardovi-Harlig & Dornyei（1998）考察了学习者对语用意识和语法意识的认知情况，结果是教师和学生有截然相反的认知，教师认为语法错误比语用错误更严重，而学生认为正好相反，这种不匹配的看法使教师认为语用能力不可教，由于教师的输入，对语法的强调、对准确性的严格要求，学生的语用意识淡薄。Niezgoda & Rover（2001）在 Bardovi-Harlig & Dornyei（1998）的基础上进行研究，最终得到支持他们研究的结论——学习者认为语用错误比语法错误更严重。

LoCastro（2001）考察了日本学生学习英语，发现其个体差异，态度、动机、学习者自我身份都会影响和限制他们接受和采用母语范式的意愿，比如，由于自己是日本人的身份，他们不愿意去改变自己的模式来适应目标语的范式。Matsumura（2003）比较了二语水平和二语接触量在建议场景下的语用能力发展，结果是接触量对语用能力的潜在发展有作用，作用也高于二语水平。Yamanaka（2003）考察了日本的英语学习者是否能自然地习得和解释美国英语的间接性和礼貌性，这种能力是否与他们自身英语水平或在美国居住的时间长度有关。Ce'sar Fe'lix-Brasdefer（2004）使用角色扮演和话语报告语料调查了24名西班牙语学习者对拒绝礼貌策略的使用与母语接触量的关系，结果是接触量越多，学习者的话语越接近母语，但是二语的水平与此无太大关系。Takahashi（2005b）调查了个体差异与动机和水平以及语用意识的关系，80名日本英语学习者参加了调查，学习者的个体差异对语用特点的注意有不同，语用意识与动机有关，特别是与内在动机关系密切，但是与水平无关。Schauer（2006）调查了不同语言环境下的语用意识情况，其中16名在英国学习的德国学生（以下简称“二语学生”）、17名在德国学习英语的德国学生（以下简称“外语学习者”）和20名英语者，结果发现外语学习者的语用意识远不如二语学习者，而且二语学习者的语用意识提高要明显得多。

Taguchi（2008a）把60名日本的英语学习者（英语为外语，以下简称“外语组”）和57名英语为二语的学习者（以下简称“二语组”）作为比较对象，从正确性和速度两方面考察他们对间接拒绝的隐含意义的理解，结果表明两组的正确性和速度两方面都有显著提高，外语组的速度比正确性要差些，二语组的速度比正确性要好。Taguchi（2008b）考察了两个问题：一是是否能瞬间提高二语语用能力的准确性和速度；二是这种提高是否与认知加工能力及二语环境中的接触量有关。44名学生在4个月内接受了3次调查，结果是理解速度提高很快，而准确性却没有；词汇的激活速度与理解速度有关，但理解的准确性没有，语言的接触量也与理解速度有关，与理解准确性无关。Holtgraves（2007）考察了英语学习者是否能像英语母语者一样快速辨认言语行为，结果表明英语学习者不如母语者，这说明对于二语学习者来说言语行为的激活不是一个自动过程。Schauer（2009）比较了在国内和目标语国学习英语请求策略的情况，起初，国内学习者的语法能力很强，随着在目标语国待的时间增加，在目标语国的学习者的请求能力几乎接近目标语国者。

Salgado（2011）考察学习者在母语环境学习语用能力的状况，结果发现有限的语法能力并不能阻挡语用能力的发展，母语知识和经验对二语学习有重要性，语言能力和语用能力都能成为语言的一种水平标志。Taguchi（2011）调查了不同语用功能在二语学习中句式和个体差异及学习环境对语用能力发展的影响，语境分为高身份和低身份，结果是低身份的言语行为增长很大，而高身份的却较低，两种语境下，言语速度在起始阶段都增长较快，但在后期几乎停滞。Ren（2012）考察了中国学生在国外和国内学习英语拒绝策略的语用能力发展轨迹，经过一学年的观察，他发现在国外学习的学生整体使用放弃的频率较高，但是，他们的国外学习经验会影响他们的选择。在拒绝策略的背景和拒绝附加语方面两组都有提高，国外学习者并没多大优势，表明二语语用能力发展的复杂性。

Soler（2012）考察了双语对第三语言的语用能力的影响和可教性。加泰隆语和西班牙语的接受性组和产出性组接受了英语拒绝策略的学习，两组的语用意识都有不同程度的提高，后者提高要大些，特别是在说话者的感情方面更明显。Tajeddin & Moghadam（2012）考察了语用能力动机与言语行为产出的关系，结果发现外语学习者的动机和言语行为的产出关系密切，学习者对言语行为的产出不满意；言语行为的动机对语用能力的产出有预测力，普通的语用能力动机却没有，表明普通语用能力动机与语用能力产出没有必要联系。Taguchi（2012）的专著讨论了学习者的个体差异和语用能力关系，使用大量的个案说明学习者的性格、态度、学习语言的历史，甚至教师的性格、态度等都影响语用能力的发展，进一步表明语用输入对学习者接受的影响远远超过我们的预设。Murray（2012）探讨了英语作为世界通用语的言语背景下，语用能力的培养问题，提出了 3 种策略：以实证研究为基础的策略，演绎策略、归纳策略，并以此来提高学生的语用意识。LoCastro（2012）从社会语言学角度阐述语用学对语言教育者的作用，强调了社会语境对语用学习的重要性。

Taguchi & Sykes（2013）的论文集展现了新媒体下不同言语行为的表现方式，如，在聊天室、博客中学习者怎样打招呼，怎样道歉，怎样用沉默来表示拒绝，怎样保持话轮等，通过这些方式学习者的语用能力得以提高。Wang & Brophy（2014）考察了学习者的背景因素对二语语用能力的影响，结果发现只有学习者的水平因素是影响理解套语的最显著因素，水平和性别对言语行为的产出有影响，尽管水平因素远远大于其他因素，作者不主张过分强调水平在语用习得中的作用。

随着研究的不断推进，研究发现语用能力是否可教，怎样教的问题逐渐突显。1996 年是首个语用习得研究的标志性时间，《第二语言习得研究》（*Studies in Second Language Acquisition*）期刊发表了专刊，有 5 篇论文专门讨论了二语习得中语际语用学（即语用习得）的问题。这是承上启下的专刊，有概念探讨论文，Kasper & Schmidt（1996）在回顾文献的基础上讨论了语际语用学的发展问题，认为文献主要研究语用的使用而不是语用的发展，因此他们提出了 14 个方面的问题，概括为以下 4 大方面：①一语与二语的关系对语用习得的影响；②测量目标语的范式问题；③二语的语用发展的路线、阶段以及输入问题；④外在因素对语用习得的影响，如，年龄、性格、性别、动机和态度。此期专刊还承接初期的课堂语用教学和语用迁移问题，Takahashi（1996）把语用迁移定义为迁移性比率，通过比较日本学生对日语请求和英语母语请求发现迁移与水平没有相关性，一语的迁移受到礼貌和常规的交互影响。Boderia-Garcia（2006）分析了初学者、中等水平和高水平西班牙语学习者学习“提供建议”的情况，结果是初学者在表达的直接性方面与母语者比较接近，中等和高水平者却不同，在感知、暗示和非常规性简介策略方面，母语和非母语者有很大的不同，这可能与英语母语的迁移作用有关。Bektas-Cetinkaya（2012）调查了职前教授英语的教师的语用能力，包括回复、提建议、拒绝和请求，发现他们能在二语语境下恰当使用这些言语行为，但是仅局限于可以理解的言语行为，这与母语的使用情况有较大差别。此外，还承接了不同教学方法对语用教学作用研究的开端，如，House（1996）考察了课堂的恰当输入是否可以提高学生语用流利性，通过对德国学生为期 14 周的英语学习的考察，发现明示和暗示组均有效。Fukuya，Reeve，Gisi et al.（1998）的研究发现在以形式为主和以意义为主的教学法中，可能因为所使用方法是暗示，因此对学生语用能力的提高帮助不大。

2001 年，是语用习得研究的第二个标志性时间，也是语用教学系统研究的开端，研究重心也由描述性研究转向第二语言语用习得研究（Kasper & Rose，2002；Kasper & Roever，2005），正如 Kasper & Rose（2001）所述评，以研究外语学习者学习外语某言语行为的特点为研究重心，成为二语习得界的新兴研究领域。系列成果主要发表在 Rose & Kasper（2001）主编的论文集中，Liddicoat & Crozet（2001）调查了澳大利亚大学生学习法语的互动模式：对周末询问的回应的学习效果，实验表明互动模式在外语学习环境是可教或可习得的；Rose & Ng（2001）比较用归纳法和演绎法分别教香港大学生学习英语称赞和称赞回应的学习效果，结果表明两种教学方法对语言学的语用水平提高有帮助，但只有后者对提高社交语用水平有效；Takahashi（2001）考察了日本大学生英语学习者学习英语请求策略的学习效果。该实验主要考察四种输入学习条件的效果，结果表明输入程度影响请求方式的学习效果：明示教学最明显，其后依次为形式对比、形式找寻和以意义为中心；Tateyama（2001）以日本外语学习初学者为实验对象，使用明示和暗示教学法教学生表示感谢、道歉，结果表明语际语用能力对初学者也是可教的；Yoshimi（2001）讨论了教学对话语标记的理解和发展的有效性，认为话语标记形成一个语用能力的语域，对学习者意识的提高很有帮助。

Pearson（2001）考察了西班牙语的感谢、道歉和命令言语行为的教学效果，结果显示效果不明显。当然，接受了元语用讨论的学习者要好一些，同时还发现语法能力在语用能力的发展中作用很大，特别是对水平较低的学习者。Silva（2003）教授了 14 名中下水平的英语学习者学习英语拒绝策略，效果明显，表明学习者经过培训并提供语言使用的场景会使他们的语用能力大大提高。Rueda（2004）调查了学生学习请求、道歉和称赞后，在正式程度、直接性和文化性等方面都有明显提高，而且在延迟后测中能保持记忆。

2005 年，是另一个语用习得研究的标志性时间。*System* 第 33 期专刊所刊载的 8 篇关于语用习得的研究中，其中 6 篇实证报告均证明语用能力的可教性。Koike & Pearson（2005）考察了使用明示或暗示预教（Explicit or Implicit Pre-instruction）、明示或暗示反馈（Explicit or Implicit Feedback）语用信息的效果。结果表明这些教学方法都有助于语用能力的提高。Rose（2005）讨论了语用能力的可教性、教学与自然环境学习对比以及不同教学方法导致不同效果的问题，通过分析多数研究证明了可教性，课堂教学优于自然环境学习，不同教学法会有不同教学效果，明示教学优于暗示教学。Soler（2005a）的实验也证明明示和暗示教学方法均能提高学生学习恰当“请求”的意识，明示教学好于暗示教学；Martinez-Flor & Fukuya（2005）考察了使用明示和暗示教学方法教 81 名西班牙英语学生学习恰当“提建议”的教学效果。结果表明两种教学方法均有效；Bardovi-Harlig & Griffin（2005）测量了 43 名来自 18 种不同语言背景的学生在英语学习课堂中的语用意识，学习者配对组合找出提供的场景中的语用缺失，并进行角色扮演，结果发现学习者会对缺失情况进行补全，如，迟到了会补说道歉话语，但是有些缺少文化成分，语言与文化之间的转化不够自然，不过，结果还是肯定了课堂教学的作用。Takshashi（2005a）通过定性分析考察了 49 名日本英语学习者关注英语请求的情况，学习者分为两组形式对照组和形式搜寻组，结果是前者好于后者，当然，课堂教学后的效果好于课前。

Dalton-puffer & Nikula（2006）在芬兰和澳大利亚课堂以以内容为基础的教学法，考察了用英语教授历史和化学时，学生和教师对“下指令”这一言语行为的使用情况，结果是两者都使用直接下指令策略，因为信息和场景的需要限制，进一步说明说话者下指令的言语行为受到语域的限制。Takimoto（2006）使用两种不同输入式教学方法：意识提升教学和意识提升加明示反馈教学，教授 45 名日本英语学习者英语请求策略，结果是两种方式都对学生的语用能力提高有帮助，不过，明示反馈并不是必须的条件。

Liu（2007）采用定性和定量研究考察了明示教学对英语请求用语的教学是否有效果，结果是肯定的，同时还发现面对面、电子邮件交流、互联网的辅助教学形式有助于增强明示教学的结果。Cohen & Shively（2007）主要考察了课程干预对在目标国学习的学生习得请求和抱歉时语言、文化策略的使用效果，结果表明学生的整体水平提高了，特别是学会了婉转请求的技巧，不过，他们在学习道歉方面不如母语者地道，说明其社会语用的范式使用意识还不够。

Usó-Juan & Marínez-Flor（2008）首先分析了委婉请求的不同表达法和功能，然后通过以学习者为中心的教学方法描述怎样教学习者学习语用能力，如学习者的探索、产出和反馈等步骤。Takimoto（2008）考察了演绎教学和归纳教学对学生习得复杂请求的情况，结果是两种方法均有效；不过，在听力测试方面，演绎教学组的效果有下降趋势。Cohen（2008）从教师和学习者的角度讨论了怎样选择语用材料、教师的作用、测试的恰当方式。最后，还展现了网站对语用学习的作用。

Louw，Derwing & Abbott（2010）通过教授学习者在求职面试中的语用技巧来考察学习者的语用能力，结果发现经过教学，学习者的语用能力有所提高，表明教学是有效的。Murray（2010）认为通过真实语境下的语用意识提升活动可以提高语用教学的效果，比较了演绎和归纳教学方法对语用教学的作用，并建议使用合作原则来提高语用学习效果。Gu（2011）考察了在明示和暗示教学的情况下，中国学生学习请求策略的情况，两种情况下学习者都有进步，不过明示教学更明显，当然，学习者在口语角色扮演中表现较弱。Bu（2012）比较了中国学生学习建议言语行为的明示和暗示教学的效果，结果是两组都有明显效果，明示组更加突出。

Martínez-For & Beltraàn-Palanques（2013）遵循演绎—归纳教学的特点，设计了一个教授英语拒绝策略的语用能力的教学模式，特别提出在外语学习环境下的模式，提出提高语用意识和语用产出的步骤与过程。Usó-Juan（2013）采用李克特步骤的明示教学法教授英语拒绝策略：研究、反思、接受、推理、演练和修正，结果表明这一教学法对学生产出英语拒绝策略有利。Fordyce（2014）用明示和暗示教学方法教授态度词（如，I think，Maybe）的教学效果，结果明示方法比暗示方法效果明显。当学习者在学习前的知识为空白时，两种方法都有效，暗示教学方法的有效性还需要进一步研究。Bardovi-Harlig，Mossman & Vellenga（2015）尝试在学术讨论中教授语用套语（同意、不同意和陈情），结果发现实验组有明显的提高，表明教学对语用能力的产出是有效的。Roever & Al-Gahtani（2015）通过实证研究论证语用水平和语用能力表现的关系，发现随着学习者语言水平的提高，语用表现也会提高，初学者一般多使用命令句表示请求，或者使用“want statement”，最多加上“can”，中高级水平会使用“could”，高水平者使用的句型要复杂得多。尽管学习者的水平提高了，但是对社会环境的敏感度并未增强。Limberg（2015）以道歉为例提出 8 条语用教学原则：获取真正的目标语语用范例；增强意识；与学习者母语相比较；探寻言语行为；融合语言语用和社会语用；寻找变体；综合不同语用技能；练习各种言语行为。

2. 国内研究

语用习得的基本概念来自于语际语用学，至今，国内学者仍然热衷于语际语用学的介绍和总结。最早介绍的是何自然（1996），从语际语用学的范畴和内容两方面介绍了相关内容，认为语际语用学属于跨文化语用学，研究如何理解语际语言中的话语、言语行为和语用迁移，以及跨文化交际中语用效果。刘绍忠（1997a）、尚晓明（1997）、洪岗（2000）和李萍、郑树棠（2005）都在归纳和总结国外研究的基础上，提出了有关语际语用学在国内的关注点：对比所学语言和母语的语用特点以及文化特点，了解国内教材与本族语教材的异同，探索有效的语用教学方法，并认为我国语际语用研究的发展前景广阔。

在语用能力与教学的关系上，最早的研究是在调查语用失误之后，研究者们首先呼吁重视语用能力的教学问题，然后对语用能力教学提出建议或措施；2004 年以后才开始有实证研究来进一步验证语言教学中语用能力的教学和实施效果。

首先，早在 20 世纪 80 年代，何自然、阎庄（1986：54）根据中国学习者语用失误的情况，建议英语的语用知识不但应该教，而且要列入教学计划，因为语用内容在英语教学中的重要性绝不亚于语法、词汇等方面的内容。随后，洪岗（1991），孟梅、刘秦亮（2000），甘文平（2001），高月琴（2002），何自然、张巨文（2003），姜占好（2003），冉永平（2004，2006），戴炜栋、杨仙菊（2005），李民、陈新仁（2007），李民、陈新仁、肖雁（2009）等都纷纷论证进行语用教学的必要性和可行性。近十余年来，许多学者再次重温语用能力教学问题，再次呼吁语用教学的必要性问题，姜占好、陶源、周保国（2011），卢加伟（2013a），张绍杰（2013），陈新仁等（2013），冉永平（2013），何自然（2014），侯国金（2014），卢加伟（2014），冉永平、杨青（2015），陈新仁、李民（2015），何德华（2015）是他们中的典型代表。

当然，以上学者都从教学内容、教学方法、研究方法和未来的发展方面提出了很多宝贵建议。教学内容上，建议语用原则的引入，如，何自然、张巨文（2003）认为培养和提高学习者具有言有所为、言蕴所含、含则能解、文化相知、言必达效等语用能力，是外语教学新的路向。还建议考虑文化差异的植入，如，洪岗（1991：59～60）认为教师应当关注：①特定的习俗化的语言形式；②中英实现言语行为和理解言语行为的差异；③英语中的禁忌话题以及有损听话者面子的言语行为；④中英文化间谈话双方的主从地位或谈话双方的社会距离的差异；⑤中英文化价值观念和语用原则上的差异。高月琴（2002：8）认为西方文化、价值观的认识、套用母语中的语言形式、言语交际的环境、对语体的意识都是教师在课堂上应当向学生灌输的。孙德华（2006）提出应重视汉语语用知识和交际文化知识的教学，充分认识语用语言能力和社交语用能力之间的区别，分层次、有重点地组织对外汉语教学。张绍杰（2013：88～89）在分析了外语学习者语用能力的基础上，在教什么的问题上提出发展语用能力应把语言知识教学同语用能力培养紧密结合，语用教学应贯穿外语教学的整个过程，教什么的重点应放在形式和意义的选择上，即，如何根据语境选择恰当的形式表达意向意义，既要注意语言的准确性，更要突出语言使用的得体性。何自然（2014：5～8）重温了语用学家对语用学的见解，从中析出多个研习语用学的维度，并总结为三大训练内容：完整理解话语意思、理解特定语境句意以及要说的话，提出了以三大内容培养发展语用能力的具体策略：理解语言的语用能力策略、运用语言的语用能力策略和跨文化交际的语用能力策略。

教学方法上，多数学者都认为显性教学更有效，姜占好（2003）提出了通过显性渠道和隐性方式增加学生语用知识，避免语用失误，提高语用能力的尝试；戴炜栋、杨仙菊（2005）比较了语用教学的不同方式——显性教学和隐性教学，最后，提出显性语用教学的课堂教学模式；郑弘（2009）分析了在二语课堂环境下明示教学如何进行以及其对语用能力发展的成效性作用，建议有效利用语用知识的隐性教学和显性教学来培养学生语用能力，由隐性逐步过渡到显性；杨满珍（2009：102～103）认为研究表明英语学习者的语用能力可以通过课堂教学得到提高，而且不同的教学方法产生的效果也不尽相同，因此建议：①注重学生语用知识意识；②利用多方面的教学素材；③采取灵活多变的教学方法。甘文平（2001）结合大中学生的英语教材，就如何进一步革新教材编写思路，使大中学生英语知识更有效衔接，如何让大学英语教师更好地掌握语用学知识提出改进意见。

姜占好、陶源、周保国（2011：95）从必要性、教学方法、评估手段和教学时间四个层面探讨了国外近30年课堂语用教学状况，认为语用知识隐性特征和语用教学实践成果使得课堂语用教学成为必然，语用知识特征决定了课堂语用教学多使用显性手段，语用教学效果的评估要集中在能折射学习者语用知识运用的开放式的方法上，语用教学时间与教学效果成正相关。卢加伟（2014：87）认为，近 30 年来语用教学的理论与实证研究发现，外语学习环境和语用知识本身的性质使得专门的语用教学非常必要，大量的实证研究表明语用教学是可行的，且效果明显。显性教学方式比隐性教学方式更有效，多元文化背景下的语用教学在内容与方式上受到了全新的挑战。张绍杰（2013：90）针对怎样教的问题建议应该采取不同的方式和方法教授。他认为，在较低水平层面，重点应放在对语言形式如何表达意向意义的认知上；在中等水平层面，重点应放在根据交际目的解释各种形式如何用于表达意向意义上；在高级水平层面，重点应放在联系交际所涉及的社会因素解释意向意义如何通过语言形式或手段得体地表达。侯国金（2014：28）认为，要提高学生的语用能力可从以下四个方面入手：开设“语用学”课；语用失误分析；做语用能力问卷或自测题；在日常生活、工作或学习中体现语用精神，寻找、分析、评论、纠正自己（以前）或他人的语用失误。

在研究思路上，学者们根据前人的文献或自己的实证研究指出一些研究方向以及未来语用教学的前景。冉永平（2004，2006）建议讨论二语习得与学习中的语用输入与语用发展问题，关注语用能力的可教性（Teachability）与可学性（Learnability）的问题，即在什么程度上直接引入目标语的语用知识、语用特征，语用知识的引入对习得与学习语用知识会产生什么影响。李民、陈新仁（2007）和李民、陈新仁、肖雁（2009）的研究表明意识程度与语言能力水平发展，还有性格类型都显著相关，中国英语专业学生语用和语法意识程度相对低下，他们提出，在英语教学中要重视对学生语用和语法意识程度的培养，从而逐步提高学习者的英语语言水平和语用能力。段玲琍（2007：140）对语用能力的可教性进行了文献评述，发现研究者在教学效果、教学方法、理论背景、学习目标语、研究设计和测量工具研究方面取得了一定进展，但仍有许多研究问题等待挖掘，如，理论框架和教学方法的单一以及测试标准的界定等。刘建达、黄玮莹（2012：68 ~69）研究了中国学生英语水平与语用能力发展之间的关系，研究结果发现中国英语学习者的不同语用能力发展不平衡。还通过问卷调查了课堂教学、课内外语用知识输入和语用意识方面的情况，结果表明学生在这几方面的情况参差不齐，学生的语用能力发展很大程度上受其英语教师教学内容和教学方式的影响。

陈新仁等（2013）以语用学与外语教学为题编撰了国内首部系列关于

语用习得和语用教学的论文，其中的教学篇围绕会话含意教学、言语行为教学、语用预设教学、话语标记教学、语言礼貌教学、会话组织教学和语言模因教学进行了教学理念探讨；研究篇以言语行为的可教性研究、中国英语学习者礼貌习得研究、中国英语学习者话语标记习得研究、中国英语学习者语用与语法知识研究和中国英语学习者的语用能力测试研究为主题，展现了国内研究的关注点。卢加伟（2013a：209～210）聚焦语用教学研究的三大基本问题，即语用教学的必要性与可行性、语用教学的主要内容以及语用教学的方式，对1980～2012年国外83项本领域的理论与实证研究进行梳理，在此基础上对未来语用教学研究进行展望：①未来研究应拓宽和深化语用教学内容；②未来研究应寻求教学方式的灵活性、教学手段的多样化；③未来研究应借鉴、吸收其他学科的理论成果，构建更加科学、合理的研究框架；④未来研究应扩大被试选择范围，探讨针对不同年龄段、不同水平学习者的教学干预效果；⑤未来研究应重视语料收集与评估方式的多样化，并尽量确保语料的真实性；⑥未来研究应针对特定教学内容设计更加合理的课时安排。

以上研究主要集中在分析和提建议的层面，相关语用习得的实证研究比较少。胡美馨（2004：31）在英语口语教学中进行培养学生英语语用能力的实验研究，介绍了实验研究中的研究问题和前后测度中的问卷数据收集方法，通过 t 检验和 ANOVA 方差分析对所得数据进行分析得出该实验研究未能有效提高相关语用能力的结论，并结合分析结果对实验设计进行了反省、讨论，认为学生语用意识的培养可以从三个角度入手：①提供语料范例；②语料背景分析讲解；③分配语料观察任务。

段玲琍、Anchalee Wannaruk（2008），段玲琍（2009）对英语拒绝策略的可教性进行了预实验和正式实验，两次结果都表明学生在后测和延迟后测中均有较好表现，证明了语用能力具有可教性。杨仙菊（2008：31）针对三种不同语言水平的中国英语学习者使用开放产出问卷调查了他们使用英语请求用语的情况，发现语言水平、母语迁移和课堂教学会对学生的语用发展产生交互作用。随着学生水平的增加，学生使用直接请求策略降低，而使用间接请求策略增加，母语迁移体现在不同请求侧面，同时，教学材料和课堂教学安排的不恰当输入也会限制语用能力发展。

孙晓曦、王同顺（2008：34）借鉴儿童语言发展研究领域中的语用能力分析模式，从交际行为的角度考察了我国一至四年级小学生英语的使用情况，即在社会交际、言语行为、社会交际—言语行为结合层面对小学生英语交际行为进行描述性测量，分析并描述了中国英语学习者第二语言语用能力的发展特点和模式。通过对以上三个层面交际行为类型数量的统计和对不同类型交际行为使用频率及比例的计算，发现受试者在这三个层面上的交际行为无论是在数量上还是在质量上都随着儿童年级的升高而提高。同时，还论述了在四个年级中使用最频繁的交际行为及其发展模式。孙晓曦、王同顺（2009：13～14）描述并讨论中国小学生英语学习者第二语言语用能力如何随其第二语言语法能力的提高而发展。通过在社会交际层面、言语行为层面及社会交际—言语行为结合层面对其交际行为实施情况的分析，研究发现我国第二语言学习者随着英语词汇、语法等语言知识的提高，其实施不同交际行为的能力也随之提高，如在三个层面上交际行为的种类逐渐增多、表达交际意图的准确程度和灵活性也有所提高。

卢加伟（2013b：71）以 Schmidt 的注意假设和 Bialystok 的双维模式为指导，制订了一套完整的课堂语用教学方案，并在此框架下考察语用教学是如何影响中国英语学习者二语语用能力发展的。结果表明，语用教学对学习者总体语用能力发展和语用知识、语用意识与语用表现三项分指标都有积极的作用，但影响的程度不尽相同。李燕、姜占好（2014：70～71）在分析语用能力构成维度的基础上，重新设计语用能力问卷，并结合访谈的方法，对新时期英语专业学生的语用能力进行调查后发现：随着学生语言能力的提高，语用能力并没有自然而然地随之提高；研究还发现，从语用能力的三个构成维度来看，学生对文化知识掌握最好，其次是适切度，在言语行为知识层面，学生的表现最差。李清华、宾科（2014：17～18）通过“话语填充”测量学生的程式话语识别能力和表达能力。研究结果显示：①学生程式话语能力较低；②学生程式话语整体能力随着语言水平提高而增强，但程式话语能力发展并不均衡，表达能力显著提高，识别能力却近乎停滞；③学生情境型言语行为的识别与表达能力并没有随着语言水平的提高而增强，反而明显下降。

3. 小结

对语用能力的习得研究而言，国外比较重视实证研究，起初主要侧重研究语用意识与语法能力的关系，从而进一步探究与语用能力的关系问题，后来语用能力的可教性成为研究重心，标志着语用能力系统研究的开端；国内则还停留在分析、探讨和呼吁阶段，实证研究还远远不够。当然，国内外的研究还有许多值得进一步探索的问题，比如，教学方法的单一、理论框架的薄弱、学习内容的片面性等问题。

2.2.3　语用能力的测试研究

在进行语用能力教学的实证研究时，语用能力的测试方法一直受到质疑和挑战，特别是测试的标准，因此怎样测试语用能力很受关注，也是语用习得研究的瓶颈。在语际语用学研究中，以下六种是比较常用的测量工具：话语填充（Discourse Completion Tasks）、角色扮演（Role Play）、多项选择题（Multiple-choice Questions）、等级回应问卷（Scaled-response Questionnaires）、采访（Interviews）和有声思维。关于以上语用能力测试工具的信度和效度在国外的文献中有一定数量的研究，但是国内的相关文献不多见。

1. 国外研究

自从1989年开始对言语行为的使用进行调查以来，使用的调查工具几乎是话语填充（Discourse Completion Tasks），Hudson，Detmer & Brown（1992，1995）进一步提出六种测试语用能力的方法，即①书面话语填充（Written Discourse Completion Tasks）；②多项选择话语填充（Multiple-choice Discourse Completion Tasks）；③听说话语填充（Listening Discourse Completion Tasks）；④话语角色扮演（Discourse Role-play Tasks）；⑤话语自我评价（Discourse Self-assessment Tasks）；⑥角色扮演自我评价（Role-play Self-assessment），这六种测试方法已成为语用能力测试领域的经典之作。自20世纪90年代以来，国外的研究主要集中在探讨以上六种测试工具的信度和效度上，尤其对话语填充、角色扮演和多项选择的研究较多。Margalef-Boada（1993）比较了笔头和口头引导语的作用，结果发现口头话语比书面话语的句式自然，且长而复杂，还发现两种方式的回答话语都比较直接，说明所使用的场景是人为设计的，属于不自然的场景。Rose（1994），Rose & Ono（1995），Yamashita（1996），Yoshitake（1997）探讨了在亚洲语境下的话语填充、多项选择、角色扮演的效度，结果都表明这些对语用能力的测试都很有效，但是对于亚洲语境下的学习者不太适合引出有效话语；Hinkel（1997）使用"建议"言语行为对话语填充和多项选择两种工具进行比较，结果表明母语者在做选择填空题时比非母语者较少选择直接或模糊建议，而在回答话语填充时，母语者更喜欢选择直接或模糊建议，这表明话语填充不适合做有歧义语境的语用能力表现的测试。Johnston，Kasper & Ross（1998）以抱怨、请求和道歉为目标语，针对话语调查和自然语境引出的方式进行比较研究，发现二者有可比性但是需要进一步论证，可以改进话语和自然语境引出的方式，如使用开放式问题。

20世纪以来，国外对于以上测试方法的研究进一步深入，主要是对比不同测试工具的效果。Billmyer & Varghese（2000）通过对比自然话语和话语填充的使用，发现两者有一定的相似性，说明了话语填充的有效性；Norris（2001）考察了德语口语测试与社会语言能力之间的关系，发现语言水平与受试产出社会语言称呼语的准确性相关；Hudson（2001）对比了话语填充、角色扮演与在实验室录音的语篇填充测试的语用能力情况，结果是话语填充和角色扮演好于在实验室录制的表现；Brown（2001）基于Hudson，Detmer & Brown（1992 & 1995）提出的六种语用能力测试方法，比较了他们在英语作为外语环境和日语作为第二语言的环境下的信度和效度，发现六种测试方法的效果取决于话语引导语的使用和翻译以及受试的样本量；Golato（2003）使用“恭维应答”对话语填充和自由交谈进行了对比，发现话语填充不能很好地收集到自然语料，相反自由交谈却能收集到较好而且自然的语料；Liu（2004）比较了三种测试方式：书面话语填充、话语自我评价和多项选择话语填充，发现前两者的信度较强，而后者较弱；同样，Ahn（2005）比较了韩语学习者语用能力测试的5种形式（开放式话语填充、语言实验室内的口头话语填充、多项选择话语填充、角色扮演、自我评估）的效果，结果是5种方式不仅可以用于测试英语作为二语和外语的学生，也适合其他语种，如日语和韩语；学生水平与语用能力的产出有关系，特别是角色扮演的自我评估、语言实验室内的口头话语填充和开放式话语填充，而且有文化底蕴的考试在开放式话语填充测试里表现得更好。Schauer & Adolphs（2006）以感谢为例，比较了话语填充和语料库的语料的优缺点，话语填充适合于有控制的语境的话语引出，而语料库的语料适合自然环境的话语引出，提出综合两者的使用更有利于测试工具的有效性，也适合课堂教学，特别是常规用语或套语的使用。Liu（2007）针对教学和测试在语用能力习得之间缺乏一个连接的情况，以抱歉为例测试了中国学生的语用能力情况，表明话语补全测试具有一定的信度和效度。

当然，以上研究也表明了6种语用能力测试模式有一定的局限性，因此研究者关注新的测试方法研究。Walters（2007）指出经典的话语填充法不科学，不能引出真实话语，建议使用话语分析的方法来测量语用能力；Rover（2001，2005 & 2006）在方法上使用网络测试程序，在语用能力的测试范围和测量方式上建议测量言语行为、会话含义和习惯用语理解。Toda（2005）使用产出测试、感知测试来测量语用产出和感知的效果；Youn（2007）使用FACETS来分析不同评分员在话语填充、实验室录音的语篇补全填充和角色扮演三种测试中的严厉程度，这种程度取决于测试类型和言语行为，同时也存在评分员的交互影响；Soler & Martinez-Flor（2008）根据不同语用功能、评估者数量及题型对不同类型的语用能力测试信度的影响，通过书面话语填充测试、口头话语填充测试、角色扮演和角色扮演自我评估四种测试方式，从三个层面（权势、距离和强加程度）对三种言语行为（请求、拒绝和道歉）进行了测试，考察了语用测试的可靠性（转引自白丽梅，2010：477）。

Roever（2011）回顾了文献中语用能力测试的状况，指出在测量学习者产出独白式和对话式话语时语用能力测试工具的空白，并认为话语填充方式有缺陷，角色扮演具有真实性，可作为较好的测试工具，但是其评分标准和互动形式可以考虑网络互动和测评等。Ifantidou & Tzanne（2012）提出语用水平作为一项测试工具的可行性，因为语用水平涉及解读交际目的、解读所需要的语言辨认能力、语言和解读之间明示的语言连接，通过定性的方法引出语用能力的自然表达。Ishihara & Cohen（2012）针对语用的标准问题进行了探讨，认为英语是世界普通话，有多个变体的情况，很难以某国的英语为蓝本，因此建议语用的真正含义应取决于说话者当时说话的目的，听者和说者共同协商意义。

McConachy & Hata（2013）在评估课本中的语用和文化因素时，特别提出语用标准的问题，也认为应当根据实际语境在说话者和听话者之间进行协商。van Compernolle（2013）以社会文化理论的最近发展区为依据，对一名学习法语的美国学生进行了为期 6 周的对话分析，特别针对法语的“tu/vous（你/您）”的使用进行了分析，结果表明，对话式的互动是语用能力的一个很有效的测试方法。van Compernolle & Kinginger（2013）又以另一个个案分析再次证明互动式的对话是测试语用能力的有效途径，不过该研究发现当引用语有模糊或冲突时，学生回答显得不准确或犹豫，因此课本或教师的输入就显得尤为重要。Safont-Jordà & Portolés-Falomir（2013）比较了课堂使用话语填充任务和互动中的角色扮演两种测试语用能力工具的差别，学生的语用能力产出有差别，课堂话语填充任务比角色扮演任务更精细、更间接，但是以上两种方法更适合课堂教学，要获得更自然的话语，应当使用民族志方法。Youn（2015）使用六种混合方法来测量互动中的二语语用能力的效度，多层面分析发现评分员能较好使用互动情况来预测学生的语用表现，但是角色扮演的评价比较耗时，评分员在互动中的评分标准的把控需要更加严格、细致的培训和统一。

2. 国内研究

国内的研究从 2001 年开始才有一些讨论语用能力测试工具的问题。起初主要是介绍，如，刘芹、戴炜华（2004）介绍了语用测试的内容，包括语用口试的题型、评估办法和评分标准。后来，学者们开始分析语用能力测试所存在的问题，洪岗（2001）认为研究人员在研究过程中常常忽视言语行为语境语料收集工具概念以及调查样本等在不同文化间的对等问题，甚至对同一问题的跨文化语用学研究常常出现不一致甚至是相左的结论；针对这些不对等问题，提出了言语行为的对等、语境因素的对等、会话情景的对等、会话双方关系的对等、普通概念的对等、专业术语的对等、语料收集工具的对等、样本的对等的建议。李怀奎（2005）和李怀奎、李怀宏（2007）通过对国内学者关于学习者外语语用能力实证研究的调查与分析，发现在外语条件下培养学习者英语语用能力的研究存在判断实证研究质量标准、语用能力实证研究的效度与信度分析、研究或假设、研究方案、数据收集和数据分析等方面的问题。

刘建达（2008：54 ~55）认为，语用能力测试主要在四个方面存在问题，包括：情景的采集、社会语用变量、评分标准和测试方法。具体来看，多数研究基本不提情景的采集过程，使研究的信度大大降低；社会语用变量也很难确定，使测试的准确性难以把握；评分标准也是经常受到挑战；就测试方法而言，虽然书面话语填充、多项选择话语填充和话语自我评价三种语用测试工具有较好的信度和效度，但是存在的问题也不少。国内外对他们进行系统的研究发现不同环境下使用三种测试的效果有不一致的结果，如，Brown（2001）的研究发现，以日语为第二语言环境的测试效果好于以英语为外语环境的情况；而且仍需要在样本量和测试内容上再进一步研究。

姜占好、周保国（2012：47）认为大部分语用评估缺乏对问卷构念效度的理论阐释及统计学意义上的说明，对学习者语用能力评估内容单一。提出未来语用能力评估研究的方向：扩大语用评估问卷的涵盖面，提高语用评估的构念效度，增强语用评估的可操作性。方秀才（2012：43）分析了在我国开展语用能力测试面临的诸多困难：确定外语语用能力的构念、设计试题和制定评分标准中存在的困难，以及难以开展测试的效度验证等。提出借用语用学、跨文化交际和外语教学理论来界定语用测试的构念；通过问卷采集母语者及学习者在语用环境中的语言使用来编写选项和评分标准；从测试前、测试中和测试后三个方面把语言学理论、认知心理学理论和方法以及心理测量学手段综合起来验证效度。刘建达（2013）从形成评估这个角度针对语用能力测试和评估的实施方法做详细阐述，主要包括如何实施形成评估、如何运用现代技术等。

国内真正的实证研究并不多见。刘建达是首个系统介绍语用能力测试并做实证研究的国内学者。刘建达（2006：259）根据 Hudson，Detmer & Brown（1992，1995）的六种测试方法，设计了三种测试方法，即书面话语填充、多项选择话语填充和话语自我评价，考察了中国学生使用英语请求和道歉两种言语行为的情况。结果表明，三种方法都具有较高的信度和较好的效度，不同的测试方法对考生的成绩及考试中的思维过程有不同的影响。另外，参加此次研究的学生的语用能力并没有随其语言能力的提高而提高，这暗示着老师在课堂教学中应更多地教授学生英语语用知识，给学生更多的语用知识输入，以达到提高学生英语语用能力的目的。姜占好（2007）在回顾语用能力定义文献的基础上，结合语境顺应关系的构成要素，尝试提出了语用能力评估模式：编制语用能力测试试卷（多项选择和判断正误）和构建语用能力评价体系（学习心得日记和篇章补充完整）。段玲琍（2012a：93）使用定量方法对比分析了书面话语填充、选择性书面话语填充和书面话语自我评价三种语用能力测试工具测量中国学生语用能力的效度和信度情况。结果表明在内容效度和结构效度方面三种语用能力的测试工具都有效地测试了学生的语用能力。但是，就关联效度而言，三种测试的相关性较低。试卷信度和评分者间信度值也不是太高。

刘建达（2005：157）运用多层面 Rasch 模型从试题、考生、评卷人和评分量表等几个层面对话语填充测试方法在测试中国英语学习者的中介语语用能力的表现进行了研究。197 名中国大学生和 24 名英语本族语者参与了研究。结果表明，两位评卷人在评分严厉程度上存在差异。试题的各个题目的难度有显著意义的区别；考生做题时表现出一定的差异；刘建达（2007：395）利用多层面 Rasch 模型，对中外老师在语用能力测试评卷中的表现进行了对比研究。结果表明，所有中外老师的评卷都具有较好的内部一致性，但评卷的严厉度有显著差异，中国老师比外国老师要明显宽松。段玲琍（2013a）使用多层面 Rasch 模型在评分严厉度、考生、题目难度和评分量等方面考察了语用能力测试的中外评分员的评分差别，结果是在严厉度方面，与刘建达（2007）的研究结果基本一致，不同的是不符合要求的评分员，外国评分员所占比例高于中国评分员。

3. **小结**

20 世纪 90 年代以来，国外的研究主要集中在探讨话语填充测试工具、角色扮演、多项选择的信度和效度上，同时还比较三种测试工具的差异性，如，Rose（1994）、Yamashita（1996）、Yoshitake（1997）、Billmyer & Varghese（2000）、Hudson（2001）、Brown（2001）、Golato（2003）以及 Ahn（2005）等使用经典的分析模式，即以相关系数或因子分析来体现语用能力测试工具的有效性。20 世纪以来，有一些研究使用多层面 Rasch 模式分析，并有研究提出民族志方法。国内的研究比较少，主要模仿国外的研究或对语用能力测试的工具提出质疑和建议。

2.3　社会文化理论与语用习得的研究现状

早在 20 世纪 90 年代，语用习得的社会因素就已经引起关注。Kasper（1995）通过评述 1989 年以来 5 年内关于言语行为的调查研究文献，认为语言的间接性是受语境限制的，日常话语可以提高流利性，因此提议重视第二语言学习的社会语境以及由不同的二语习得环境所提供的学习机会。Ohta（1996）观察了日语学习者在课堂学习中同伴互动的语用能力发展情况，结果发现学习者会根据语境来调整他们的语言表达以便完成角色的任务，一些学习者产出的语言表达不够准确，但是在帮助下可以恰当地表现出符合语用语境的行为。Cohen（1996）讨论了怎样通过言语行为的恰当性培养，分析语用能力的获得依赖于社会文化和社会语言的语境，明示的语言信息也是语言学习的语用信息。LoCastro（1998）考察了在日本学习日语时语言与社会身份的关系，特别是正规课堂教学、社会语境和学习者的社会、文化身份与语用能力提高的关系，结果发现学习者尽力在恰当的文化、社会背景中寻找他们的社会身份，但是由于价值观、信念、种族等的不同，语用能力的发展会有所不同，因此，特别需要进一步研究。Kasper & Rose（1999）在综述文献的基础上，认为语用能力的发展，即语用能力的教学以及从社会文化角度探讨语用能力的教学问题应当是语用学与二语习得的研究方向。

到了 21 世纪初社会文化理论被引入语用习得研究，首先研究者预测前景，Kasper（2001：502）从四个方面探讨了二语语用能力的问题：①语用能力和语法能力的关系；②语用学习与信息加工，特别是注意、意识、输入和元语用知识的关系；③从社会文化角度看语用学习，特别关注于师—生、生—生互动；④语言的社会化。语言和文化是怎样嵌入语用学习中。最后讨论了四个方面的排除性和兼容性。Kasper & Rose（2002）认为社会文化理论，如，支架概念，还有语言社交化理论是语用能力可教性研究的最有潜力的理论依据。

当然，在语用能力的观察研究中有一些成果运用了社会文化理论，但在教学干预中只有少量研究使用。Kim & Hall（2002）通过韩国儿童参加互动读书项目来考察语用能力的发展，结果发现经过 4 个月的观察儿童们在话语、字词量、话语组织等方面有很大变化，表明参加此类活动可以提供语用能力发展的机会。Belz & Kinginger（2003）对比了德国和美国学生在合作学习中使用正式称呼语（Sie）和非正式称呼语（Du）的情况，学习者在互动语境下得到明示的帮助有利于他们掌握这一用法，同伴互动能提高学生的语用意识，甚至能接近专家指导的语境。

Ohta（2005）在分析了三篇文献使用支架（Scaffolding）概念后，通过老师对学生的帮助、学生和学生相互帮助的教学和学习方式，来分析和观察学习者的学习效果，结果表明学习效果明显，并建议在语用能力的教学中大力推广 Vygotsky 的最近发展区理论。Barron（2005）从宏观社会因素：宗教、民族背景、年龄、社会地位、性别等分析语用社会变体的特点，并提出对语用教学的启示，特别是对那些没有多少机会与英语内圈（英国人、美国人等）接触的英语外圈的认识更具有启发意义。Belz & Vyatkina（2005）以语料库和真实语言环境的语料为基础，通过教授为期 9 周的德语情态小品词来观察语用发展能力的情况，表明教学目标还是需要以真实语言环境的语料为基础，并且以语料库的语料为辅助，同时学生的互动对提高语用意识也非常重要。Eslami-Rasekh（2005）认为，语用能力的发展和社交语言能力是语言学习的重要内容，作者根据个人体验，从语用意识、动机、互动性、聚焦焦点方面提出了提高学习者语用意识的教学方法。

Holmes & Riddiford（2011）对移民进行了为期 12 周（6 周在课堂、6 周在工作环境）的社会语用能力发展的观察。通过对请求用语的考察，他们发现学习者能尽快把课堂教学中学到的用语恰当地运用到实际环境中。Taguchi（2014）通过对学习者在正式场合和非正式场合的语用社会化能力进行为期一学年的观察，发现在非正式场合的学习者比正式场合的学习者进步更明显，因为正式场合的学习者不重视语言的社会文化使用，这与教师在教学中忽略礼貌教学有关，还表明英语水平和语用能力不是同步发展的。

此外，通过日志观察学习者的语用能力发展轨迹，Ishihara（2007）以网络为基础针对日本的英语学习者设计怎样提高语用意识的课程大纲，通过学生自我检查、自我评估和教师的回应等任务考查学生言语行为能力，进而发现他们的语用能力发展，结果在他们的日志中可以找到语用能力发展的轨迹。Winke & Teng（2010）使用学习日志考察母语为汉语的学习者的语用能力和语用意识的掌握情况，通过问卷调查发现学生的语用能力提高很明显，表明通过与母语者的交流互动并写学习日志的学习模式是有效的。

另外，教学干预的研究较少，Fukuya & Zhang（2002）通过使用重铸（互动假设）的方法（暗示反馈法）教授请求策略，效果是明显的，效果量值较高，达到 0.83。Soler（2008）通过在外语课堂中教授请求策略，认为社会和认知导向的方法可以综合运用于语用能力的教学中，并提出了一些建议。Taguchi & Kim（2014）研究了教授合作组和个体组学习英语请求策略，结果显示合作组比个体组表现好，而在请求修饰语上，两组没有差别。van Compernolle & Henery（2015）根据调节论形成以概念为基础的语用教学（Concept-based Pragmatics Instruction，CBPI），通过专家的调节作用和反馈，使教师在给学生讲课的过程中不断互动、改进，从而发现教师的内化过程以及将个人知识和调节与互动中获得的信息相结合的过程是语用学习的最好体现。

2.4　本章小结

本章对社会文化理论研究和语用能力研究分别进行了归纳和总结，并对二者的结合研究也进行了梳理：

首先，是六个维度的社会文化理论研究。总体来看，国外的研究在六个维度的研究比较微观和细化，如，私语、手势语和副语言现象；重点是互动论、对话和支架的研究；还把调节、最近发展区和内化等融合在一起研究；而国内的研究比较宏观，在肯定理论优点的同时学者们也指出其不足之处，但也展望其光明的前景；此外，国内的研究面比较窄，如调节主要研究教师调节，包括教师语言、教师书面反馈和教师母语，较少涉猎活动论和内化的研究。

其次，是三个维度的语用能力研究。关于语用能力的描述研究，国内外的研究均以单一外语（英语）为主，以英语为外语学习者为主，并探讨了语用迁移问题，以言语行为研究居多，尤其是请求、道歉和拒绝。关于语用能力的习得研究，在 1983 至 1990 年之间，从语用意识和语法能力研究以及语用失误开始，积极找寻语用能力的教学启示；1996 年之后探索语用能力的可教性，2001 年和 2005 年开始系统实证研究语用能力的可教性，国内的研究以呼吁中式语用失误研究居多，实证研究较少。关于语用能力的测试研究，开始于测试工具的信度和效度的研究，并比较不同语用测试工具的差异，随着 Rasch 模式的普及，也开始有研究涉猎，但国内的研究主要还是处于模仿国外研究阶段。

再次，社会文化理论与语用习得的结合研究，自 1990 年开始引起学者们的注意，2000 年开始用于课堂观察和学习日志的观察中，随后有少量研究是用教学干预来求证社会文化理论的适用性。

第3章

理论框架

语用习得是语用学和二语习得的跨面研究，因此其理论框架主要是借鉴语用学理论和二语习得理论模式来解释语用能力的发展。语用学理论主要有：言语行为理论、会话含义理论、礼貌理论等。二语习得相关理论主要有：文化适应模式理论、认知处理模式理论、语言社会化理论、互动交际能力模式理论（Kasper & Rose，2002）、社会文化理论。本章首先概述语用习得理论，然后介绍社会文化理论产生的背景和该理论的核心理念，最后专门分析社会文化理论与语用习得结合的理论基础和教学模式，这是本研究的重心。

3.1　语用习得的理论基础

3.1.1　语用学理论

最早的语用习得理论的基础来自语用学的三大经典理论：

（1）言语行为理论。即以言行事，使用语言来做事，通过语言来实现说话者的目的。如，请求别人做事会问："Would you pass me the salt, please?"不同的事情用不同的言语或行为来表示，根据 Austin（1962）和 Searle（1975）的分类，言语行为有 5 大类：表示类（Representative）、指令类（Directive）、承诺类（Commisive）、表情类（Expressive）和宣告类（Declaration），这是说话人的"言内行为"或"显性施为"。人们的言语表达还具有间接性的特点，如，间接拒绝别人，间接向别人提建议或抱怨等，这就是说话人的"言外行为"或"隐性施为"或"间接言语行为"。语际语用学借用言语行为理论来解释外语学习者是怎样理解本族语者的言语行为以及在特定语境中正确实施相应的言语行为，语用习得使用言语行为理论来发现学习者学习言语行为的特点（陈治安、袁渊泉，2006：3）。

（2）会话含义理论或会话含意理论。含意即意义，分为自然意义（没有意图的意义）和非自然意义（有意图的意义）、句子意义和话语意义、语言意义和语用意义（Grice，1957）。该理论以话语双方或交际双方都必须遵守真实、充分、关联、清楚的原则而提出"合作原则"。如果说话人违反了合作原则，那么听话人就要根据当时的语境推断出说话人的真正意图及话语的真正含义。语际语用学研究学习者在理解目的语言语行为时对说话人会话含义的理解问题以及在使用目的语实施言语行为时"合作原则"的体现问题（陈治安、袁渊泉，2006：3）。

（3）礼貌理论。Leech（1983）根据经济学中成本—效益分析说话人和听话人的损益问题，认为说话人越让别人受益、自己受损，话语就越礼貌，要提高话语的礼貌程度应在交际中遵循以下六条准则：策略准则、宽宏准则、赞扬准则、谦虚准则、赞同准则和同情准则。Brown & Levinson（1978，1987）根据 Goffman（1967）的“面子”概念，提出“面子理论”，认为礼貌就是说话人对他人面子的尊敬，有五个礼貌策略：直接性策略（Bald on Record Strategy）、正面礼貌策略（Positive Politeness Strategy）、负面礼貌策略（Negative Politeness Strategy）、间接性策略（Implicating/Off Record Strategy）和放弃实施威胁面子行为策略（Refrain from the Act）。语际语用学通过对比观察本族语者的礼貌言语行为，揭示学习者对礼貌的感知以及礼貌在跨文化交际中的作用，从而更有效地指导跨文化交际（陈治安、袁渊泉，2006：3）。

3.1.2 二语习得理论

语用习得研究更多的是借用二语习得的理论模式来解释习得的过程和现象，主要有五个理论模式：

（1）文化适应模式。Schumann 于 20 世纪 70 年代末根据洋泾浜假设（Pidginization Hypothesis）认为洋泾浜化现象是集体行为，是融入目标语文化的体现，而文化适应就是通过学习者与目的语社团社会和心理的结合实现，使学习者对新学习的文化能够理解并消化于学习中。学习者与目的语社团之间的社会距离越近，文化适应程度越快，从而第二语言习得水平提升也越快。语用能力的获得在一定程度上与对目标语的文化适应和接受密切相关，越是接受目标语文化，语用能力的使用越准确。

（2）认知处理模式。认知处理模式主要指 Schmidt（1990，1993，1995 & 2001）的注意假设（Noticing Hypothesis）和 Bialystok 的二维信息处理模式（Two Dimensional Models），解释了两个不同阶段的二语学习过程。注意假设关注学习的初级阶段，即通过提示和强调使学习者有意识地注意语言输入中的语用能力；二维信息处理模式则解释学习者如何在注意目的语语用知识基础上，发展其语用能力。这种认知理论占语用习得研究的比重很大，因为该理论研究历史长，具有比较深厚和严谨的理论背景，而且将该理论应用于语用能力的教学研究比较容易操作，可行性也比较强（Kasper & Rose，2002：59；陈治安、袁渊泉，2006：3；陈新仁等，2013：42～43）。

（3）语言社会化理论。语言社会化理论认为学习者在学习社会文化知识的同时使语言社会化，学习者要学会使用达意、恰当、有效的语言。语言社会化的过程是终身学习过程，是身边的人直接教授社会规范的过程，也是在日常交往中无形习得社会规范的过程。如果语用能力能在语言社会化过程中习得，那就可以达到语言习得的最高境界（陈治安、袁渊泉，2006：4；陈新仁等，2013：45）。

（4）互动交际能力模式。该模式认为交际能力是学习者在一定的语言能力基础上，根据具体的交际语境、对象、话题和目的等，采用恰当的会话技能和交际策略来进行人际交流的能力。人际交往具有互动性，因为听话者和发话者可根据不同需要变化角色，在两者之间来回替换，外语学习者可以在这种互动交际中习得语用能力（陈治安、袁渊泉，2006：3）。

（5）社会文化理论。该理论在二语习得领域引起了广泛关注，也是本研究的关注点，具体的描述见 3.2 和 3.3 节。

3.1.3　语用习得理论的述评

上述两个领域的理论模式引起了研究者的评述，特别是对二语习得领域的理论模式关注度相当高。当认知理论在二语习得领域盛行时，研究者纷纷建议跳出言语行为、会话含义的理论框框，认为认知路径是解释语用习得的较好方法。刘润清、刘思（2005：223）分析了语用能力习得的认知过程的重要特征：固化（作用）（Fossilization）、语用迁移和习得顺序，亦探讨影响语用能力习得的因素：生理因素、个体因素、语法水平、语用教学和语用输入，最后得出结论：①社会文化因素和心理因素是影响语用习得的重要因素；②外语语用能力可以通过日常社交获得，也需要通过课堂教学来培养。李健雪（2006，2007）认为，体验认知观是二语语用发展研究的趋势。通过意义解释经验，从二语语用体验的逆向映射过程探寻二语语用发展的本质，从个体和群体的体验认知共性出发，探讨二语学习者语用能力发展的个体差异。通过发展学习者的概念能力、隐喻能力，培养学习者的隐喻意识，将隐喻能力转化成普遍的语用能力，从而实现语用能力正迁移。这不仅符合人类的认知发展规律，同时也为二语语用发展研究提供了理论和实证依据。陶源、姜占好（2012：98～99）认为，从 20 世纪 80 年代起，有关学习者语用能力和语用意识的研究多为描述性的，缺乏理论指导下的学习者语用能力发展的探索，建议结合认知语言学中隐喻的普遍性、意象、概念和知识结构（脚本）的主要内容，以一种新的视域，探讨如何培养学习者的语用能力和语用意识，尝试为语用能力的提高和语用意识的培养进行理论建构。不过，朱炼红（2007：89）指出 Schmidt 的注意假设的不足，认为：①注意是一个内在的过程，无法进行直接观察，我们只有通过行为观察才能作出推论；②如果我们采用目前多数研究所使用的问卷调查、访谈等方法，受试在处理输入时的注意程度很难真实反映出来。而且，受试的注意程度很容易受到信息的清晰程度和复杂程度以及受试的语言水平等因素的影响，这些问题还有待于进一步的研究。

还有研究者比较了以往的第二语言语用习得研究的不同理论角度的不同与优劣，尝试提出新的理论视角。孙晓曦、王同顺（2007：54）提出从交际行为的角度研究第二语言能力发展的想法，因为：①以交际意图为中心的语用习得研究能为描述语用能力的发展提供更直接的证据；②交际行为的定义和交际意图分类是以在语用学领域中起着举足轻重作用的言语行为理论为基础的，因此具有很强的理论依据；③从交际行为的概念来看，交际行为可以指一切语言或非语言的交际，因此，根据需要，它较适合研究低龄学习者或初学者第二语言语用能力的发展；④对交际意图的分析是在话语和交际互动两个层次上进行的，因此在一定程度上弥补了以往研究中对交际行为分析的单一性和片面性。毛眺源（2009，2011，2013）提出教材结合教法，以培养元语用意识为导向，依托有效教学模式，以文化因素为动力，创造良好语境，以仿真“真实情景”为抓手的教学理论模式。因为二语语用能力发展必然涉及习得个体的认知水平与其他相关因素，而且显、隐性文化习得策略对语用能力发展有提升作用。影响习得者往返于母语与目的语文化之间，流利地获取目的语文化输入和生成目的语文化输出的因素较多，其中最为直接的则是习得者对母语与目的语文化差异敏感程度的高低。文化教学与文化移情充当锻造文化敏感性和文化流利性的有效手段，而影响习得者语用能力健康发展的文化耗损与错位亦值得高度关注。杨仙菊（2015：18）认为，在英语作为国际通用语（ELF）的语境下，基于先前二语语用标准的课堂语用教学材料和教学方法已经不能满足各种ELF交际，因此提出“学习者作为人种志研究者”的语用教学方法，鼓励学习者参与、观察真实的英语交际过程并进行反思，以提高语用意识和交际中的互动能力。人种志方法和课堂语用教学相结合能更有效地促进学习者语用能力的发展。

此外，有研究者建议解释语用习得过程应当考虑社会文化因素，同时也指出不足。姜占好（2009）以建构主义理论为分析基础来解析个案，提供了学习者语用能力发展所需的语境以及综合互动，突出了学习者的本体地位。段玲琍（2012b，2013b）基于社会文化理论的四个理念特点，探索社会文化理论与语用习得结合的理论模式，分析了该模式三个模块的语用习得调节理念、活动理念和内化理念的理论基础。朱炼红（2007）认为语用习得的社会文化理论弥补了语用学理论和话语分析模式在解释语用能力发展方面的不足，但是，社会文化理论过多强调交往行为在语用习得上的作用，从而忽视了学习者语用习得中认知发展的内部规律，至于外部的社会交往过程如何在认知上体现和建构问题还比较模糊。

当然，也有研究者指出现有的语用习得理论框架有缺陷，呼吁构建强有力的理论基础。李怀奎（2011：108）根据二语习得领域对于语用能力的发展特征，总结出 4 种理论假设或者模式：渐进型（二语语用能力的线性或者螺旋式的上升发展）、瓶颈型（语用能力直线提高的同时会遇到一个难以逾越的门槛）、U 型（语用能力初期的模仿、中期的偏离和后期的提高）和 Ω 型（学习者初始的能力低下，学习可以促进提高，一定时期他们的能力就会出现不升反降的现象）。但是这些研究中都存在一些共同的问题：持特定理论假设的研究者没有说明自己理论的适用范围；没有详细阐明不同学习环境的作用；对语用能力的定义（包括理论的和操作上的）不够合理；没有弄清楚二语语用能力和二语语言水平的关系；实验研究中对语用干预的任务难度的设计也欠合理。卢加伟（2011：103）也认为由于交叉学科的性质，语用发展研究还没有建立自己独立的理论体系。Kasper & Rose 提出的二语语用发展的 5 个理论模式（文化适应模式、认知处理模式、社会文化理论模式、语言社会化理论模式以及互动交际能力模式）的确为二语语用发展研究提供了认识论框架，也为二语语用发展的实证研究提供了方法论依据。但 Kasper & Rose 只是做了理论上的阐述，既没有进行任何实证分析，也没有其他研究来验证他们的理论。另外，这些理论模式也没有充分考虑从“认知的、社会的和文化的整体角度对语言现象的综观”，而仅从各个侧面来解释二语语用能力的习得。卢加伟（2015：28）以体验认知语用观为指导，结合语用学中的认知语境理论，重新阐释语用能力的内涵。语用能力指交际者在言语交际中能够依据一定认知方式，将即时语境与储存在大脑中的认知语境相匹配，从而产出合适话语并生成相应语用意义的一系列行为，它包括语用知识、语用表现和语用意识。二语语用能力具有母语概念依赖性和重构性特征。

最后，关于语用能力分析的研究也是国内学者们密切关注的问题。刘绍忠（1997 b：30）探讨了语境与语用能力的关系，认为语用能力指听话人对语境的认识能力和在对语境的认识的基础上能够理解别人的意思和意图并准确表达自己的意思和意图的能力，因此，建议在语境中教授和培养学生的语用能力。司联合（2001：106）提出了过渡语（中介语）的构成公式，分析了过渡语与语用能力的关系，也分析了过渡语与文化教学的关系，认为提高文化差异的敏感性可以培养语用能力，说明了文化教学在提高过渡语和语用能力方面的必要性和重要性。杨文秀（2002：8）通过对比分析认为语言能力作为交际能力的一部分，与语用能力之间是相互独立的；语用能力与交际能力之间是相互交叉的，它们都包含社会语言能力与话语能力，但各自又包含不同成分——前者包含施为能力与表达理解真实意图的能力，后者包含语言能力与策略能力。

戴炜栋、陈莉萍（2005）认为，语用能力、语法能力以及它们的发展与学习生活环境有着复杂的联系。随着语法和语用概念的外延，两者的区分度会越来越模糊，彼此相互作用，但并不是一方为另一方的基础。语言能力对语用迁移有影响，但不是唯一的因素，在某种程度上语言使用者对两种语言的认识起决定作用。任何交往行为都有利于语用能力的发展，关键在于是否能充分利用交往行为。刘润清、刘思（2005：223）对语用习得的认知特性和影响因素进行了分析，认为：①社会文化因素和心理因素是影响语用习得的重要因素；②外语语用能力可以通过日常社交获得，也需要通过课堂教学来培养。

李怀奎（2008：119）认为，语用能力既是一种知识性的能力，同时也涉及实际交际中的语用行为问题。语用知识包括语言知识、语境知识以及语言和语境相互联系的知识；语用行为则涉及话语理解和话语表达。前者主要指对话语首要言语行为的理解；后者指说话者使用认知资源进行合理计划进而调用大脑中相应的语块资源，结合各个心理、生理器官，准确传达意图的过程。这种对语用能力内容的双维性划分有一定的理论意义，也能够解决一些实践中的问题。

张绍杰（2013：88）针对如何界定语用能力，什么是外语学习者的语用能力，语用能力是否具有可教性，教什么语用知识以及语用知识怎么教等问题，从反驳 Kasper 的观点出发，分析了西方学者关于语用能力的定义问题，提出了母语说话人的语用能力不同于外语学习者的语用能力，外语学习者语用能力应包括口语能力、书面语能力和跨语言交际的能力。

何自然（2014：5）认为，语用能力指的不是天生的语言能力，而是后天的语言运用能力，即准确理解和恰当使用语言的能力。语用能力的三大内容是：完整理解话语意思、理解特定语境句意、说要说的话。侯国金（2014：28～29）认为语用能力是兜揽其他全部能力的综观性能力，它以语言能力和认知能力为基础，以交际能力为核心，以隐喻能力、转喻能力、幽默能力、正确施为和推理能力、克服语用失误能力为最高任务或目标。

近年来，语用能力的研究有了新的解读，如，陈新仁（2014）提出从社会构建角度来探讨语用能力观，通过交际目标、话语意义、语言礼貌和身份关系来构建语用能力。Kecskes（2013，2014），Locher（2015），冉永平（2014），李成团、冉永平（2014），冉永平、赖会娣（2014），冉永平、刘平（2015），李成团、冉永平（2015）对人际语用学的产生进行了论证和实证研究，探讨了人际语用学的关系角度、虚假拒绝言语行为的人际语用理据、虚假礼貌的人际语用观以及身体构建的人际语用学。

还有随着英语作为世界通用语的作用越来越大，冉永平（2013），冉永平、杨青（2015），陈新仁、李民（2015），何德华（2015）呼吁多元背景下英语通用语的语用能力研究的急迫性。语用能力研究关注的焦点从跨文化语用能力、语际语用能力逐渐转向交叉文化语用能力，尤其是多元化的语用能力表现与维度。（冉永平、杨平，2015：15）他们都提出界定语用能力要考虑动态语境，多元互动，多维度的语用能力生成中的交叉文化、语境、协商、人际关系等因素。

3.2　社会文化理论产生背景

20 世纪初，心理学派林立，行为主义学派垄断一时，一些心理学家认为是心理学的兴旺之期，但是苏联心理学家 Vygotsky 却认为传统的心理学存在深刻的危机，撰写了《心理学危机的历史内涵》，批判之一就是传统的心理学“目中无人”或者“人兽不分”（黄秀兰，2014：27），他指出：传统的心理学之所以“人兽不分”，就是由于他们只看到动物和人的种系发展，而没有看到人的历史发展，用动物种系发展的规律来对待人的高级心理机能的发展（黄秀兰，2014：27）。批判之二就是传统心理学脱离实际，脱离社会生活，是关在实验室的毫无生气的“游戏”（黄秀兰，2014：28）。

1930—1931 年，Vygotsky 撰写了《高级心理机能的发展》一书，由此首次提出了“文化历史理论”（Culture-history Theory），并成为他创立该理论的代表作。他认为，心理发展经历着两种截然不同的过程：一种是天然的、自然的发展过程，是动物“生物进化型”的生物种系发展过程；另一种是历史文化的发展过程，是“人化”的发展过程，是社会性的。在人的历史发展过程中，当然不能排斥自然的、生物种系的发展过程，但是，人对自然界的适应根本不同于动物，它是建立在人类全部历史生活基础上的特殊形式，是按另一种方式组织起来的行为系统，这便是人类的高级心理机能（王光荣，2009：16～17）。低级心理机能的发展与高级心理机能的发展属于两条不同的发展路线，前者是种系发展的结果，后者则是历史发展的产物。研究高级心理机能的原则之一是文化历史原则，即人的心理发展过程是受社会文化历史发展规律制约的（黄秀兰，2014：37～39）。实质上，Vygotsky 的文化历史理论，研究的是人的高级心理机能的社会起源理论。

Vygotsky 创立文化历史理论还起源于当时十月革命前后俄国唯心主义和唯物主义的心理学思想的激烈斗争，反对派公开反对马克思主义哲学对心理学的指导，Vygotsky 坚决站在捍卫派一边，他立志要克服心理学危机，创造一种一元论的解释系统，用历史主义的观点去解释人的高级心理生活。Vygotsky 是心理学史上第一位把马克思主义引进心理学的学者，他把马克思关于“人的本质是社会关系的总和”的思想具体化，说明人的意识的社会历史实质，以此来指导他对人的高级心理机能的具体研究，用历史主义作为一套红线贯穿在对他人心理的科学研究中，从而创立了著名的高级心理机能的社会历史起源的理论（黄秀兰，2014：32）。

当然，Vygotsky 的理论自诞生以来受时代背景限制，一直受到冷遇。特别是 1934 年，Vygotsky 英年早逝，其学术理论也因政治原因遭受严厉的批判。1962 年出版了 Vygotsky《思维和语言》的英文版（根据 1934 年发表的俄文版翻译），该理论得到心理学家和教育家的极大关注；1978 年英文版的《社会中的心智》共编辑了 8 篇 Vygotsky 在 1930 年到 1935 年间的手稿和报告；1987 年后又相继编辑出版了 Vygotsky（1987，1990，1997a，1997b，1997c，1998，1999）的著作选集和专著；由此，Vygotsky 的文化历史理论在世界得以广泛传播，尤其是该理论中的四个核心理念——调节、最近发展区、内化和活动理论更是在世界各地得到研究和发展。在西方的传播与发展过程中，英美学者们常将 Vygotsky 的文化历史理论称为“社会文化理论”（毛齐明，2013：30 ~ 31）。鉴于此，本研究也采用“社会文化理论”这一术语。

3.3 社会文化理论的四个核心理念

Vygotsky 的不同论著论述和分析儿童认知心理过程时，不断地提到社会文化理论的四个核心理念，即各种工具（包括语言、手边的物品等）的调节、调节在最近发展区的作用、内化的过程以及各种活动对儿童完成任务的设计和作用，而且这些概念在解释儿童心理活动时是一体的，正是基于此，Lantolf & Thorne（2006）在他们合写的学术著作《社会文化理论和第二语言发展的起源》的开篇对社会文化理论这一术语的使用进行了论证，并根据 Vygotsky 的著作以及研究者对 Vygotsky 的理论阐释，分别论证了四个理念作为社会文化理论框架的依据。

3.3.1　调节论

调节是社会文化理论最核心的理念，也是被研究得最多的理论。对此概念 Vygotsky 在讨论工具和符号以及活动、内化概念中交叉陈述。首先，Vygotsky（1978：55）在讨论高级心理功能时指出：高级心理功能或称高级行为是心理活动中工具和符号的结合。由此引出工具说，并以图 3－1 示之：

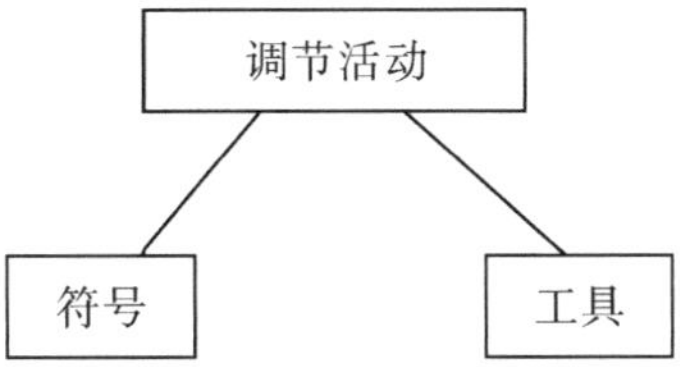

图 3－1　调节活动与符号和工具的关系示意图（选自 Vygotsky，1978：54）

Vygotsky（1978：55）认为，工具的功能是影响人类活动的操作者，是外在的；而符号是人类掌控自己内在活动的一个手段，是内在的。两者从不同的角度展示手段的本质。Vygotsky（1962）在讨论语言与思维的关系时，以及 Vygotsky（1978）在《社会中的心智》中不断地引入工具、符号、语言等作为调节工具的作用的概念，如，Vygotsky（1978）举例说明了儿童对环境的依赖取决于他/她身边的环境和物体刺激，为了完成任务他/她会随手利用唾手可得的物件工具。因此，工具的使用通过调节作用和不同的活动形式使儿童的任务得以完成。语言、符号在活动中通过调节作用促使人类完成既定任务。Vygotsky 对工具的阐述使后来的研究者归纳总结出“工具说”，即人类行为有两种工具，一种是物质工具，如石刀、石斧乃至现代机器等，人类对工具的使用是与动物区别开来的重要标志之一，因为人类会制造并利用工具，而动物则不会充分利用，不会保存工具，人类对工具的使用是从原始社会走向高级社会的标志；另一种是精神工具，即符号、语言、文字等，人类运用这种精神工具进行精神生产、心理操作，使人类的心理机能由低级升至高级，使心理机能发生质变。当然，物质工具和精神工具是密切联系的，精神工具随着物质工具的使用而产生。反过来，精神工具的使用又使物质工具进一步发展（王光荣，2009：21；黄秀兰，2014：49；柯祖林，2007：58）。

其次，Vygotsky 在讨论活动、内化概念时也交叉涉及调节概念。Vygotsky（1962）在讨论内部言语（Inner Speech）时指出：言语先有心理上的内化（Interiorized），再有生理上的内化。自我中心言语（Egocentric Speech）就其功能而言是内部的言语；它是向内发展的言语，与儿童对行为的指示有密切的联系（李维，2010：56）。而有声言语与内部言语之间有一些调节环节（Intermediate Link）。上述讨论在一定程度上涉及了内化和调节的理念。该书主要讨论思维与语言的关系，Vygotsky 认为思维与语言的发展根源不同，相互之间是独立的，在某个关键时刻，两者才开始会合。有一些研究者对 Vygotsky 内部言语和起源的观点提出批评，认为“言语和思维，外在言语和内部言语是同时发展起来的。正如外部语言一样，内部言语也是社会产生的言语”（李维，2010：18）。Vygotsky 在讨论语言与思维的关系时，详细分析工具、符号、语言等作为调节工具的作用，认为活动或任务的形式体现了这些调节工具的使用状况，而调节和活动的协调发展促使了内化过程的形成。

Lantolf & Thorne（2006）也重点讨论了调节论，他们专门用第 4 章和第 5 章探讨内部语言、私语（Private Speech）和手势对二语习得的调节作用，认为内部语言可以调节人们的思维过程，私语是一种个人调节方式，手势是一种兼具个人和他人调节的方式（Lantolf & Thorne，2006：110）。Lantolf（2006）论证二语的私语和手势是语言交际功能的重要手段，概念隐喻、词汇概念文化模式等文化调节的作用对学习新语言的作用很大（Lantolf & Thorne，2006：146）。Swain（2001）认为，小组的互动可以在测试受试的水平和测试情景时起调节作用。

Lantolf & Thorne（2006）还引用 Vygotsky 的观点：调节论具有间接性质，物质工具和精神工具之间有一个调节中介使二者联系起来，这个调节的具体形式是物件，包括碗、计算机等具体物品，即物质工具；还有数字系统、语言、思想、概念等更为抽象的物品，即精神工具。而语言作为调节的基本作用就是调节内部语言、自我中心语和私语之间的关系；自我中心语言和私语不仅解释新信息，还能解释个体当下正在做的事，因此语言的内化发展过程经历社会语言（Social Speech）、自我中心语、私语，最后变成内部语言。

3.3.2 最近发展区

最近发展区是 Vygotsky 在论著中用专门章节讨论的概念，也是最受研究者关注的理论。Vygotsky（1962）在《思维与语言》的第六章讨论了童年期科学概念的发展，在涉及学习和发展研究中的重要问题时，提到了最近发展区概念，即儿童实际的智力年龄与他在帮助情况下解决问题所达到的水平之间的差异，而且认为最近发展区较大的儿童在学校将学得更好。

在《社会中的心智》的第二部分——教育启示，Vygotsky（1978：87－87）在讨论学习和发展的关系基础上，再次提出了最近发展区的概念，学习和发展是相互关联的，但不是平行发展的，这种不平行就是学习者的实际发展水平和潜在发展水平之间的差距。Lantolf & Thorne（2006：266）在分析了 Vygotsky 的思想后，认为“儿童在解决实际问题时的两个发展水平：即，实际发展水平和潜在发展水平。实际发展水平是儿童自身具备的解决问题的能力，潜在发展水平是指儿童在成人的帮助下解决问题的潜在发展水平，而这两种水平之间的距离大小就是教育者或教师可以帮助儿童发展的空间”。如果说调节论是一种合作学习的理念，那么最近发展区理念就是合作学习的一种具体表现方式，尤其是以该理论为基础所提出的支架教学理论，因其可操作性强、易理解而备受研究者和教师的青睐。

Lantolf & Thorne（2006）的第十章根据 Vygotsky 在不同讲座和著作中对最近发展区的陈述以及该概念的历史等作了系统界定，并由此证明了最近发展区和语言教育的关系，特别对比了与 Krashen 提出的可理解性输入假设“i＋1”概念，认为最近发展区与“i＋1”概念不能等同，但是与支架、反馈和同伴帮助的关系密切。

Dunn & Lantolf（1998）是第一篇将二语习得中 Krashen 的“i＋1”假设和 Vygotsky 的最近发展区作对比的理论文章，他们认为二者有相似之处，但是 Krashen 关注的是语言，而 Vygotsky 关注的是个体，而且二者各自追寻不同的理论路线，Krashen 的“i＋1”是不可测的，而 Vygotsky 的最近发展区借助中介调节工具是可测的。Lantolf（2011）再次针对此问题证明二者之间的不同之处，Krashen 强调的是自然习得，而 Vygotsky 强调的是一种有意识安排。Kinginger（2002：254～256）将最近发展区置于美国的外语教学背景，对该理论提出了三种解释：技能解释，即要想帮助别人提高潜在水平，帮助者应当掌握一定的技巧，否则达不到效果；支架解释，即支架可以帮助学习者构建知识；元语言解释，最近发展区不是固定不变的，在互动中潜在的知识会随着互动对话的不同而发生变化，因而是开放的，突然涌现的。最近发展区衍生出的动态评估（Dynamic Assessment）是研究者根据 Vygotsky 针对当时苏联教育的测试问题提出的，Lantolf & Poehner（2004）认为，传统的测试强调已学过的知识，忽视潜在知识，而要测试潜在的知识需要调节工具，如教学干预。Poehner（2008）再次探讨了动态评估的最近发展区的理论基础，认为动态评估可以作为一个诊断工具准确地分析学习者的潜在能力。

Lantolf & Thorne（2006）还证明了社会文化理论下的反馈在二语学习中的作用；支架作用，包括同伴支架、高低水平支架等在二语学习中有促进作用，而这些都是最近发展区理念下的衍生概念，正如作者评述：最近发展区不是一个区域，而是一种活动，一个历史整体，一个基本的社会性，代表着人类的革命性活动（Lantolf & Thorne，2006：289）。

3.3.3 内化论

Vygotsky（1978：56）在其《社会中的心智》的第四章专门讨论了内化理念。Vygotsky 的内化理念是以工具理论为基础的，工具是人外部活动的手段，符号则是人内部活动的手段。新的高级的社会历史的心理活动形式，首先是作为外部形式的活动而形成的，然后才“内化”，转化为内部活动，才能默默地在头脑中进行（王光荣，2009：22）。Vygotsky（1978：56）认为内化是对外部行为的内部重建。内化有三个系列转变过程：第一是外在活动的行为开始内化和重建，如符号使用行为，儿童用手势的行为；第二是人与人之间的交流过程变成个人内部的交流过程，即人与人的交往首先是社会的，然后过渡到个人化层面；第三是从个体间到个人内化的过程是长期的一系列发展事件的结果，即从外部转为内部是一个漫长的发展过程。内化的过程是一种转化的过程，而不是传授的过程。当然，这种转变过程需要一些间接的调节活动，如符号和工具。

Lantolf & Thorne（2006）认为内化是 Vygotsky 理论的第三个核心概念。内化是 Vygotsky 针对将生物和社会文化因素的二元主义合并为身心一体而提出的，为此，后来的诠释者提出了不同看法，主要来自三方面，即天生论、社会构建主义和 Wertcsh 的不同观点。Lantolf & Thorne（2006）还提出模仿是社会文化理论的调节和内化过程，特别是在私语中模仿更是儿童和成人的常见现象，第二语言的学习更需要模仿，对二语习得的帮助是不可估量的。他们在该书的第七章展示了以语言为中心的私语在二语内化中的作用，表明模仿是整个内化过程的中心；儿童和成人的私语有重要区别，儿童的自语娱乐性强于成人；学习者比较注重重铸（有意和无意的），如教师话语对学生错误纠正的重铸，社交话语和私语都存在私语现象等（Lantolf & Thorne，2006：204～205）。关于内部语言，de Guerrero（2005）系统地考察了大脑演练和有控制的内部语言的区别，认为私语的过程，如影子练习、自我释义都是促进内化的有意义的活动。Frawley（1997）在他的专著中呼吁 Vygotsky 的内化论、社会观运用于认知科学中，希望建构二者的联合体，将社会文化理论整体运用。

3.3.4 活动论

活动理念在 Vygotsky 的论著中没有专门章节论述，但是 Vygotsky 提出了“活动”这一术语，他的学生兼同事 Leont’ev 继承并发展了这一理论，形成了另一个分支，即“活动理论”。Lantolf & Thorne（2006：213）在回顾该理念的历史形成过程时认为，经历了三个发展时期：

第一个时期是 Vygotsky 调节中的活动过程，该活动理念来源于马克思的心理功能原理和意识社会起源的构成，以及恩格斯的工具和符号在人类功能的调节作用，因此，Vygotsky 的活动理念被认为是工具调节—劳动式活动（Tool-mediated-labor Activity），是活动理念的基础。马克思认为，活动的初期形式和基本形式乃是实际的感性活动。在活动中，人们与周围世界对象进行实际接触，自身感到对象的阻力，并依据它们的客观属性对它们施加作用。Vygotsky 认为内部智力过程起源于活动，先是外部活动，后是内部活动（王光荣，2009：127）。根据马克思的活动观，意识是人在活动开始时关于活动的映象，它是客观现实的反映，同时又对人的活动进程起着十分重要的调节作用。由此，Vygotsky 提出一个重要的理论假说：“人的心理过程的变化与其实践活动过程的变化是同样的”（王光荣，2009：20）。

第二个时期是活动理念的转型和深化，他的学生 Leont’ev 则发展了其理念。当然，把活动范畴引入心理学是苏联许多马克思主义心理学家共同努力的结果，Leont’ev 发展了这一观点。Leont’ev 认为，活动是以心理反应为中介的生活单位，而心理反应的显示机能则被认为是使主体在对象世界中辨识方向，活动是心理学的发端和起点（王光荣，2009：129）。活动有两个基本特征：一是社会性，人的活动不能脱离社会关系和社会活动；二是对象性，活动的对象是活动的真正动机。活动对象有两重性，第一性表现为对象的独立存在，它使主体活动服从于它；第二性表现为对象的映象——主体对象的属性通过实践在心理上得到反映（王光荣，2009：130）。Leont’ev 对活动的结构和种类进行了细化：动作——活动的基本成分，动机——活动的目的，操作——实际的行为；活动氛围外部活动和内部活动，前者指人的感性的实践活动，是人类活动的最初和最基本形式，后者指人的心理反应或映象的活动（王光荣，2009：131）。

第三个时期是活动理念的多元化，是多个系统集体化（Collective Action）的活动，此系统包含人、机构和物件，受到技术（如电脑、书）和符号工具（如语言）等的调节，是一个复杂系统，因而受到研究者的关注，是研究热点之一。

活动论是 Lantolf & Thorne（2006）讨论的第四个核心理念，在书中第九章以同伴改作文为例说明了活动理念可用于定义和分析人类活动，诊断问题，为革新提供框架，它不仅教会学生重点，还教他们社会角色和身份的构建。Thorne（2005）探讨了社会文化理论中的认识论、政治学、伦理学，致力于将批判性教学和结构化社会学结合，改进学习者的学习活动效果，同时还希望能将会话分析模式引进专业活动。

总之，调节、最近发展区、活动以及内化理念被 Vygotsky 融为一体来讨论，也是 Vygotsky（1978）在《社会中的心智》中着力探讨的三个基本问题的核心思想：人类和环境在生理上和社会中的关系、人类在自然中的活动形式、工具使用和语言发展的关系。

3.4 社会文化理论与语用习得结合的理论模式

3.4.1 社会文化理论模块与语用习得过程

根据社会文化理论的四个核心理念，本研究尝试描述语用习得的过程，如表3-1：

表3-1 社会文化理论模块与语用习得过程

调节论				活动论			最近发展区论			内化论
分类	自我调节	他人调节	物体调节	活动	行动	操作	身份不等	水平相等	水平不等	模仿
成分	个体语言	教师话语	学习环境	动机	过程	手段	合作老师/学生互动	合作同伴水平相当互动	合作高/低水平学生互动	句型操练
语用习得过程	学生独白朗诵语用表达	教师陈述语用知识	通过网络媒体学习语用知识	教师引导语用意识	教师设计教学过程	教师督促和检查	教师与学生对话提问	学生成对/小组讨论	学生提问回答	语用句型语用知识内置

第一是调节论，调节论是社会文化理论的中心概念，调节作用来自社会、集体行为以及文化传统交织在一起的庞大体系，首要的调节来自自我

调节（Self-regulation），也是暗示调节（Implicit Mediation）的主要方式（Lantolf & Thorne，2006；Lantolf & Poehner，2008）。这种自我调节可以通过个体的自我言语，包括自我中心言语、私语、内在言语和手势语，具体在语用习得的过程就是学生独白朗诵语用表达。语言是最基本的调节工具，社会言语、内在言语、私语和手势语的运用是二语学习中的重要调节方式（牛瑞英，2007）。自我调节还需要他人的指点，即他人调节（Other-regulation），如教师或同学的指点，可称为明示调节（Explicit Mediation）；教师使用特有的教师话语陈述语用知识，使学生的语用知识得到明示指点。再有，学习者的周围环境也是可以调节学习的重要形式，即物体调节（Object-regulation），如词典、电脑等，通过网络媒体学习相关语用知识可以使已学习的语用知识更加丰富。

第二是活动论，其中的“活动”是一种能够解释人类行为和认知的概念工具，是一种能够区别于理论分析的实践活动，即社会环境中的集体互动、交流合作等实践活动；它可以解释人类发展的过程（Lantolf & Thorne，2006）。活动是联系外部社会和内部个体发展的纽带，它包括活动的主体、目标和动机、达到目标的行动以及行动的操作手段，是个体活动到集体活动的发展。首先是设计活动形式，以动机为目的，通过教师引导学习者的语用意识；然后是具体行动和操作，由教师设计教学过程；最后是操作手段，即教师的督促和检查。

第三是最近发展区论，指“两个发展水平：实际发展水平和潜在发展水平。最近发展区就是儿童独立解决问题的实际发展水平和在成人的帮助下解决问题的潜在发展水平之间的距离”（Lantolf & Thorne，2006：266）。要激活或缩短这样的差距可以依靠他人的帮助。在二语学习中，不同语言水平的合作者可以相互提高语言学习能力，比如，老师和学生、讲母语者和外语学习者、高水平和低水平学生的合作学习会有助于相互的外语学习；相同语言水平者的合作也有助于他们的学习；甚至低水平者可以为高水平者提供有益的帮助（段玲琍，2012b：126）。20 世纪 70 年代，美国教育在吸收、发展 Vygotsky“最近发展区”理论基础上，提出了支架教学理论，由此孕育出支架教学模式（彭元玲，2008），它以学习者当前发展水平为基础，与他人构建一种互动和合作的关系，如，老师与学生、学生与学生之间的支架关系，使学习者像盖房子一样逐步搭建自己的知识体系，最终达到从合作学习到独立学习，并把知识内化到学习者个体的大脑中的目的。

基于以上思路，语用习得的过程可以通过三种不同的支架作用来体现：一是身份不等的合作，教师和学生的互动，教师与学生对话或提问；

二是水平相等合作，同伴互动，学习者成对讨论；三是水平不等合作，学生水平不等互动，低水平向高水平提问、回答。

第四是内化论，认为人类认知的发展是生物因素（内因）和社会文化因素（外因）共同作用的结果，这种结果是人类把社会文化的概念融入思维活动的结果，是对大脑自然发展控制的结果，是最终内化形成的结果（Lantolf & Thorne，2006）。在语言学习中，当学习者还不能完全掌握目标语时，往往会依靠个体话语，如自言自语、自我重复或模仿他人话语以得到自我操练的目的；当学习者完全掌握目标语时，个体话语会自动消失，内化为内在语言，成为学习者语言体系的一部分，这表明内化的个体话语已经外化为社会话语，说明学习者对语言已经习得了。学习者通过模仿、句型操练等形式使语用句型、语用知识内置。

3.4.2　社会文化理论的语用习得模式

根据以上分析，本研究尝试构建社会文化理论的语用习得模式，由三个模块组成。

首先是语用习得过程的活动理念，语用习得过程是一种活动，是社会环境和个体间相互作用的过程，它可以是个体活动，也可以是集体活动，活动理论的理念构建了语用习得过程的首要阶段，即过程的设计必须融入个体和集体活动的任务或内容；语用习得过程的“活动理念”是个体活动和集体活动集合在一起的多元化活动体。个体活动的设计受到自我调节的支配，自我调节方式可以决定活动的形式，如语用学习者默读目标表达法、观察母语者在向别人发出邀请时是怎样说的，然后在两人或多人的集体对话中尝试使用所学到的目标语，这种集体活动是无意识的，也会是有意识的活动。语用学习者会先自我设计活动场景，如向别人打招呼，然后设计用目标语打招呼的内容，最后设计打招呼的形式。这种活动与任务不同，活动是具体的操作形式，而任务是活动形式的蓝图（牛瑞英，2007）。

其次是语用习得过程的活动形式，活动过程可以由调节论和最近发展区的具体过程来体现，如调节论中的自我调节可以是个体活动，他人调节是集体活动，可以是教师和学生间的互动，这正是最近发展区理论的精髓，具体理论为支架理论；同时物体调节也是活动重要形式，如用网络、通信等现代高科技的媒体作为调节学习者学习的重要手段。调节可以指抽象调节，如文化、习俗和社会环境等对语用习得的影响调节。这种调节是个体在接受新知识时会使用到的工具，如语用学习者在学习英语拒绝策略时，母语和二语的拒绝概念会相互干预，这时需要个体使用文化和社会的知识来调节，帮助学习者自我掌握知识点，这是自我调节的作用；特别是有高水平者帮助时效果会更明显，这就是最近发展区的核心概念，是他人调节的效果；调节还可以是具体的物体调节，如书、工具、身边的物件等。当语用学习者遇到不明白的词汇时，视野范围内的物件，如图片中的人物会激活学习者头脑中的词汇记忆，使他与目标词联想，进而记住该词。这在一定程度上表明物件调节可以缩短学习者的现有知识和潜在知识之间的差距，这正是调节作用下的最近发展区的体现，是物体调节的功效。

最后，语用习得的“内化”，语用学习的最终目的是将所习得的语用知识内化，即内置于大脑中储存，供学习者随时提取，此内化过程是第一和第二模块的终极过程，同时该过程也可回溯到“活动理念”和“活动形式”模块。语用知识的内化，需要经历模仿、私语，然后和内部语言的过程。语用学习者首先模仿母语的地道表达法，如模仿句型；自言自语地不断重复，即私语；在此过程中会有外在的社会化理念调节，使学习者的私语与社会化语言融合，最后内化为学习者自己的内部语言。当然这个过程很漫长，需要不断地模仿和私语化，内部语言才会出现。

值得一提的是，这三个模块是相互连接的，而且可以顺推和倒推，即内化理念可以回溯到活动形式和活动理念。当语用学习者将学到的一种语用策略内化到大脑中储存起来后，新的策略出现时，已经内化的知识会帮助他设计新知识点的活动形式和调节方法。如，拒绝别人邀请策略的内化会促使学习者关注拒绝别人的建议，学习者可以假定一些建议的活动场景，并实施拒绝策略，此时学习者的个人知识和环境条件会激活新的知识点，调节的作用会凸显。三个模块在整个模式中是循环的，同时社会文化理论的四个核心理论在整个学习过程又是相辅相成的，也就是说，如果把这个模式比作人体，第一模块就是人的大脑，有了理念在大脑，身体的其他部分才会活跃起来；第二模块是心脏，是人体的核心，心脏停止活动，人体就没有了，这是执行理念的心脏；第三模块是腿和脚，是人体的支撑点，没有内化，血液不能回到心脏和大脑，因此整个模式是一个循环体，如图3－2：

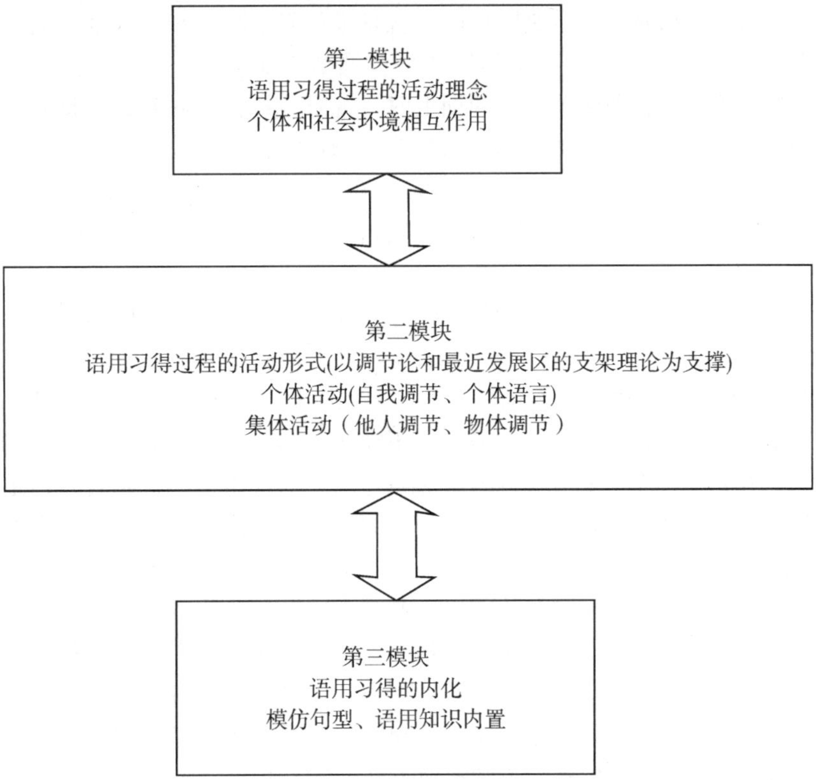

图 3－2　社会文化理论的语用习得模式

3.4.3　社会文化理论的理念融入语用习得的教学模式

为充分体现以上理论模式，我们尝试设计了实施该模式的具体教学形式。第一和第三模块主要是理念的形成，所以该教学形式主要是第二模块的具体操作过程。整个教学过程分为课内和课后两个阶段。适用课型可以是精读或泛读课，也可以是听力或口语课，学习的目标内容为语用知识。

课内阶段的任务设计主要以调节论和内化论为主要理论依据。如，词汇讲解和词汇练习，首先让学生模仿所学词汇在课文中表达，然后让学生在互动中使用刚学会的词汇造句和做口头作文，达到内化所学词汇的目的。整个学习过程是个人、他人和物体调节的综合体，也是最近发展区（支架理论）的具体表现。

课后阶段以最近发展区——支架理论和活动理论为主要依据。如，课后引导学生阅读有关语用知识材料，根据“支架”理论，按照学生的水平搭配学习小组，一起讨论所读材料，并相互强化所学知识。

评估采用动态评估方式，以最近发展区和调节论为依据，课内和课后都需要评估以检测学生的学习状况，着重考查学生所取得的进步。

四个核心理论在整个教学过程中是相辅相成的。见表 3－2 所示：

表 3－2　社会文化理论的语用习得理论模式之教学形式

阶段	教学过程	活动形式	理论依据
课内	1. 复习前次学习内容，评估课后练习	身份不等合作：教师/学生互动——对话、提问、评分调节论（他人调节）	最近发展区（支架理论）
	2. 预读 （1）教师引导讨论主题 （2）学生预测要学的内容	（1）身份不等合作：教师/学生互动——提问 （2）学生自我判断：学生独白或朗诵语用表达	（1）调节论（他人调节）；最近发展区（支架理论） （2）调节论（自我调节）
	3. 讲解和学习 （1）语用表达学习 （2）模仿所学表达 （3）学生讨论所学内容的主题	（1）身份不等合作：教师/学生互动——教师引导 （2）学生独立或配对练习 （3）水平相等合作：学生互动——提问或讨论	（1）调节论（他人调节）；最近发展区（支架理论） （2）调节论（自我调节） （3）调节论（他人调节）；最近发展区（支架理论）
课后	1. 课后学习内容 （1）经典和最新语用知识阅读 （2）语用表达练习	（1）个体活动：学生自行阅读 （2）水平相等合作：学生水平相当互动——提问或讨论；水平不等合作：高/低学生水平互动学习，小组讨论知识点、相互修改报告和语用表达学习	（1）调节论（自我调节） （2）调节论（他人调节和物体调节）；最近发展区（支架理论）
	2. 评估	学生自我评价和同伴评价	调节论（自我和他人调节）；最近发展区（支架理论）

3.5 本章小结

本章首先阐述了语用习得的理论基础，即语用学的经典理论：言语行为、会话含义和礼貌理论在语际语用学中的具体体现，分析了外语学习者应该掌握的实施请求、拒绝等言语行为的策略、怎样理解会话中的合作原则、怎样注意跨文化交际中的礼貌问题；与此同时，学者们开始关注二语习得中的文化适应模式、认知处理模式、语言社会化理论、互动交际能力模式和社会文化理论，并呼吁跳出语用学的经典理论，进入认知模式，同时也指出认知模式的不足之处；学者们又在比较各种理论的基础上，呼吁语用习得应当考虑新的理论视角，如交际行为角度、学习者作为人种志研究、社会建构理论、人际语用学以及英语作为通用语研究等。

然后，针对社会文化理论的四个核心理念分别展开讨论，从中看出调节与符号、活动和工具的关系，同时还有调节与活动、内化的交叉都证明了社会文化理论的综合性和交叉性；最近发展区和 Krashen 的"i + 1"的区别使我们更加了解最近发展区的精髓；内化过程的复杂性需要学者的进一步研究，活动理论的三个时期，决定了活动理论的独立性以及与其他三个概念的交融性。

最后，本研究根据社会文化理论模块与语用习得过程建构了社会文化理论的语用习得模式，并建立相应的教学模式。社会文化理论模块包括调节论、活动论（又分活动、行动和操作）、最近发展区论和内化论（以模仿为主）；社会文化理论模块与语用习得相结合的理论模式有三个模块：活动理念（包括调节环节）、活动形式（包括最近发展区环节）和内化（包括以模仿为主的内化环节）；以此为框架的教学模式分课内和课后阶段，每个阶段将调节论、活动论、最近发展区论和内化论融为一体，充分体现了社会文化理论中四个核心理论的独立性和相容性。

第4章

研究方法

本章主要根据第三章的理论框架对整个研究进行具体化设计，并提供论证设计的理据，包括研究问题、参加者、学习内容、学习时间、分析方法、测试工具等具体的实验过程。

4.1 研究问题及研究假设

本研究主要考察社会文化理论的理念在语用习得过程中的可行性，挖掘习得过程中社会文化理论所起到的作用和所具备的特点，对社会文化理论进一步验证，并回答第一章所提出的宏观问题：

（1）社会文化理论是否可以融入语用习得的理论模式?

（2）实施了社会文化理论理念融入语用习得教学模式后的教学效果怎样?

同时，为进一步将3.4.2和3.4.3节所涉及的语用习得模式和教学模式具体化，使之具有可操作性，本研究根据调节论和支架的理念设计了四个学习小组和三种学习方式。四个学习小组是师生组、高低年级组、同伴组和个人组（具体分析见4.2）；三种学习方式是依靠他人调节方式、依靠个人调节方式和依靠物体调节方式（具体分析见4.6），目的是考察四个学习小组的学习效果和特点以及各组对三种学习方式的看法，并以此来回答以上提出的两个宏观问题。因此，本研究拟将以上问题细分为以下三个研究问题：

①实施了社会文化理论理念融入语用习得教学和学习模式后，四个学习小组学生的语用习得能力有何改变?

②在社会文化理论融入语用习得的过程中，四个学习小组的学生各有何特点?

③对于社会文化理论理念融入语用习得中的三种学习方式，四个学习小组的学生是否能接受?若能，接受度有多大?

通过对以上三个细分研究问题的探讨，希望能证明调节论可以改进教师教学和学生学习方式，并能进一步提高他们的英语综合能力，最近发展区理论/支架理论和活动理论是指导师生互动和学生合作学习的原则，使语用学习成为一种享受，而不是负担，进而证明社会文化理论可以融入语用习得理论模式。同时，实施了社会文化理论理念融入语用习得教学模式后的教学效果是有效的，因此本研究作出以下假设：①四个学习小组的后测成绩都会提高，师生组提高最好，其次是高低年级组，因为高水平的支架作用可以有效帮助低水平学生；同伴组的提高应该好于个人组，因为同伴的资源丰富，可以激活学习者的潜在发展区。②四个学习小组对依靠他人学习模式都比较能接受，师生组和高低年级组应当对他人调节方式最为青睐，同伴组最喜欢同伴合作学习方式，个人组最喜欢个人学习方式，因为这正是他们各组的学习方式之一；而依靠物体调节方式是各组都比较喜欢的学习方式。

为回答以上问题，本研究主要采用定量和定性相结合的研究方法，研究问题①和③主要采用定量方法，而问题②采用定性方法。同时，为检验实验效果，分两次进行实验，每次参与人数均在 230 人以上，每次实验历时一年，共计两年完成。两次实验的测试工具、实验内容和过程均一致，唯一不同的是参与人，主要目的是检验实验是否具有推广性。

4.2　学习小组和参加者

4.2.1　学习小组

根据本研究的教学模式（见 3.4.3），本研究共做了两次实验，第一次实验为预实验，第二次为正式实验。第一次分为三个学习小组，即高低合作组、同伴合作组和个人学习组。在第一次实验中，研究者安排所教授的高年级英语教学法班学生到低年级英语阅读课中做辅导，以获取教学实习经验，无意中发现低年级学生经常就 BBC Learning English 中的一些问题请教高年级学生，高低年级的学生都有共同愿望，他们能共同学习同一种语言现象。所以，在第二次实验（正式实验）时将第一个模式分为两种，一种是教师讲解，即师生组；另一种由高年级学生讲解，即高低年级组，步骤同教师讲解；因此，第二次实验分为四个学习小组，即师生组、高低年级组、同伴组和个人组。四个小组的学习步骤都依照表 3－2 所设计的教学过程来实施。

第一个学习小组——师生组是综合型的，主要想考察社会文化理论的所有调节和支架方式融合的作用，其中他人调节（即教师调节和同伴调节）以及自我调节的学习方式融为一体，是调节论和支架论的一体化方式，具体方式是教师讲解＋学生同伴合作，即同班同学小组学习，分三个步骤完成：

（1）教师讲解 BBC Learning English 的语用表达词汇和语法点，并分析所代表的含义、句式结构等。此环节以自然班为单位，由教师授课。

（2）要求学生在复习教师讲解内容基础上，每周根据所学内容，用英语复述最能引起注意的词汇和短语表达，陈述所学到的知识或文化现象，然后小组用英语讨论，每组选一个同学记录讨论内容，并交“讨论记录”。此环节每班按小组形式进行。

（3）根据教师讲解和小组学习内容编对话，要求录音或录像，并提交音频或视频文件。此环节也是每班按小组形式进行。

第二个是高低年级组，步骤与第一种模式完全相同，唯一不同的是教师讲解均为高年级学生讲解。

第三个是同伴组，该模式采取调节论和支架论的学习方式，主要单独考察同伴学习、支架的作用，也分三个步骤完成：

（1）小组集体学习语用内容，要求学生每周阅读所发讲义的一个单元，对阅读内容教师不作讲解，学生自己学习。

（2）每周根据所学内容，用英语复述最能引起注意的词汇和短语表达，并陈述所学到的知识或文化现象，然后小组用英语讨论，对讨论过程全程录音或录像。此环节每班按小组形式进行。

（3）讨论之后，与同伴互动练习，用所学语用句型编对话，要求录音或录像，并提交音频或视频文件。此环节每班按小组形式进行。

第四个是个人组，即采用个人调节的方式，这是英语学习的一种常用方式，也是最简便、最易操作的学习方式，主要单独考察个人学习的效果。该小组以学生自己阅读为主，没有教师讲解和合作学习讨论环节；学习内容同前面三种学习小组的材料，要求学生每周自学结束后提交根据学习内容所编的对话音频或视频。

4.2.2 参加者

高校英语专业和翻译（英语）专业一年级的 212 名学生参加了第一次实验，有 4 人在实验过程中因请假未能按时参加测试或问卷调查，故实际参加完整实验过程和所有测试的学生为 208 人。三种学习模式的人数分别为 74 人的高低合作组（分为 3 个自然班，每班 24 ~ 25 人）、84 人的同伴合作组（分为 3 个自然班，每班 28 人）和 50 人的个人学习组（分为 2 个自然班，每班 25 人）。第一种共 24 组，每组 3 ~ 4 人；第二种共 8 组，每组10 ~ 11 人；第三种为个人独立学习模式，不分组学习，但是分组编对话，2 ~ 3 人一组编对话，共 22 组。

高校英语专业、翻译专业、商务英语专业的 484 名一年级学生参加了第二次实验，其中师生组有学生 91 人，分三个自然班授课，每班 30 ~ 31 人；高低年级组中有低年级学生 120 人，分 22 组，每组 5 ~ 6 人，高年级学生为低年级学生讲课，共 66 人，也分 22 组，每组 3 人，每人负责讲解 3 ~ 4 个单元（共 10 个单元，具体见 4. 3. 2）；同伴组有学生 177 人，共 38 组，每组 4 ~ 5 人；个人学习组有学生 96 人，共 24 组，每组 4 人。

需要特别说明的是，两次实验的两位教师均为学生的实际授课口语教师，她们都有高级职称，有 10 年以上大学教学经验，而且她们也非常喜欢本研究所选取的教学内容 BBC Learning English（具体见 4.3.1）节目。

为方便比较，将以上信息在表 4－1 列出：

表 4－1　两次实验的分组和学习步骤简况

		第一次实验	第二次实验		步骤
学习小组		人数和分组	人数和分组	共计	
1. 高低合作组	师生组	74 人，3 个自然班，分 24 组，每组 3～4 人	91 人，3 个自然班，每班 30～31 人	165 人	1. 教师讲解 2. 学生分组讨论 3. 学生分组编对话
	高低年级组	0	120 人，分 22 组，每组 5～6 人	120 人	1. 高年级学生讲解 2. 学生分组讨论 3. 学生分组编对话
2. 同伴组		84 人，3 个自然班，分 8 组，每组 10～11 人	177 人，分 38 组，每组 4～5 人	261 人	1. 小组集体学习 2. 小组讨论 3. 学生分组编对话
3. 个人学习组		50 人，2 个自然班，分 22 组，每组 2～3 人	96 人，分 24 组，每组 4 人	146 人	1. 学生个人自学 2. 学生分组编对话
共计		208 人	484 人	692 人	

为了保证学生在测试之前的水平相当，特在前测（见附录 2）要求学生列出高考英语笔试成绩（满分 150 分）和高考英语口试成绩（满分 100 分），平均数取小数点后两位。因学生所在省份的成绩分值不同，凡笔试满分为 120 分的按 150 分折算，口试成绩满分为 120 分、150 分，5 分制或等级制的均按 100 分折算。结果表明各组的成绩平均值基本相同，如，笔试第一次实验各组的均值都是 123 分左右，表明无显著差异；第二次实验各组的均值相差不到 5 分，也表明无明显差别，见表 4－2：

表 4－2　两次实验参加者的高考英语笔试和口试成绩均值

学习小组		笔试（分）		口试（分）	
		第一次实验	第二次实验	第一次实验	第二次实验
1. 高低合作组	师生组	123.13 （74 人）	127.81 （91 人）	90.06 （74 人）	91.72 （91 人）
	高低年级组	0	125.87 （120 人）	0	90.71 （120 人）
2. 同伴组		123.25 （84 人）	125.29 （177 人）	91.96 （84 人）	90.42 （177 人）
3. 个人学习组		123.34 （50 人）	130.01 （96 人）	90.45 （50 人）	91.57 （96 人）

同时，为了了解学生是否到过英语国家和是否经常与英语本族语者说英语，在前测（见附录 2）还设计了两个问题，问题 1：你去过英语国家吗？统计结果表明 96% 以上的学生都没到过英语国家。问题 2：你经常和英语本族语者说英语吗？只有少数人选择经常和英语本族语者说英语，多数人回答只是在大学课堂上与英语本族语者说英语或者在进大学之前从未与英语本族语者说过英语。由此可说明所有参与学生的英语学习背景基本一致，符合实验要求，具体见表 4－3：

表 4－3　两次实验前测参加者对两个问题的回答情况

学习小组		第一次实验		第二次实验	
		问题 1	问题 2	问题 1	问题 2
1. 高低合作组	师生组	96% （74 人）	（1）59.7% （2）31.9% （74 人）	98.9% （91 人）	（1）33.7% （2）60.9% （91 人）
	高低年级组	0	0	99.2% （120 人）	（1）55.5% （2）40.3% （120 人）
2. 同伴组		100% （84 人）	（1）36.6% （2）55% （84 人）	99.4% （177 人）	（1）58.8% （2）33.9% （177 人）

（续上表）

学习小组	第一次实验		第二次实验	
3. 个人学习组	96% （50 人）	（1）74% （2）20% （50 人）	98.9% （96 人）	（1）87.5% （2）10.4% （96 人）

注：问题 1 的数据为没到过英语国家的百分比；问题 2 中序号（1）表示只在课堂上与英语本族语者讲英语。序号（2）表示从未与英语本族语者讲英语。

4.3　学习内容和时间

4.3.1　学习内容

本研究以日常言语行为的表达为学习内容，包括：打招呼（Greeting）、邀请（Invitation）、请求（Request）、提供帮助（Offer）、拒绝（Refusal）、抱歉（Apology）、抱怨（Complaint）、建议（Suggestion）、恭维（Compliment）和不赞同（Disagreeing），选以上 10 种言语行为的理由如下：

第一，它们是体现语用能力最为常见的话语。根据 Searle（1979：1～29）、何自然（2003：130～132）对言语行为的分类，请求属于指令类；拒绝为承诺类；打招呼和抱歉为表达类，邀请、提供帮助、抱怨、建议、恭维和不赞同为阐述类；同时，在中国，各级英语教学大纲《高等学校英语专业教学大纲》《大学英语课程教学要求》（试行）以及《九年义务教育全日制初级中学英语教学大纲》（试用修订版）和《全日制高级中学英语教学大纲》（试验修订版）均要求英语教学以培养语用能力为教学原则，以上 10 种言语行为均是各级英语教学大纲所要求掌握的语用表达。

第二，它们都分别被不同的语用研究者以单个形式分析过。言语行为的跨语对比研究是语际语用学，具体而言是跨文化语用学的发端，如，Blum-Kulka et al.（1989）的研究重心是各种语言的语用策略对比研究，在这些言语行为研究中，对请求、抱歉、抱怨、拒绝、恭维和恭维语应答、建议的研究相当深入，具体分析可见 2.2.1 节。关于“请求”的研究，有 Fukuya 和 Clark（2001）、Takahashi（2001，2005）、Safont（2003）、Salazar（2003）和杨仙菊（2009）等；“抱歉”的研究有 Olshtain & Cohen（1990）和刘建达（2006）等；“抱怨”的研究有 Morrow（1995）、王爱华（2001）、李萍等（2006）；“拒绝”的研究有 King & Silver（1993）、Morrow

(1995)、Wongwarangkwl (2000)、Kondo (2001)、Silva (2003), Wannaruk (2004)、Prachanant (2007)、Wannaruk (2008)、卢加伟 (2009) 等；“恭维语”的研究有 Billmyer (1990)、Rose & Ng (2001)、Manes & Wolfson (1981)；“建议”的研究有 Martinez-Flor & Fukuya (2005)、Koike & Pearson (2005)。

第三，在各种教材以及相关学习网站均可以较容易地找到相关学习内容。当然，这些言语行为的内容在中学课本中没有系统详细地出现，特别是一些地道口语化的表达，如，邀请“Do you fancy...?”打招呼“What's up?”等在课本中是找不到的，因此，我们在网上搜索，找到了比较权威和规范的英国广播公司的 BBC Learning English 栏目，并以相关网站找到的相关内容为补充材料（具体见附录 1）。

根据 BBC Learning English 的内容，遵循从易到难的原则，BBC 用语归纳如表 4-4：

表 4-4　10 种言语行为的 BBC 用语

10 种言语行为	BBC 用语
1. Greeting	(1) Hi, how's it going? (2) How are you? /Nice to see.../glad to see.../ Alright? /You alright? (3) How you doing?
2. Invitation	(1) Do you fancy doing...? (2) Are you up for...? (3) Do you feel like...?
3. Request	(1) Could I/you/Would you/Do you mind...? (2) Can I/May I/ Will I...? (3) Would it be OK/Is it OK?
4. Offer	(1) I'll give you..., I'm willing to help... (2) How does that sound? Do you need...? Do you mind...? If you need, I would... (3) Go on then, tell you what...? Let me..., I hope...
5. Refusal	(1) I'd love to/I'd like to, but I'm busy + reason (2) Oh, no, sorry, maybe another time... (3) Really appreciate, but I can't make it.

（续上表）

10 种言语行为	BBC 用语
6. Apology	(1) Just say "sorry" or "I'm sorry" (2) Really sorry, so sorry + sth. (3) I'm sorry for /about... (4) I'm sorry for /about... + reason
7. Complaint	(1) I hope you don't mind .../Could you ... ? (2) Oh, not again, will you... ? (3) For goodness sake, I'm fed up.../I'm sick of.../tired of... (4) What really gets under my skin is.../I just hate the way...
8. Suggestion	(1) Why don't? Why not... (2) Let's/ How about... (3) I think /I don't think you should... (4) Shall we... (5) Perhaps /maybe we could...
9. Compliment	(1) Thank you! It's very kind/nice/glad... (2) What are you after? /What do you want?
10. Disagreeing	(1) No, I don't think we should/No, I don't... (2) You see/Well, I don't agree with that (at all) /Sorry/I'm afraid/ Actually, I don't accept that. (3) explain + but I disagree... (4) I think we should.../Well, hang on, that's really not true.

4.3.2　学习时间

本实验的教学时间为三个月（共 12 周），含前测和后测，每周学习一个单元。学习材料主要来自 BBC Learning English How to...（具体见附录 1），每周一个单元，按以下顺序进行：

Unit 1　Greeting

来源：google. com——BBC World Service how to greet——Greeting informally

（http：//www. bbc. co. uk/worldservice/learningenglish/radio/specials/

1142_greeting/page2. shtml)

Unit 2　Invitation

来源：google. com——BBC World Service how to make an invitation——informal invitation

(http://www. bbc. co. uk/worldservice/learningenglish/radio/specials/142_requests_offers/page3. shtml)

Unit 3　Request

来源：google. com——BBC World Service how to request——asking permission

(http://www. bbc. co. uk/worldservice/learningenglish/radio/specials/142_requests_offers/page2. shtml)

Unit 4　Offer

来源：google. com——BBC World Service how to make an offer——Haggling

(http://www. bbc. co. uk/worldservice/learningenglish/radio/specials/142_requests_offers/page10. shtml)

Unit 5　Refusal

来源：google. com——BBC World Service how to decline——decline invitations

(http://www. bbc. co. uk/worldservice/learningenglish/radio/specials/142_requests_offers/page5. shtml)

Unit 6　Apology

来源：google. com——BBC World Service how to make an apology——saying sorry

(http://www. bbc. co. uk/worldservice/learningenglish/radio/specials/1331_howto_feedback/page3. shtml)

Unit 7　Complaint

来源：google. com——BBC World Service how to make a complaint——how to make a complaint (informal)

(http://www. bbc. co. uk/worldservice/learningenglish/radio/specials/1331_howto_feedback/page6. shtml)

Unit 8　Suggestion

来源：google. com——BBC World Service how to make a suggestion——making suggestions

(http://www. bbc. co. uk/worldservice/learningenglish/radio/specials/1756_ how_to_discuss/page2. shtml)

Unit 9　Compliment

来源：google. com——BBC World Service how to make a compliment——responding to compliments

(http：//www. bbc. co. uk/worldservice/learningenglish/radio/specials/1210_how_to_converse/page7. shtml)

Unit 10　Disagreeing

来源：google. com——BBC World Service how to disagree——disagreeing

(http：//www. bbc. co. uk/worldservice/learningenglish/radio/specials/1756_how_to_discuss/page4. shtml)

4.4　研究问题①的测试和分析

4.4.1　试卷设计

为回答研究问题①，本研究设计了问卷进行测试，问卷采用的是书面话语填充。在语用能力测试研究中，有六种比较常用的测量工具，即话语填充、角色扮演、多项选择题、等级回应问卷、采访和有声思维。其中，话语填充是语用能力测试工具中最常用，也是最经典的测试工具，因而受到研究者最大关注。根据 Hudson，Detmer & Brown（1992，1995）最具有典范性的研究，话语填充分为书面话语填充（Written Discourse Completion Tasks）和听说话语填充（Listening Discourse Completion Tasks），本研究采用前者。书面话语填充指填充人根据给定的情景，写出相应的回答，如，Your professor wants you to help plan a class party，but you are very busy this week.（request：refusing to high status）Professor：We need some people to plan the class party. Do you think you can help? You refuse by saying：...

本次试卷的设计分为以下三个步骤：

（1）测试内容的选取。根据 4. 3. 1 节的 10 种常用言语行为，即打招呼（Greeting）、邀请（Invitation）、请求（Request）、提供帮助（Offer）、拒绝（Refusal）、抱歉（Apology）、抱怨（Complaint）、建议（Suggestion）、恭维（Compliment）和不赞同（Disagreeing）的使用情况，分别设计了面对高身份、平等身份（朋友）和低身份三种场景，生成一份包含 30 个问题的书面话语填充试卷。该试卷要求学生根据场景写出直接、间接和暗示三种回答，还要求他们在三种场景中选择他们认为在日常生活中最常见的一种场景。

（2）场景选择。34 名英语专业三年级学生参加测试，根据他们的回答，发现多数学生选择朋友间的场景最为常见，因此，30 个问题压缩为 10 个问题。

（3）试测。在正式测试前，聘请以英语为本族语的外籍教师对试卷的效度进行评估，他们均认为试卷较好地测试了学生的语用能力。随后，选取同等水平的 47 名受试作了试测。学生所选的题项与外籍教师的选择基本一致。这表明试题的有效性符合要求。

以上设计步骤、试卷的信度和效度均经过本研究者关于“语用能力测试的研究”的验证（段玲琍，2012a，2013a），无论是内容效度、标准关联效度、结构效度、学生答卷信度，还是评分员信度等都获得了较高值，因而本试卷的有效性比较好。

4.4.2 测试操作和分析

本次测试分为实验前测试（前测，见附录 2）和实验后测试（后测，见附录 2），通过前测和后测的对比，找出实施实验之后学生的表现是否有所不同。为了使两次受试有可比性，前测和后测的试题一样，两次测试的间隔基本上是一学期（5 个月），学生在做了前测之后，由于没有任何再次考试的提示，因此做后测时，学生基本忘了试题内容，两次答题均未出现重复。测试内容与 4.3.1 所列的学习内容的言语行为一致。

主要分析方法是定性描述和定量统计。两次测试都通过对比学生的回答，判断他们的应答与掌握是否有所不同，比如，第 1 题要求学生写出“怎样邀请别人”的句型时，有学生在前测时用“Please come to my home, if you have time.”而通过学习之后，在后测中学生就使用了所学句型“Do you fancy coming to my home?”通过这样的对比，可以发现学生在实验前和实验后的表现。为了准确地记录学生的表现，我们先将两次实验中每个学生的具体表现进行了归纳和定性描述，主要摘取学生所使用的关键句，看看是否和所学 BBC Learning English 的用语一致；然后对他们进行标号和频次统计，即定量统计，标号根据表 4 -4 的归纳，统计学生的回答有多少与所归纳的 BBC 用语一致，如表 4 -5：（详细统计表见附录 3）

表 4－5　前测和后测用语统计表举例

<table>
<tr><th rowspan="2">言语行为</th><th colspan="2">前测</th><th colspan="2">后测</th><th rowspan="2">分析</th></tr>
<tr><th>回答</th><th>编号</th><th>回答</th><th>编号</th></tr>
<tr><td rowspan="2">Greeting</td><td>Long time no see</td><td>4</td><td>How's it going?</td><td>1</td><td rowspan="2">编号 1～3 为 BBC 用语，4 为学生用语。结果：前测只有 1 个符合，后测 2 个都符合</td></tr>
<tr><td>How are you?</td><td>2</td><td>How you doing?</td><td>3</td></tr>
<tr><td rowspan="2">Invitation</td><td>I want to...</td><td>7</td><td>Do you fancy...?</td><td>1</td><td rowspan="2">编号 1～3 为 BBC 用语，4～9 为学生用语。结果：前测没有 1 个符合，后测 2 个都符合</td></tr>
<tr><td>Could you...?</td><td>4</td><td>Are you up...?</td><td>2</td></tr>
<tr><td rowspan="2">Request</td><td>Could you?</td><td>1</td><td>Would you...?</td><td>1</td><td rowspan="2">编号 1～3 为 BBC 用语，4～6 为学生用语。结果：前测只有 1 个符合，后测 2 个都符合</td></tr>
<tr><td>I guess...</td><td>4</td><td>Would it be OK?</td><td>3</td></tr>
<tr><td rowspan="2">Offer</td><td>Can I help?</td><td>2</td><td>Would you like me to?</td><td>2</td><td rowspan="2">编号 1～3 为 BBC 用语，4～5 为学生用语。结果：前测只有 1 个符合，后测 2 个都符合</td></tr>
<tr><td>Don't worry...</td><td>4</td><td>I'm willing to...</td><td>1</td></tr>
<tr><td rowspan="2">Refusal</td><td>Wonderful + sorry</td><td>4</td><td>Love to + but...</td><td>1</td><td rowspan="2">编号 1～3 为 BBC 用语，4 为学生用语。结果：前测没有 1 个符合，后测 2 个都符合</td></tr>
<tr><td>Pity + next time</td><td>4</td><td>Sorry, I can't.</td><td>2</td></tr>
<tr><td rowspan="2">Apology</td><td>I'm sorry + reason</td><td>4</td><td>Sorry for that.</td><td>3</td><td rowspan="2">编号 1～4 为 BBC 用语，5～8 为学生用语。结果：前测只有 1 个符合，后测 2 个都符合</td></tr>
<tr><td>Sorry + promise</td><td>6</td><td>I'm sorry I'm late.</td><td>2</td></tr>
</table>

（续上表）

<table>
<tr><th rowspan="2">言语行为</th><th colspan="2">前测</th><th colspan="2">后测</th><th rowspan="2">分析</th></tr>
<tr><th>回答</th><th>编号</th><th>回答</th><th>编号</th></tr>
<tr><td rowspan="2">Complaint</td><td>Could you + unhappy</td><td>5</td><td>Not again +
I' m sick of</td><td>3</td><td rowspan="2">编号 1 ~ 4 为 BBC 用语，5 为学生用语。结果：前测没有 1 个符合，后测 2 个都符合</td></tr>
<tr><td>You made noise + crazy</td><td>5</td><td>I hate the way</td><td>4</td></tr>
<tr><td rowspan="2">Suggestion</td><td>Explain + I suggest</td><td>7</td><td>I think it may be...</td><td>3</td><td rowspan="2">编号 1 ~ 5 为 BBC 用语，6 ~ 8 为学生用语。结果：前测没有 1 个符合，后测 2 个都符合</td></tr>
<tr><td>Explain + If you like</td><td>6</td><td>Why not + I think...</td><td>1</td></tr>
<tr><td rowspan="2">Compliment</td><td>Really + help yourself</td><td>3</td><td>Thank you + It's very kind of you.</td><td>1</td><td rowspan="2">编号 1 ~ 2 为 BBC 用语，3 ~ 5 为学生用语。结果：前测没有 1 个符合，后测 2 个都符合</td></tr>
<tr><td>I agree + enjoy</td><td>4</td><td>What are you after?</td><td>2</td></tr>
<tr><td rowspan="2">Disagreeing</td><td>Maybe right + but</td><td>5</td><td>No, I don't think...</td><td>1</td><td rowspan="2">编号 1 ~ 4 为 BBC 用语，5 为学生用语。结果：前测只有 1 个符合，后测 2 个都符合</td></tr>
<tr><td>I think not</td><td>1</td><td>Well, I don't agree with...</td><td>2</td></tr>
</table>

4.5 研究问题②的分析

研究问题②通过观察两次实验所提供的视频材料，找出学生习得语用能力的过程和特点。两次实验所提供的材料有三种：一是教师授课视频；二是学生小组讨论记录或视频；三是学生编对话视频。观察时间为三个月。材料的搜集和整理形式主要是观看视频，并记录教师或学生教学或学习、讨论的规律，分四个学习小组陈述如下。

4.5.1 师生组

第一，教师授课视频，共有 2 个教师授课视频，每次 10 个单元，每个单元10～20分钟。教师讲解以举例和提问方式为主，然后引导学生使用所学用语编对话。限于篇幅，以 Unit 2 Invitation 为例，记录师生互动如下（部分转写记录见附录4）：①举例：For instance，would you like to have coffee with me? ②提问：特殊疑问句 How to respond? What's the meaning of...? 陈述句但用升调 Any way of invitation? 一般疑问句 Do you know how to invite?

第二，学生小组讨论记录。

学生小组讨论记录共有24组，部分摘录如下：

1. **Invitation**

学生1：OK，Let's talk about the culture of invitations.

学生2：Do you fancy a pint?

学生3：I'd love one. Haha...

学生1：Umm... Informal invitations can make us closed. Besides，there are many other informal invitations we can use in daily life.

学生2：For example，it's time for lunch，are you up for noodles?

学生3：I'd love one!

学生1：Let's go together!

2. **Refusal**

学生1：It is usual in foreign countries to invite someone to have a drink or watch movies. But we are not often willing to accept invitations.

学生2：I think when we don't have time or you are not interested in this invitations. We can say " Sorry，I've got to do something... "

学生3：Maybe we can say "I'd love to but I... " In addition，we can say，" I can't make it" or " Maybe another time... "

第三，学生编对话视频。

学生编对话视频有两个作用，一是可以从学生的对话中找到互动的作用，二是可以进一步支持研究问题①的回答。下面是一组三个学生将所学言语行为串成一个故事的对话，部分转写记录见附录4：

学生1：Julian，the exam is over，why don't we go shopping this afternoon?（suggestion）

学生2：That's a good idea. Let's call Fang Fang to go together.

学生1：Is that Fang Fang?

学生3：Yes?

学生2：Would you like to go shopping with us this afternoon?（invitation）

学生3：I'd love to. Let's meet at the square at 2 o'clock.

学生1：It's already 2，Fang Fang's always late，I'm fed up with her.

(complaint)

学生3：Oh，sorry I'm late，because of traffic.（apology）

学生2：（学生3正在试穿一件裙子）Look，you look so beautifully.(compliment)

学生3：Oh，thank you.（respond to compliment）

学生1：Well，I don't agree with you...（disagreeing）

4.5.2 高低年级组

高低年级组中低年级学生120人，分22组，每组5~6人，高年级学生66人，分22组，每组3人，负责给120名低年级学生讲课。高年级学生给低年级学生讲解时，主要过程是：解释+学生朗读BBC Learning English用语，然后学生自行练习，举例如下（高年级组：高；低年级组：低）(部分转写记录见附录4)：

高：Hello. We are going to learn together "How to greet people informally?" Do you know how to...? OK，let me show you short dialogues...（some videos，视频均是用不同场景说"How are you doing?"的用语）

高：Now，we can summarize some useful expressions，look at the board....

高：Now let's listen to the BBC Learning English Program...

高：OK，Now I would like to ask you to say greeting in informal situation. OK，the boy.

低：(一男生起来回答问题）How you doing?

高：In which situation? I mean，to a friend or a high position?

低：To a friend.

高：Can you summarize the difference of the greeting between formal and informal situations?

4.5.3 同伴组

同伴组第一次实验分8组，每组10~11人；第二次实验分38组，每组4~5人，比如，学生在讨论英语的问候语（Greeting）时，作如下总结（详细内容见附录4)：

学生1：I have collected phrases about greeting people. It's just " How are you getting on?" "How is life?" and in England，people always say "lovely day，isn't it" to greet people on the party，to strangers，they always say " great party，isn't it"，answer is " Not bad, you? or just so so!"

学生 2：That's great! We can see the difference between Chinese and foreign culture. When we are greeting people, we can't say "Where are you going?" or "What are you doing?" and so on in order not to be misunderstood, because your listener would think it impolite.

4.5.4　个人学习组

个人学习组第一次实验 2 ~3 人一组编对话，分 22 组；第二次分 24 组，每组 4 人。该组没有学生自行学习的视频，但是学生提供编对话视频，记录方式同 4.5.1 的学生编对话视频。

4.6　研究问题③的分析

回答第三个研究问题，本研究使用问卷调查表的形式。问卷（具体见附录 5）的使用主要调查学生在实验前后对三种学习方式的认可情况，这三种学习方式主要根据调节论的三种形式来分类，一是依靠他人调节学习方式，如，教师的讲解、与同学讨论和练习等；二是依靠个人调节学习方式，如，个人朗读、阅读、归纳和总结等；三是依靠物体调节学习方式，如，使用网络、广播、词典等。每种学习方式含若干个问题，并且提供 1 ~5 等级供学生选择回答问题，1 = 完全不同意，2 = 不同意，3 = 不确定，4 = 同意，5 = 完全同意。如：

教师的讲解对我的学习帮助最大。　1　2　3　4　5

前测的第一种学习方式，即他人调节学习方式，有 7 个问题，主要针对教师讲解、同伴一起学习的喜欢程度，如：

和同学讨论对我的学习帮助最大。　1　2　3　4　5

有问题我喜欢咨询老师。　1　2　3　4　5

满分为 35 分（以"5 = 完全同意"为最高分值乘以 7），然后将所选的分值相加得某生的最后总分数；最后，依据学生的得分情况确定三个等级，28 ~35 分为依靠他人调节帮助学习，15 ~27 分为介于中间，0 ~14 分为不依靠他人调节帮助学习。

第二种个人调节学习方式有 6 个问题，如：

我喜欢个人朗读或阅读英语文章。　1　2　3　4　5

满分为 30 分，24 ~30 分为个人化学习，13 ~23 分为介于中间，0 ~12

分为非个人化学习。

第三种学习方式，即物体调节学习方式，有7个问题，如：

我喜欢使用网络学习英语。 1 2 3 4 5

满分为35分（以“5=完全同意”为最高分值乘以7），然后将所选的分值相加得某生的最后总分数；最后，依据学生的得分情况确定三个等级，28~35分为依靠物体调节帮助学习，15~27分为介于中间，0~14分为不依靠物体调节帮助学习。

在实施了前测之后，由于增加高低年级组，而前测没有体现与高年级同学学习的问题；同时，一些问题有些重叠，如，第一种学习方式的问题3和7，都是和同学配对练习口语的问题；第二种学习方式的问题11~13都是宏观问题；还有第三种学习方式的问题有的不太切题，如，问题17和19都不是物体，是非物体因素。因此在后测作了调整如下：

第一种增加和高年级同学学习的问题，删减重叠问题，由7个问题变为6个，满分为30分（以“5=完全同意”为最高分值乘以6），然后将所选的分值相加得某生的最后总分数；最后，依据学生的得分情况确定三个等级，24~30分为依靠他人调节帮助学习，13~23分为介于中间，0~12分为不依靠他人调节帮助学习。

第二种个人调节学习方式将前测的6个问题压缩为3个，满分为15分（以“5=完全同意”为最高分值乘以3），12~15分为个人化学习，9~11分为介于中间，0~8分为非个人化学习。

第三种物体调节学习方式将前测的7个问题压缩为5个，满分为25分（以“5=完全同意”为最高分值乘以5），然后将所选的分值相加得某生的最后总分数；最后，依据学生的得分情况确定三个等级，20~25分为依靠物体调节帮助学习，15~19分为介于中间，0~14分为不依靠物体调节帮助学习。

同时，在后测中，为了解本研究的教学模式中与高年级同学或与同伴合作学习的学习模式是否得到学生的认可，又进一步追问学生对与同伴、与高年级同学合作学习的喜欢程度，分为喜欢、不喜欢和不知道三个等级，并说明原因。

定量数据使用频率统计，并使用SPSS 16.0统计软件进行数据分析。数据分析分两种情况。首先是总体情况的分析，即分别分析第一次实验的三个学习小组和第二次实验的四个学习小组前后测的走向趋势，然后针对每种学习方式和四个小组再仔细分析各个问题，以求既有宏观，又有微观的分析。

4.7　本章小结

本章根据文献综述和前人的研究以及本研究的理论框架提出了三个研究问题：涉及四个学习小组的改变情况和特点以及对三种学习方式的认可度。本研究的参加者为四个学习小组：师生组（165 人）、高低年级组（120 人）、同伴组（261 人）和个人学习组（146 人），共 692 人；三种学习方式是依靠他人调节方式、依靠个人调节方式和依靠物体调节方式。学习内容为 BBC 用语，包括打招呼、邀请、请求、提供帮助、拒绝、抱歉、抱怨、建议、恭维和不赞同 10 种言语行为表达方式，时间为三个月。对于研究问题①的研究方法主要是定性描述和定量统计，对于研究问题②主要采用观察法，对于研究问题③主要使用问卷调查法。

第5章 结果与讨论

本章主要根据研究问题呈现研究结果，并参照文献作对比来进一步讨论和分析产生结果的原因。

5.1　研究问题①的结果

研究问题①：实施了社会文化理论理念融入语用习得教学和学习模式后，四个学习小组学生的语用习得能力有何改变？

由于每种言语行为的用法不同，所涉及的组数较多，因此，按 10 种言语行为的顺序分析结果；而且，因预实验和正式实验的目的均一致，所以结果陈述将二者合并计算，并算出百分比，二者分开统计的频次见附录 3。

5.1.1　言语行为（Greeting）

表 5－1　Greeting 预、正式实验的用语统计表

1～3 为 BBC 用语 4 为学生用语	师生组（165 人）		高低年级组（120 人）		同伴组（261 人）		个人组（146 人）	
	前测（%）	后测（%）	前测（%）	后测（%）	前测（%）	后测（%）	前测（%）	后测（%）
1. Hi，how's it going?	27.9	53.3	15.8	24.1	12.6	28.0	33.6	26.7
2. How are you? /Nice to see.../glad to see.../Alright? / You alright?	20.6	15.8	36.7	30.0	37.2	25.7	20.5	31.5
3. How you doing?	2.4	4.8	1.7	0.8	0.4	3.8	1.4	2.1
小计（%）	50.9	73.9	54.2	54.9	50.2	57.5	55.5	60.3
4. What's up? /Nice day! /Long time no see/Where are you going?	49.1	26.1	45.8	45.1	49.8	42.5	44.5	39.7
合计（%）	100	100	100	100	100	100	100	100

总体来看，从表 5－1 可以看出，四个组的后测比例远远高于前测，特别是师生组 BBC 用语的比例为 73.9%，学生用语只有 26.1%。可见教师讲解的作用比较明显，其次是个人学习组（60.3%：39.7%）、同伴组（57.5%：42.5%），作用较小的是高低年级组（54.9%：45.1%）。

具体到 BBC 用语，学生在前测趋向于用“How are you? /Nice to see.../glad to see...”，后测则趋向于用“Hi, how's it going?”特别是师生组使用率最高，为 53.3%；不过，个人学习组则恰恰相反；当然，“How you doing”前后测都较少使用，甚至后测比前测使用率还低。

在学生用语中，由于 BBC 用语的学习，所有组在后测都较少使用，当然，在这些用语中，多数学生喜欢使用“Long time no see.”和“Where are you going?”

5.1.2 言语行为（Invitation）

表 5-2 Invitation 预、正式实验的用语统计表

1~3 为 BBC 用语 4~9 为学生用语	师生组（165 人）		高低年级组（120 人）		同伴组（261 人）		个人组（146 人）	
	前测（%）	后测（%）	前测（%）	后测（%）	前测（%）	后测（%）	前测（%）	后测（%）
1. Do you fancy doing...?	0.6	22.4	0	0	0	2.3	0	1.4
2. Are you up for...?	0	3.0	0	0	0	0.4	0	0
3. Do you feel like...?	0.6	3.0	0	0	0	0	0	0
小计（%）	1.2	28.4	0	0	0	2.7	0	1.4
4. Would you/Could you/Can you...	47.9	37.0	55.8	77.5	49.0	60.5	57.5	58.2
5. How about/Let's/Why not...	9.1	12.1	8.3	7.5	7.7	12.3	6.8	11.0
6. Do you have/want...	14.0	6.7	6.7	6.7	9.6	6.1	4.8	8.9
7. I want to/I'd like to...	19.4	13.9	25.0	8.3	23.8	13.8	23.3	15.8
8. I hope/Come/ have dinner	7.3	0.6	4.2	0	8.8	4.2	4.8	3.4
9. 其他	1.2	1.2	0	0	1.1	0.4	2.7	1.4
小计（%）	98.9	71.5	100	100	100	97.3	99.9	98.7
合计（%）	100	100	100	100	100	100	100	100

表 5-2 可以明显看出 BBC 用语前测基本没有学生使用，只有师生组有 1.2% 使用率。后测师生组由 1.2% 增加到 28.4%，其次是同伴组，但后测也只提高到 2.7%，个人组只有 1.4%，高低年级组没有一人使用，这

表明学生对这些用语在学习之前没有引起注意，学习之后也没引起注意，特别是“Are you up for...?”和“Do you feel like...?”几乎没有学生使用，表明学生对此另类表达的意识淡薄，已被“Would you/Could you/Can you...?”的用法彻底覆盖了，即使是教师，也只是起到很小的作用。

在学生用语中，压倒多数的使用句型是“Would you/Could you/Can you...?”，尽管后测有所下降。当然，该句型也是邀请用语中较常见的用法，不过在英美人看来，此表达太过于礼貌，而且常用于身份较高人士；其他句型使用频率由高到低依次是“I want to/I'd like to...”“How about/Let's/Why not...”“Do you have/want...”“I hope/Come/ have dinner”。

5.1.3　言语行为（Request）

表 5－3　Request 预、正式实验的用语统计表

1～3 为 BBC 用语 4～6 为学生用语	师生组（165 人）		高低年级组（120 人）		同伴组（261 人）		个人组（146 人）	
	前测（%）	后测（%）	前测（%）	后测（%）	前测（%）	后测（%）	前测（%）	后测（%）
1. Could I/you/Would you/Do you mind ...?	67.9	68.5	60.8	70.8	60.5	70.5	64.4	65.8
2. Can I/May I/Will I...?	21.8	14.5	30.8	19.2	28.4	19.5	18.5	18.5
3. Would it be OK/Is it OK?	1.2	1.2	0	0	1.1	1.9	0.7	1.4
小计（%）	90.9	84.2	91.6	90	90	91.9	83.6	85.7
4. I'm wondering/I'd like/ I guess/ If..., nice of ...	7.9	10.9	5.8	5.8	6.1	5.0	6.2	8.9
5. Please.	0.6	2.4	0.8	2.5	1.1	0.4	2.1	4.8
6. 其他	0.6	2.4	1.7	1.7	2.7	2.7	8.2	0.7
小计（%）	9.1	15.7	8.3	10	9.9	8.1	16.5	14.4
合计（%）	100	100	100	100	100	100	100	100

由表 5－3 可以看出，同伴组和个人组的后测有提高，尽管提高不多，分别是 90%：91.9%，83.6%：85.7%；但是师生组和高低年级组反而下降，分别是 90.9% 降到 84.2%；91.6% 降到 90%。

另外，第一行数据比较高，都在60%以上，表明学生在前测时就已基本掌握BBC用语，特别是“Could I/you/Would you/Do you mind ...”，这与5.1.2用“Could you”作为邀请用语是一样的，说明中国学生对此句型比较接受，而对“Would it be OK/Is it OK”这类比较口语化的句型反而不太使用。

5.1.4 言语行为（Offer）

表5-4 Offer预、正式实验的用语统计表

1~3为BBC用语 4~5为学生用语	师生组（165人）		高低年级组（120人）		同伴组（261人）		个人组（146人）	
	前测（%）	后测（%）	前测（%）	后测（%）	前测（%）	后测（%）	前测（%）	后测（%）
1. I'll give you..., I'm willing to help...	63	47.9	67.5	67.5	73.9	78.2	66.4	69.9
2. How does that sound? Do you need...? Do you mind...? If you need, I would...	14.5	27.9	16.7	21.7	18.8	16.5	17.1	17.1
3. Go on then, tell you what...? Let me..., I hope...	12.1	18.8	9.2	8.3	5.7	2.7	2.7	6.8
小计（%）	89.6	94.6	93.4	97.5	98.4	97.4	86.2	93.8
4. Don't worry...	4.2	4.2	4.2	0.8	0.8	2.3	6.2	2.7
5. 其他	6.1	1.2	2.5	1.7	0.8	0.4	7.5	3.4
小计（%）	10.3	5.4	6.7	2.5	1.6	2.7	13.7	6.1
合计（%）	100	100	100	100	100	100	100	100

表5-4表明学生在前测和后测都使用了BBC用语，而且比例都很高，不过BBC用语中使用较多的“Do you mind”的句型却不是学生的首选；当然，在四组学生中，个人组后测提高最大，从86.2%提高到93.8%；其次是师生组，从89.6%提高到94.6%；再就是高低年级组，从93.4%提高到97.5%；而同伴组反而下降，从98.4%降到97.4%。

5.1.5　言语行为（Refusal）

表 5－5　Refusal 预、正式实验的用语统计表

1～3 为 BBC 用语 4 为学生用语	师生组（165 人）		高低年级组（120 人）		同伴组（261 人）		个人组（146 人）	
	前测（%）	后测（%）	前测（%）	后测（%）	前测（%）	后测（%）	前测（%）	后测（%）
1. I'd love to/I'd like to, but I'm busy ＋ reason	64.8	81.2	65.8	90	70.1	83.1	78.1	75.3
2. Oh, no, sorry, maybe another time...	27.3	10.9	25.8	5	24.5	11.5	15.1	17.8
3. Really appreciate, but I can't make it.	5.5	7.3	7.5	3.3	4.6	4.6	4.1	4.1
小计（%）	97.6	99.4	99.1	98.3	99.2	99.2	97.3	97.2
4. 其他	2.4	0.6	0.8	1.7	0.8	0.8	2.7	2.7
合计（%）	100	100	100	100	100	100	100	100

总体来看，97%以上的各组学生在测试前就掌握了 BBC 用语，但是仔细分析可看出，在测试前倾向于用“Oh”“no”“sorry”“maybe another time...”的学生，经过正式学习之后，对此的用法减少，转而倾向使用“I'd love to/I'd like to, but I'm busy ＋ reason”，从各组的此条后测统计可知道，高低年级组的提高最大，从 65.8%提高到 90%，其次是师生组、同伴组，当然，个人组是下降的。总体来说，师生组的后测有所提高，高低年级组和个人组略有下降，同伴组则几乎保持不变，前后测比例均为 99.2%。

5.1.6 言语行为（Apology）

表 5－6　Apology 预、正式实验的用语统计表

1～4 为 BBC 用语 5～8 为学生用语	师生组（165 人）		高低年级组（120 人）		同伴组（261 人）		个人组（146 人）	
	前测（%）	后测（%）	前测（%）	后测（%）	前测（%）	后测（%）	前测（%）	后测（%）
1. Just say “sorry” or “I'm sorry”	2. 4	4. 2	5. 8	1. 7	3. 1	1. 5	2. 7	2. 7
2. Really sorry，so sorry ＋ sth.	4. 2	10. 3	11. 7	13. 3	8. 8	13. 4	6. 8	8. 9
3. I'm sorry for /about. . .	4. 2	9. 7	6. 7	18. 3	4. 6	6. 9	2. 7	5. 5
4. I'm sorry for /about. . . ＋ reason	39. 4	36. 4	22. 5	32. 5	28. 7	29. 1	44. 5	39. 0
小计（%）	50. 2	60. 6	46. 7	65. 8	45. 2	50. 9	56. 7	56. 1
5. Sorry ＋ reason	41. 8	26. 7	48. 3	25. 8	43. 3	42. 5	39. 0	38. 4
6. Sorry ＋ promise	3. 6	6. 7	3. 3	5. 8	3. 1	1. 9	3. 4	4. 1
7. Sorry ＋ forgive	3. 6	4. 8	1. 7	2. 5	7. 3	4. 2	0. 7	1. 4
8. 其他	0. 6	1. 1	0	0	1. 1	0. 8	0	0
小计（%）	49. 6	39. 3	53. 3	34. 1	54. 8	49. 0	43. 1	43. 9
合计（%）	100	100	100	100	100	100	100	100

按常理，抱歉是最好掌握的用语，但是 BBC 用语的 1～4 在前测使用较少，后测有所增加，然而比例不高，只有 50% 左右；学生倾向于用的是“I'm sorry for /about. . . ＋ reason”，而“Sorry ＋ reason”也是学生使用频率较高的用语，同样占了 40% 左右。当然，后测提高最大的是高低年级组，从 46. 7% 到 65. 8%，其次是师生组、同伴组，个人组略有下降。

5.1.7 言语行为（Complaint）

表5-7 Complaint 预、正式实验的用语统计表

1~4 为 BBC 用语 5 为学生用语	师生组（165 人）		高低年级组（120 人）		同伴组（261 人）		个人组（146 人）	
	前测（%）	后测（%）	前测（%）	后测（%）	前测（%）	后测（%）	前测（%）	后测（%）
1. I hope you don't mind .../Could you ... ?	57.0	44.8	50.0	42.5	62.5	46.7	50.7	43.2
2. Oh, not again, will you ... ?	0	1.2	9.2	9.2	5.0	4.2	3.4	6.8
3. For goodness sake, I'm fed up.../I'm sick of.../tired of...	1.8	18.2	2.5	10.0	0.8	2.7	1.4	4.1
4. What really gets under my skin is.../I just hate the way...	0.6	1.8	0.8	1.7	0	0.8	0.7	2.7
小计（%）	59.4	66	62.5	63.4	68.3	54.4	56.2	56.8
5. You forget.../Do you remember... ?	40.6	33.9	37.5	36.7	31.8	45.6	43.8	43.2
合计（%）	100	100	100	100	100	100	100	100

抱怨言语行为是最不好学的一种表达法，因为其灵活性比较大。从表5-7可以看出，师生组、高低年级组和个人组的后测有所提高，但是提高幅度很小，同伴组甚至下降，由68.3%降到54.4%；而后测还是有30%~40%左右的学生仍然坚持“You forget.../Do you remember...”的学生用语。不过，值得一提的是，对于BBC 2~4的用语，后测学生的使用差不多都有所提高，而第1条却有所下降，该用语是学生比较容易记得的句型，表明后测学生改变了不一定恰当的习惯用法，接受了新学的BBC用语。总体来说，提高幅度最大的是师生组，然后依次是高低年级组和个人组，同伴组下降。

5.1.8 言语行为（Suggestion）

表 5－8 Suggestion 预、正式实验的用语统计表

1～5 为 BBC 用语 6～8 为学生用语	师生组（165 人）		高低年级组（120 人）		同伴组（261 人）		个人组（146 人）	
	前测（%）	后测（%）	前测（%）	后测（%）	前测（%）	后测（%）	前测（%）	后测（%）
1. Why don't? Why not...	1.2	5.5	0.8	2.5	0	0.8	1.4	4.1
2. Let's/ How about...	0	1.8	0.8	0	0	0.8	0.7	0.7
3. I think /I don't think you should...	30.9	58.8	50.8	58.3	36.4	49.4	33.6	42.5
4. Shall we...	0	0	0	0	0.4	0.8	0	0
5. Perhaps /maybe we could...	4.8	8.5	1.7	10.8	5.4	8.0	10.3	16.4
小计（%）	36.9	74.6	54.1	71.6	42.2	59.8	46.0	63.7
6. If I were you...	10.3	9.1	9.2	3.3	16.1	13.0	6.2	8.9
7. I suggest /advice	2.4	4.2	0.8	1.7	4.2	3.1	1.4	1.4
8. Encourage	50.3	12.1	35.8	23.3	37.5	24.1	46.6	26.0
小计（%）	63	25.4	45.8	28.3	57.8	40.2	54.2	36.3
合计（%）	100	100	100	100	100	100	100	100

建议言语行为的灵活性也比较大，因此，学生的掌握也比较不稳定。表 5－8 表明学生对 1、2、4、5 的 BBC 用语的表达法无论是前测还是后测基本不接受，对第 3 条“ I think/ I don't think you should... ”比较情有独钟，四个组的情况都差不多。总的来说，提高幅度最大的还是师生组，从 36.9% 提高到 74.6%；然后依次是个人组、同伴组、高低年级组。

5.1.9 言语行为（Response to Compliments）

表5－9　Response to Compliments 预、正式实验的用语统计表

1～2为BBC用语 3～5为学生用语	师生组（165人）		高低年级组（120人）		同伴组（261人）		个人组（146人）	
	前测（%）	后测（%）	前测（%）	后测（%）	前测（%）	后测（%）	前测（%）	后测（%）
1. Thank you! It's very kind/nice/glad...	33.9	60.0	45.0	75.8	39.1	62.8	63.0	63.0
2. What are you after? /What do you want?	0	2.4	0	0	0	0	0	0
小计（%）	33.9	62.4	45.0	75.8	39.1	62.8	63	63
3. Really?	6.7	1.8	0	0	3.8	0.4	2.1	2.1
4. I agree...	48.5	28.5	41.7	23.3	39.1	28.4	25.3	28.1
5. 其他	10.9	7.3	13.3	0.8	18.0	8.4	9.6	6.8
小计（%）	66.1	37.6	55	24.1	60.9	37.2	37	37
合计（%）	100	100	100	100	100	100	100	100

中国人一向把谦虚看作美德，但是以上结果表明受西方文化的影响，中国人也大方接受别人的赞扬，学会用“Thank you”表示感谢别人的赞扬，从第一行数据可知道前后测的使用频率都很高。总的来看，高低年级组提高最明显；然后依次是师生组、同伴组，个人组无变化。

5.1.10 言语行为（Disagreeing）

表 5-10 Disagreeing 预、正式实验的用语统计表

1～4 为 BBC 用语 5 为学生用语	师生组（165 人）		高低年级组（120 人）		同伴组（261 人）		个人组（146 人）	
	前测（%）	后测（%）	前测（%）	后测（%）	前测（%）	后测（%）	前测（%）	后测（%）
1. No, I don't think we should/No, I don't...	14.5	40.6	20	23.3	11.1	15.3	18.5	19.2
2. You see/Well, I don't agree with that (at all) /Sorry/I'm afraid/Actually, I don't accept that.	16.4	13.9	10	17.5	16.9	15.7	17.1	11.0
3. Explain + but I disagree...	5.5	9.1	4.2	1.7	1.9	2.3	0.7	2.1
4. I think we should.../Well, hang on, that's really not true.	1.2	4.2	0	0.8	0.4	1.1	0	0.7
小计（%）	37.6	67.8	34.2	43.3	30.3	34.4	36.3	33
5. Maybe you are right, I have sth. different.	62.4	32.1	65.8	56.7	69.7	65.5	63.7	67.1
合计（%）	100	100	100	100	100	100	100	100

从表 5-10 可以看出，对于 BBC 用语第 1 条接受度要强些，特别是师生组，比例要高些。但是对于学生用语第 5 条，每组学生的接受度都比较高，因此，BBC 用语的总体比例不高，提高最大的还是师生组，然后依次是高低年级组、同伴组，个人组则有所下降。

5.1.11 小结

总体来看，后测的成绩比前测有所提高，特别是 Greeting、Invitation、Refusal 言语行为的掌握提高很大，师生组表现更突出些；也有四个 Request、Offer、Apology 和 Response to Compliments 的前测和后测的成绩差不多，表明学习之前学生已基本掌握；而 Complaint 和 Suggestion 是比较难掌

握的言语行为，因此前后测变化不大。为便于分析，特将以上分析情况归纳在表5-11中。很明显，师生组是后测提高最大的组，其次是高低年级组、个人学习组，同伴组最差，不但有四次排最后，而且是后测下降。根据4.1（本研究的假设1）可知，总体上四个学习小组后测的成绩都符合假设，师生组和高低年级组也符合本研究所作的假设，但是同伴组超出了假设的预定结果，不如个人学习组。

表5-11　四个学习小组后测成绩排序表

言语行为	后测成绩排序			
1. Greeting	（1）师生组	（2）个人组	（3）同伴组	（4）高低年级组
2. Invitation	（1）师生组	（2）同伴组	（3）个人组	（4）高低年级组
3. Request	（1）个人组	（2）同伴组	（3）高低年级组（下降）	（4）师生组（下降）
4. Offer	（1）个人组	（2）师生组	（3）高低年级组	（4）同伴组（下降）
5. Refusal	（1）师生组	（2）同伴组（无变化）	（3）个人组（下降）	（4）高低年级组（下降）
6. Apology	（1）高低年级组	（2）师生组	（3）同伴组	（4）个人组（下降）
7. Complaint	（1）师生组	（2）高低年级组	（3）个人组	（4）同伴组（下降）
8. Suggestion	（1）师生组	（2）个人组	（3）同伴组	（4）高低年级组
9. Response to Compliments	（1）高低年级组	（2）师生组	（3）同伴组	（4）个人组（无变化）
10. Disagreeing	（1）师生组	（2）高低年级组	（3）同伴组	（4）个人组（下降）

5.2 研究问题②的结果

研究问题②：在社会文化理论融入语用习得的过程中，四个学习小组的学生各有何特点?

根据学生提供的笔录小组讨论和视频小组对话，四个学习小组的学习过程分别陈述如下。

5.2.1 师生组的特点

根据表3-2的教学形式，我们预计师生组的体现过程主要是在课内阶段引导所学语用知识和解读阶段，通过观察师生组的20个视频文件，即两位老师分别讲解10种言语行为的表达法，发现教师的授课简洁、直入主题，授课时间10~15分钟。尽管授课模式比较固定，模式化，但是学生记忆深刻，教师的讲解基本是两种形式：举例和提问，以此来引导学生正确使用语用语言，而且立马让学生现场编对话，并讲评。教师在讲解10种言语行为时提问的方式有以下几种：

1. **直接提问**

   教师在讲解时，直接提问：For instance，what's the meaning of "haggle"?

   Do you know the meaning of "fancy"?

   What's the meaning? What's that?

   What would be your response? If I say... like that... So，that's the way.

2. **引导式提问**

   Some informal expressions，like? （用升调） Any other ways? How to say back?

   Which one is more formal? Is it OK? Could I use the expressions?

   What else? Any other ways of invitations? Understand that? How to respond?

3. **自问自答式提问**

   在讲解邀请语时（Invitation），教师会说：Would you like some coffee?

   教师自答：I'd love to.

   教师提问：What will you say? How to reply? What would you say? Any other expressions? Right?

教师举例回答：A proper way would be... Or you can say... If I say...

4. **带读式引导**

教师举例：I'm tired of... Or more... I just hate... Let's have...

教师带读：Read after me：suggestion，why don't we? Why not?

Any way? Why not?

I'm just wondering...

I just want to... Maybe you... Then you... I mean I can say...

If I say.... Like that... So，that's the way.

由以上教师的引导语可以看出，教师的支架作用直截了当地指明主题，因此该组学生在小组讨论和编对话时都非常明确地使用教师所教授的用语。下文是一组学生在讨论其他老师布置的任务时，自然地运用了所学的用语来打招呼进行开场：

学生 1：

Good afternoon，sister. I'm very glad to have this discussion with you about this narrative poem.

学生 2：Good afternoon! Nice to meet you.

学生 3：Hello，How's it going?

学生 1：Not bad，not bad!

学生 2：OK! Let's begin our discussion. First I'll tell you some background of ballad.

同时，该组学生所提供的编对话视频显示，学生全部学会了使用目标语，其中有两个组还自行总结教师所教的各种用法：

学生 1：Let's discuss BBC Learning English "How to greet informally? How to invite? How to make permission? How to haggle?"

学生 2：I'm very interested in "How to haggle?" You know when I want to buy a computer，I can cay：Do you think you can give me... Then the boss says：Go on then. I'll try to bargin like this.

学生 3：I think the first part "How to greet" is the most interesting part. We know how to say in different situations，like How are you? How's it going? Alright?

学生 1：And if I say：How are you? How do you reply?

学生 3：I can say：not bad，alright，or fine，thank you.

学生 2：How to make a formal invitation?

学生 1：I can say：Are you up for... or Do you fancy going for...？

学生 3：Usually people would say in return：I'd like to... or I'd love to... Sound lovely，OK good.

学生 1：How do people make a permission？

学生 2：Well，Can I or could I...？Could I...？ Urm，could be more polite.

学生 3：Or we can say：Would it be OK？

以上结果再次支持了研究问题①的结果，师生组是答得最好的组。

5.2.2 高低年级组的特点

根据表3－2的教学形式，我们预测高低年级组的体现过程主要集中在课内阶段引导所学语用知识、解读阶段和课后高低水平学生互动讨论阶段。相较师生组中教师单一的授课方式而言，高低年级组互动形式生动活泼，通过观看与高年级学长合作学习的22组各10个单元的共220个视频，我们发现以下特点：

（1）高年级的同学利用各种媒介启发低年级同学思考，如画图、板书、动作、表情、放音频或视频等，有的还现场发小奖品（棒棒糖、笔等）激发他们的积极性；在220个视频中，高年级学生使用以上媒体46次，使课堂生动。如，有的学生自己编辑了英文电影或电视剧在不同场合使用抱怨用语的用法，并让低年级学生试着模仿配音，使学生开阔了眼界。

（2）高年级同学把自己融入低年级同学中一起探讨问题，参与对话的表演或以自身经历与学生分享。有许多组的高年级学生边讲解边与低年级同学一起编对话，让低年级同学感到很亲切。一位高年级同学在讲解“拒绝策略”时，讲述自己在美国的经历，当美国朋友说：“Would you like coffee?”他的回答：“Oh，thank you. I would not. ”此回答令美国人不知怎么办，他后来发现，若真不需要，可以直接说“No，thank you”。还有一位学生，在讲解“Alright mate?”时，讲述了她在美国一家餐馆实习期间发现美国人和她打招呼时用“Hi，Madam”，这让她很吃惊，因为她从一开始学英语，课本和老师都说这是很礼貌的用语，一般用于正式场合，但是在美国却可以用于非正式场合。

（3）当高年级学生的总体能力，如英语水平、组织讨论能力等较强时，低年级学生的积极性也会较高。

（4）母语的使用在每个组中都有体现，高年级同学发现，在全英授课，特别是讲解一些场景和用法时，低年级同学听起来比较费力，有时需要重复几遍他们才能听懂，因此，就很自然地转换成母语讲解，这也体现了母语在外语学习中的支架作用。

（5）提问的模式主要有以下四种：第一是询问型，如“Do you know the word?”第二是寻求同意型，如“Do you think so?”第三是征求意见型，如“Do I make sense?”第四是纠正错误型，当低年级同学出现发音或拼写错误时，高年级同学纠错。提问的形式似乎比师生组中教师的提问还丰富。

按理说，以上特点鲜明，学生的学习效果应当是最好的，但是根据研究问题①的回答，结果却不是。仔细观察各组视频发现，除了具有以上（1）和（2）特点的小组比较生动外，其余组比较平淡、循规蹈矩、照本宣科，没有新意，互动也比较少。这也就能解释为什么高低年级组在研究问题①的回答中不如师生组，尽管教师的授课可能还不如高年级学生使用媒体多，生动性也不够。这就提出了问题：怎样做支架才能起到好作用？比如，我们还发现当高年级同学出错时，低年级同学也会善意地指出；低年级同学反问时，高年级同学无法回答，这样的支架作用可能会起反作用。

5.2.3　同伴组的特点

根据表 3 - 2 的教学形式，我们预计同伴组的体现过程主要是在课内的讨论阶段和课后同等水平学生互动讨论阶段。同伴组第一次实验分 8 组，每组 10 ~ 11 人；第二次实验分 38 组，每组 4 ~ 5 人。两次实验共 46 组各 10 个单元，共 460 个视频。同伴组的学习方式有以下特点：

（1）绝大多数组采用小组组员一起朗读 BBC Learning English 的材料或一起听音频的方式。

（2）有部分组相互纠正发音或遇生词时一起查词典，如，查“pint”的发音。

（3）部分小组采用相互提问的方式学习，如，“Do you know the meaning ‘haggle’?”“How to make a request?”

（4）部分小组一起归纳总结学过的用语，如，总结“Greeting”用语，特别是之前没有见过的、很奇特的用法，如：“How you doing? What's up?”等。

以上特点表明同伴组与师生组和高低年级组的不同之处在于同伴组的学习氛围比较轻松，压力不大。当然，或许正因为如此，学习效果不如师生组和高低年级组，甚至是个人学习组，学习效果不仅排在最后，后测还有倒退现象。通过视频还发现，由于没有教师或高年级同学指导，学生的学习过程比较随意，讨论的话题会偏离主题，如，有一组同学在提示拒绝别人时要说“Thank you”，他们会转而讨论“Thanksgiving Day”；所编对话附加情节较多，在抱怨别人时，会描述别人的其他情况。因此，我们可以推断，互动是有条件的。

5.2.4 个人学习组的特点

根据表3-2的教学形式，没有专门的个人学习环节，我们设置此组主要是为了对比其他互动组，因此，该组主要是自主学习，第一次实验2~3人一组编对话，分22组；第二次分24组，每组4人。能基本按照规定学习的内容编对话，根据研究问题①的结果，掌握情况稍差于师生组和高低年级组，但是却好于同伴组。

5.2.5 小结

根据以上4个组的分析，总体来看，师生组最正式，学习效果明显，高低年级组比较生动活泼，同伴组没有明显特色，个人学习组比较普通。根据4.1节所设定的研究假设①，四个学习小组中师生组提高幅度最大，其次是高低年级组，研究问题②所得结果符合该假设前半内容；但是，同伴组的提高应该好于个人学习组的假设与所得结果不太一致，同伴组不如个人学习组。

5.3 研究问题③的结果

研究问题③：对于社会文化理论理念融入语用习得中的三种学习方式，四个学习小组的学生是否能接受？若能，接受度有多大？

5.3.1 总体情况

为了解学生对本研究教学模式的态度，我们依据调节论中他人调节、个人调节和物体调节的理念将学习方式分为三种：依靠他人学习方式、依靠个人学习方式和依靠物体学习方式。根据对这三种学习方式的认可度可以考察实施该模式是否会改变学生的学习方式，因此，对四个组（师生组、高低年级组、同伴组和个人学习组）进行了前测和后测，量化的结果见表5-12和表5-13，为了准确分析，特将预实验和正式实验的结果分开呈现。

表 5－12　预实验三个学习小组对三种学习方式的态度问卷结果

组别	等级	依靠他人学习方式		依靠个人学习方式		依靠物体学习方式	
		前测（%）	后测（%）	前测（%）	后测（%）	前测（%）	后测（%）
师生组	依靠	31.1	13.5	32.4	32.4	16.2	29.7
	中间	68.9	86.5	66.2	66.2	83.8	63.5
	不靠	0	0	1.4	1.4	0	6.8
	小计	100	100	100	100	100	100
同伴组	依靠	25	26.2	26.2	57.1	2.4	32.1
	中间	75	71.4	71.4	38.1	96.4	60.8
	不靠	0	2.4	2.4	4.8	1.2	7.1
	小计	100	100	100	100	100	100
个人学习组	依靠	36	28	20	38	6	34
	中间	64	72	80	60	94	66
	不靠	0	0	0	2	0	0
	小计	100	100	100	100	100	100

表 5－12 表明第一种“依靠他人学习方式”，三个学习小组的前后测走向基本一致，半数以上的学生是居于中间地带，后测比前测的比例有所提高，除了 84 人同伴组的后测略为降低（从 75% 降到 71.4%）；第二种“依靠个人学习方式”，师生组前后测没有变化，同伴组和个人学习组的后测依靠性提高，中间降低；第三种“依靠物体学习方式”，三组的走向基本一致，后测都提高依靠性，中间的比例下降。分析表明，通过新模式学习后，学生的学习方式有所改变。

表 5－13　正式实验四个学习小组对三种学习方式的态度问卷结果

组别	等级	依靠他人学习方式		依靠个人学习方式		依靠物体学习方式	
		前测（%）	后测（%）	前测（%）	后测（%）	前测（%）	后测（%）
师生组	依靠	74.1	8.8	78	57.1	23.2	23.1
	中间	25.3	90.1	22	41.8	76.8	56
	不靠	0	1.1	0	1.1	0	20.9
	小计	100	100	100	100	100	100

（续上表）

组别	等级	依靠他人学习方式		依靠个人学习方式		依靠物体学习方式	
		前测（%）	后测（%）	前测（%）	后测（%）	前测（%）	后测（%）
高低年级组	依靠	61.7	7.5	47.5	48.3	35.8	15.8
	中间	38.3	90.8	51.7	46.7	63.3	74.2
	不靠	0	1.7	0.8	5	0.8	10
	小计	100	100	100	100	100	100
同伴组	依靠	74	9.6	80.2	56.5	35	20.3
	中间	26	88.7	19. 8	42.4	63.3	66.7
	不靠	0	1.7	0	1.1	1.7	13
	小计	100	100	100	100	100	100
个人学习组	依靠	56.2	13.5	75	57.3	24	30.2
	中间	43.8	82.3	25	41.7	72.9	62.5
	不靠	0	4.2	0	1	3.1	7.3
	小计	100	100	100	100	100	100

表5－13所得结果与表5－12有点不同，但是基本走向是一致的。第一种“依靠他人学习方式”，四个学习小组的前后测走向基本一致，后测中半数以上的学生是居于中间地带，后测较前测的比例有大幅提高，特别是师生组从25.3%提高到90.1%，表明教师的作用很大；第二种“依靠个人学习方式”，高低年级组中间后测比例下降，其余组的后测中间比例均有所提高；第三种“依靠物体学习方式”，个人学习组的依靠性略为提高，其余三组则都下降。

总体来看，经过三个月的实施社会文化理论融入语用习得教学的实验，学生的学习方式发生了变化，对教师和同学的指点与讨论以及借助物体提高学习的意识增强，表明他们对本研究的教学模式是认可的。

为了进一步了解学生参与了同伴小组活动和与高年级学长讨论后对合作学习方式的态度，本研究又进行了进一步问卷调查，量化结果也分预实验和正式实验列出，并进行分析，具体见表5－14和表5－15：

表 5－14　预实验学生对合作学习的态度

合作方式	与同班同学合作学习				与高年级同学合作学习			
小组	喜欢（%）	不喜欢（%）	不知道（%）	小计（%）	喜欢（%）	不喜欢（%）	不知道（%）	小计（%）
师生组	81. 1	12. 2	6. 8	100	60. 8	28. 4	10. 8	100
同伴组	73. 8	6	20. 2	100	54. 2	13. 1	32. 1	100
个人学习组	92	4	4	100	78	12	10	100

从表 5－14 可以看出，三个学习小组对与同班同学合作学习及与高年级同学合作学习的喜欢程度都明显高于不喜欢的程度。这表明本研究的教学模式得到了学生的普遍认可，当然，与高年级同学合作的喜欢程度要低些。当我们在问卷中进一步追问“喜欢”或“不喜欢”的原因时，多数喜欢与同班同学合作学习的学生回答，“因为平时就很熟，合作学习时会觉得很放松，没有压力，效率也更高”。当然，不喜欢的理由也很充分，如，学生达不到老师的水平，同学之间的错误可能会相互影响。同样，喜欢与高年级同学合作学习的同学表示，高年级同学有比他们更丰富的学习经验和技巧，有疑惑的地方常常也可以向“过来人”咨询；不喜欢的也表示，和高年级同学没什么共同语言，很拘谨；当然，若他们的水平不高，也会影响学习效果。有趣的是，个人学习组的喜欢程度甚至高于其他两组，这有可能是他们看见别的组有机会与同伴或高年级同学合作学习，很向往，因此表达了自己的极高愿望。

我们还发现多数学生喜欢小组讨论的学习方式，他们在报告中都谈到了学习体会，他们认为通过这种学习方式，增强了开口说英语的信心，同时还有利于扩大他们的知识面，也增加了同学间的友谊。学生这样写道：“From the discussion，we can learn much：concerning friendship，knowledge and cooperation.”这些体会是学生自己自愿报告的，这表明学生很认可这种学习模式。

表 5－15 得到了同样结果，不过两者的喜欢程度比预实验的比例要低些。

表 5－15　正式实验学生对合作学习的态度

合作方式	与同班同学合作学习				与高年级同学合作学习			
小组	喜欢（%）	不喜欢（%）	不知道（%）	小计（%）	喜欢（%）	不喜欢（%）	不知道（%）	小计（%）
师生组	89	2.2	8.8	100	46.2	33	20.9	100
高低年级组	71.7	12.5	15.8	100	58.3	17.5	24.2	100
同伴组	83.6	10.2	6.2	100	46.3	33.9	19.8	100
个人学习组	89.6	5.2	5.2	100	55.2	30.2	14.6	100

为了更进一步说明学生对三种学习方式的认可度，下面将根据四个学习小组前后测结果进行分析。

5.3.2　两次实验对第一种学习方式——他人调节的认可度

他人调节方式包括 4 个方面：教师讲解、同伴讨论、咨询教师、咨询同学，分别描述如下：

1. 教师讲解认可度

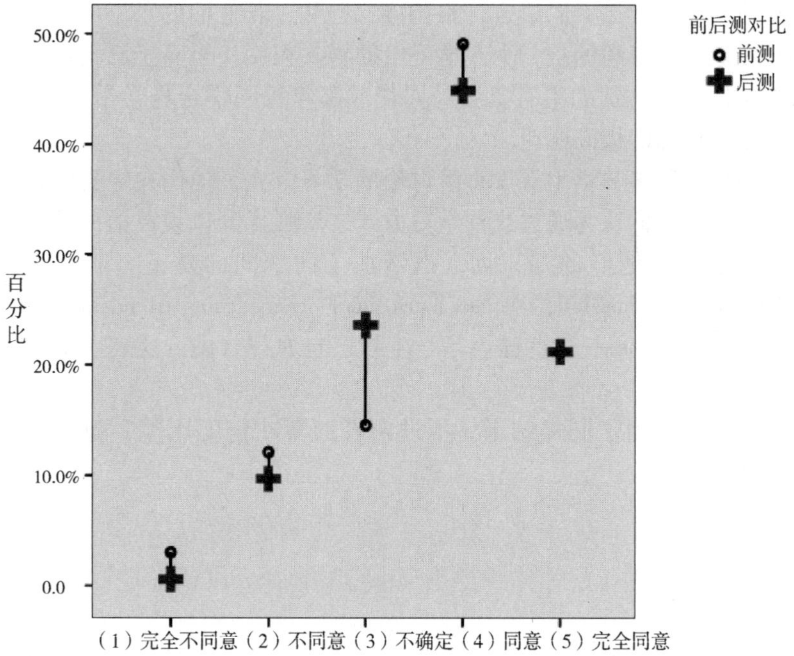

图 5－1a　两次实验师生组对教师讲解的认可度

图 5 - 1a 是两次实验师生组对教师讲解的认可度，可以看出，后测（标记为“+”）选择（1）和（2），即完全不同意和不同意等级的比例比前测（标记为“○”）低，选择（5）完全同意等级前后测几乎没变化，都是稍超 20%。后测选（3）不确定等级的比例比前测高。总体说明经过学习后，师生组学生对于教师讲解方式的认可度在实验后朝认可趋向走。

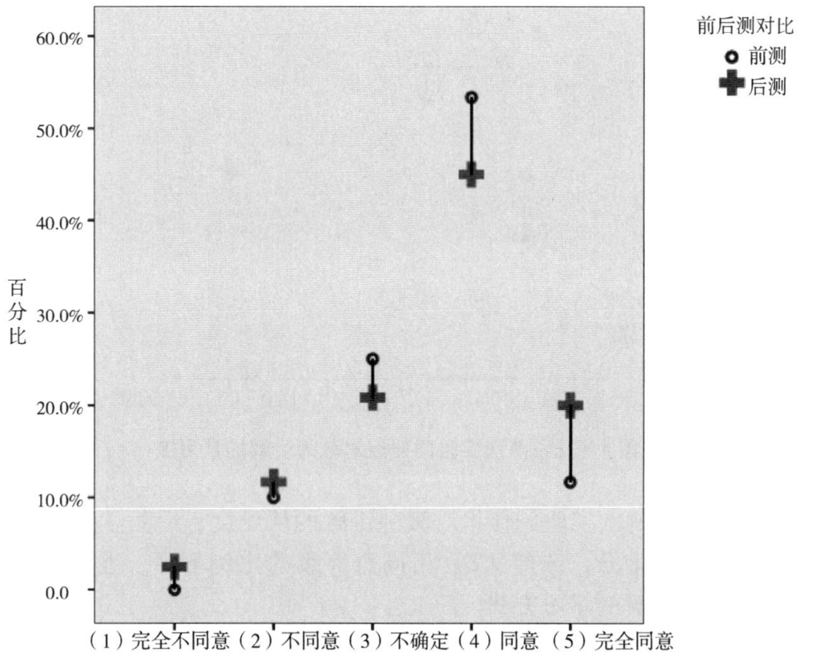

图 5 - 1b　两次实验高低年级组对教师讲解的认可度

图 5 - 1b 是两次实验高低年级组对教师讲解的认可度，后测选择（1）完全不同意和（2）不同意等级的比例上升，后测选择（3）不确定和（4）同意等级的比例下降，选择（5）完全同意等级的比例上升。总体来看，高低年级组学生不太认可教师的讲解方式。

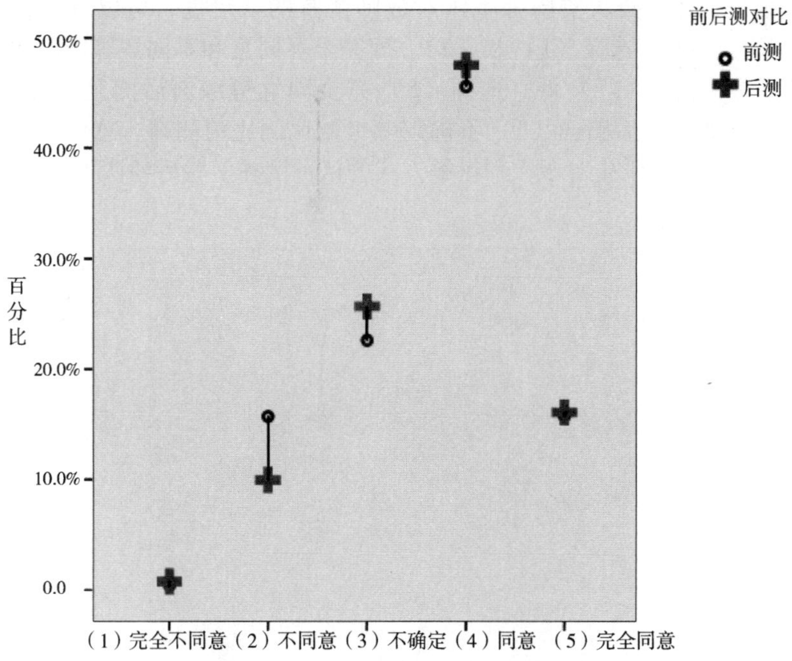

图 5－1c　两次实验同伴组对教师讲解的认可度

图 5－1c 是两次实验同伴组对教师讲解的认可度，后测学生选择（4）同意等级的比例上升，选择（2）不同意等级的比例下降，表明该组学生比较认可教师讲解的学习方式。

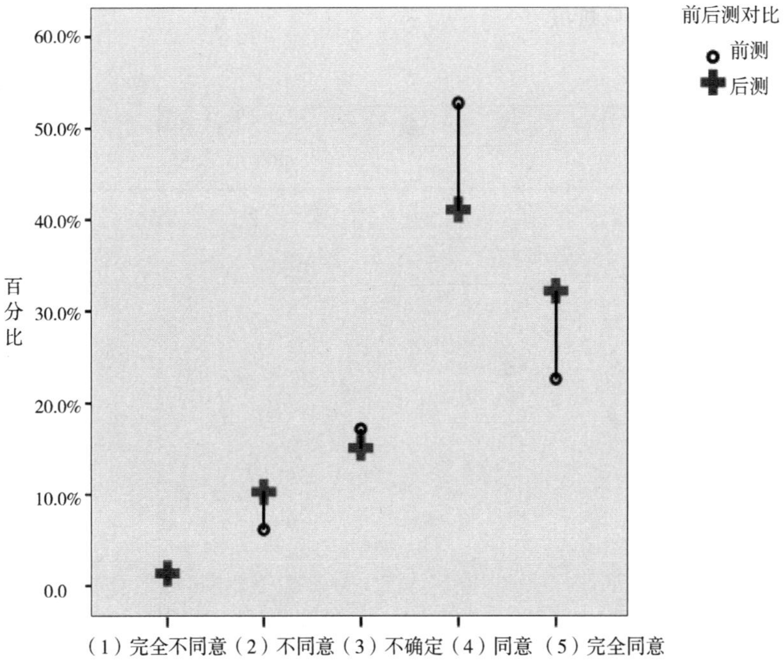

图 5 - 1d　两次实验个人学习组对教师讲解的认可度

图 5 - 1d 是两次实验个人学习组对教师讲解的认可度，该组学生后测选择（3）不确定和（4）同意等级的比例下降，尽管选择（5）完全同意的比例上升，但仍可表明该组学生不太认可教师讲解的学习方式。

2. 同伴讨论认可度

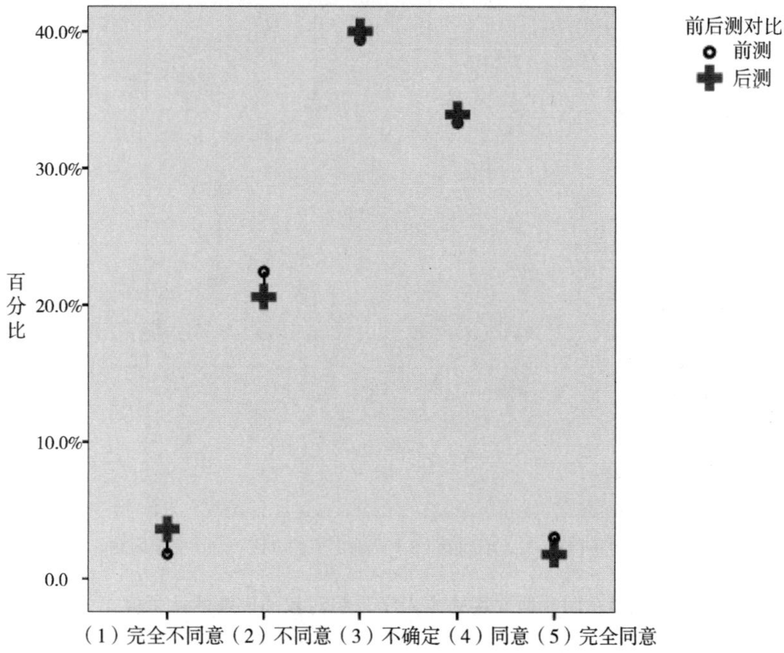

图 5－2a　两次实验师生组对同伴讨论的认可度

图 5－2a 是两次实验师生组对同伴讨论的认可度，图中前后测在(3)～(5)等级上的两个点几乎重叠，表明没有根本区别。但是，前后测选择(3)不确定等级的比例较高，达到 40% 左右，说明该组学生对该学习方式的认可情况有不确定因素。

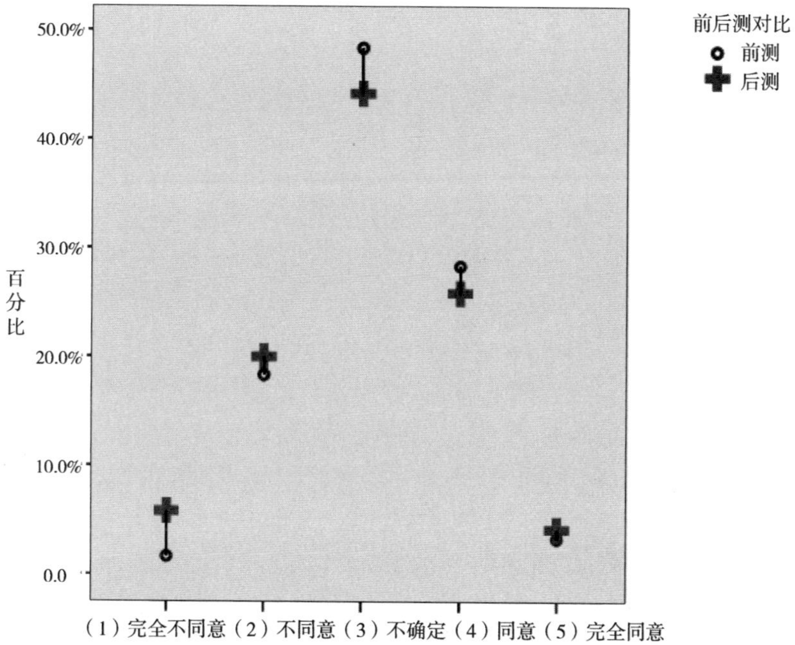

图 5-2b　两次实验高低年级组对同伴讨论的认可度

图 5-2b 是两次实验高低年级组对同伴讨论的认可度，后测中学生选择（1）完全不同意和（2）不同意等级的比例提高，（3）不确定和（4）同意等级的比例下降，（5）完全同意等级的比例与前测几乎重叠，说明该组学生实验后不太认可同伴讨论的学习方式。

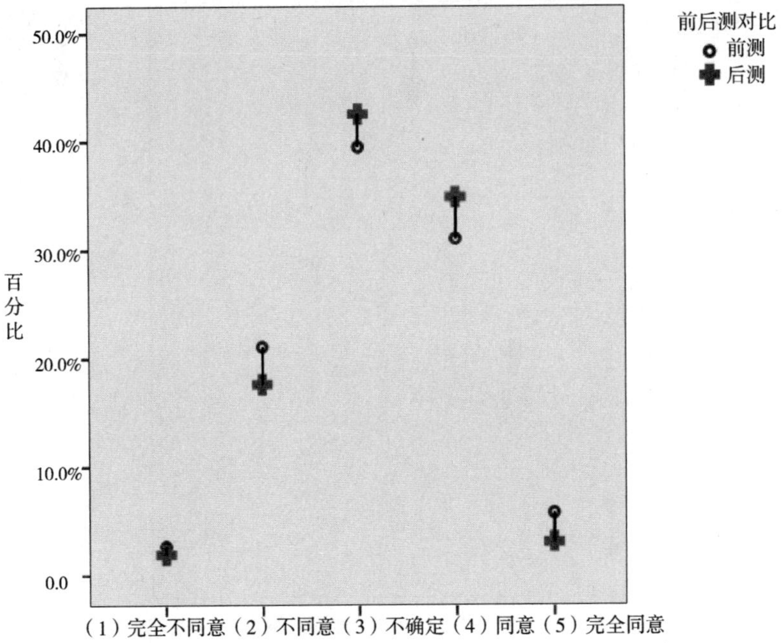

图 5-2c　两次实验同伴组对同伴讨论的认可度

图 5-2c 是两次实验同伴组对同伴讨论的认可度，学生在后测中选择（1）完全不同意和（2）不同意等级的比例下降，（3）不确定和（4）同意等级的比例上升，尽管（5）完全同意等级的比例下降，但总体还是表明该组学生认可同伴讨论的学习方式。

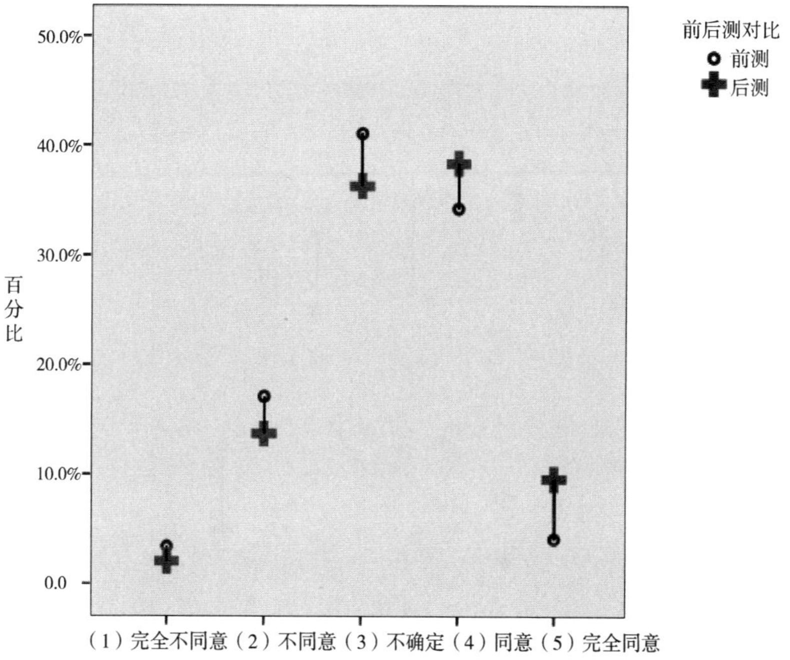

图 5-2d　两次实验个人学习组对同伴讨论的认可度

图 5-2d 是两次实验个人学习组对同伴讨论的认可度，该组学生在后测中选择（1）完全不同意和（2）不同意以及（3）不确定等级的比例下降，而（4）同意和（5）完全同意等级上升，表明该组学生很认可同伴讨论的学习方式。

3. 咨询教师认可度

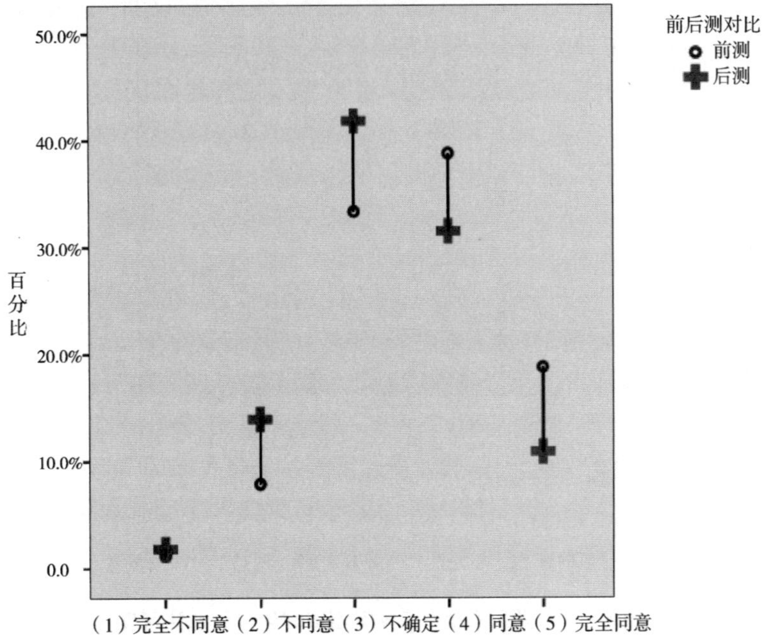

图 5-3a　两次实验师生组对咨询教师的认可度

图 5-3a 是两次实验师生组对咨询教师的认可度，该组学生在后测中选择（3）不确定和（2）不同意等级的比例升高，而选择（4）同意和（5）完全同意等级的比例下降，表明学生不认可咨询教师的方式。

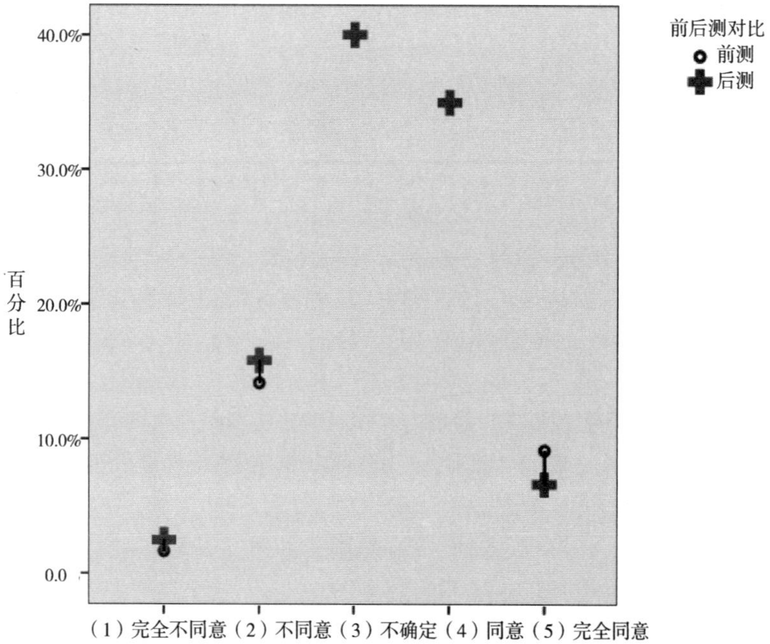

图 5－3b　两次实验高低年级组对咨询教师的认可度

图 5－3b 是两次实验高低年级组对咨询教师的认可度，该组学生在后测中选择（1）完全不同意和（2）不同意等级的比例提高，选择（3）不确定和（4）同意等级的前后测比例重叠，没有变化，选择（5）完全同意等级的比例下降，说明该组学生不认可咨询教师的学习方式。

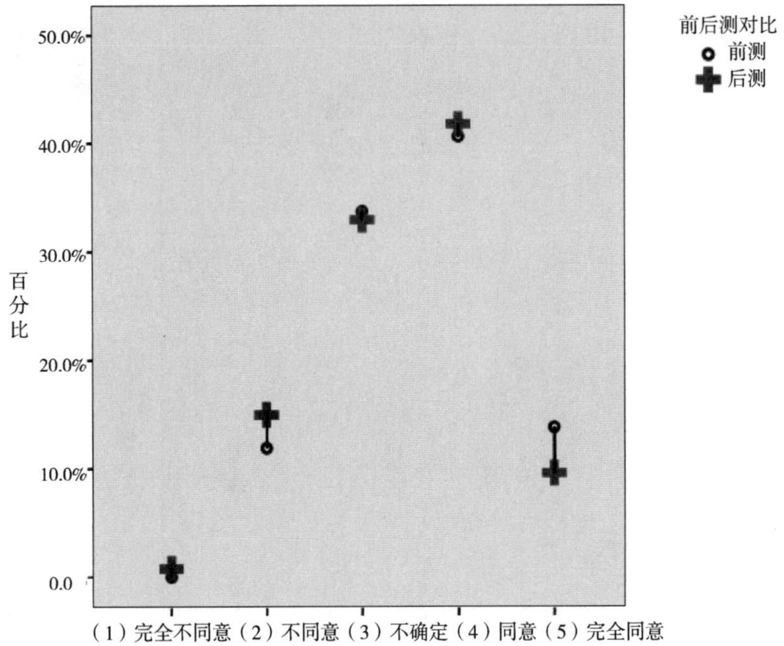

图 5－3c　两次实验同伴组对咨询教师的认可度

图 5－3c 是两次实验同伴组对咨询教师的认可度，该组学生在后测中选择（1）完全不同意和（2）不同意等级的比例上升，选择（5）完全同意等级的比例下降，选择（4）同意等级的比例略为上升，但总体表明该组学生不认可咨询教师的学习方式。

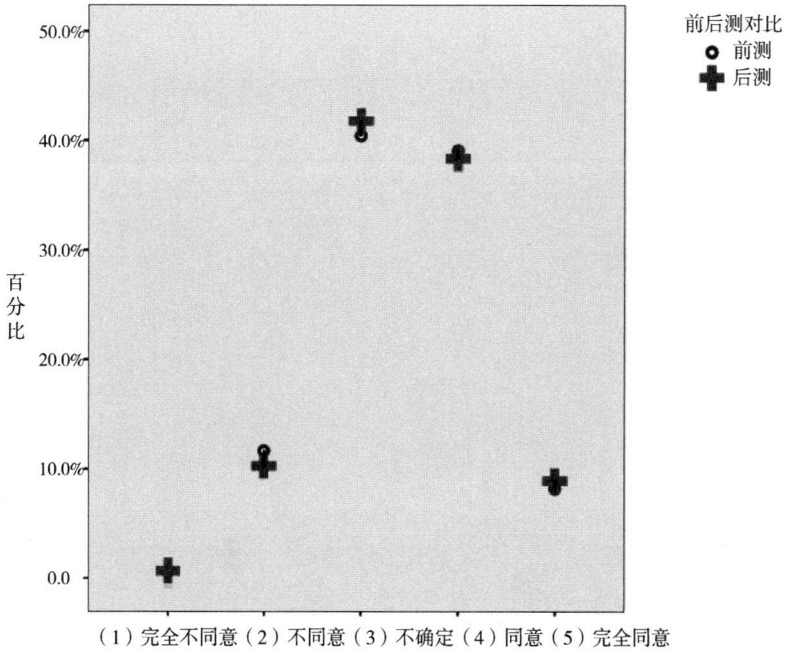

图 5-3d　两次实验个人学习组对咨询教师的认可度

图 5-3d 是两次实验个人学习组对咨询教师的认可度，由图可看出，(1)～(5) 前后测的选择几乎重叠，没有变化。但是选择（3）不确定和（4）同意等级的比例较高，都在 40% 左右，因此说明对于咨询教师这种学习方式，该组学生介于不确定和认可之间。

4. 咨询同学认可度

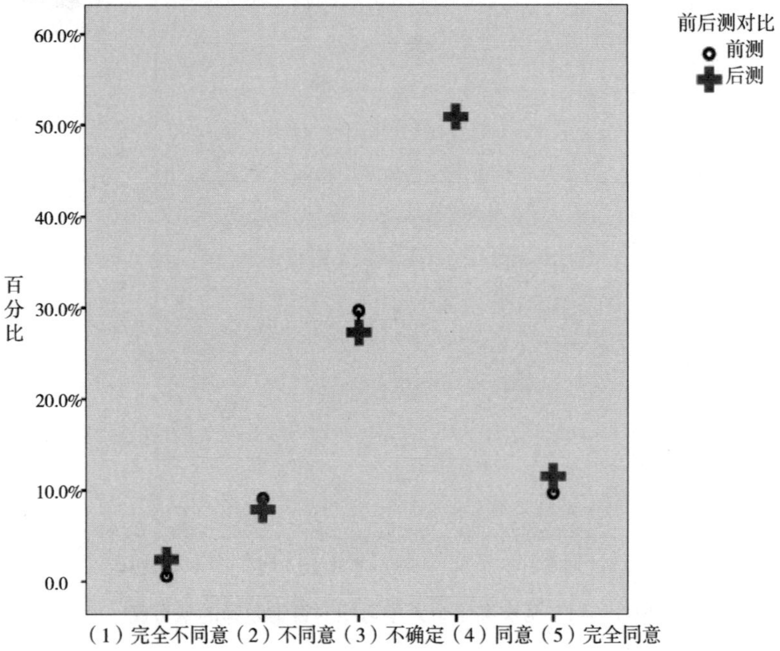

图5－4a　两次实验师生组对咨询同学的认可度

图5－4a是两次实验师生组对咨询同学的认可度，该组学生在(1)～(5)等级的前后测比例变化不大。但选择（4）同意等级的前后测比例均在50%以上，可以看出学生一直比较乐意咨询同学。后测选择（5）完全同意等级的比例也略有上升。因此说明该组学生比较认可咨询同学的方式。

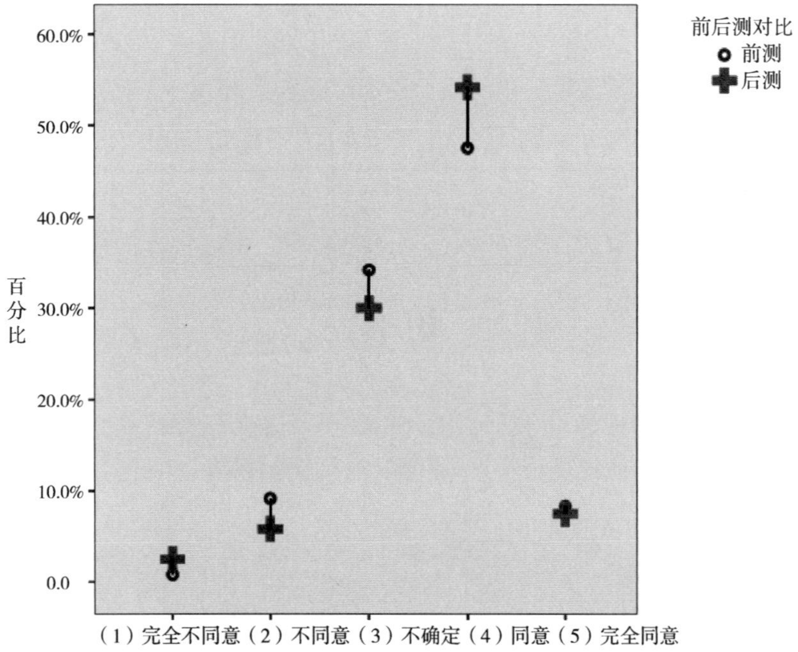

图 5－4b　两次实验高低年级组对咨询同学的认可度

图 5－4b 是两次实验高低年级组对咨询同学的认可度，该组学生在后测中选择（2）不同意和（3）不确定等级的比例下降，（4）同意等级的比例上升，这说明该组学生认可咨询同学的方式。

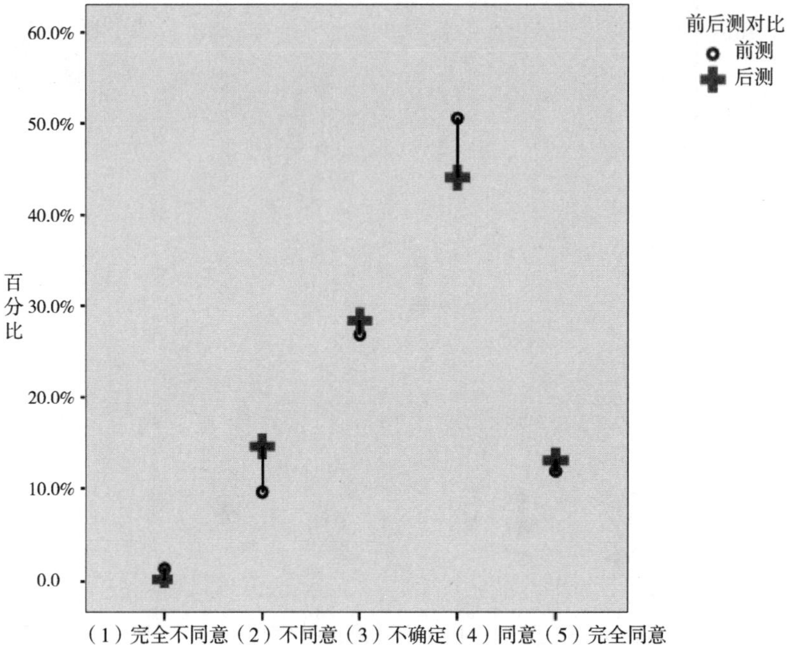

图 5-4c　两次实验同伴组对咨询同学的认可度

图 5-4c 是两次实验同伴组对咨询同学的认可度，该组学生选择（2）不同意和（3）不确定等级的比例上升，而（4）同意等级的比例下降，说明该组学生不认可咨询同学的方式。

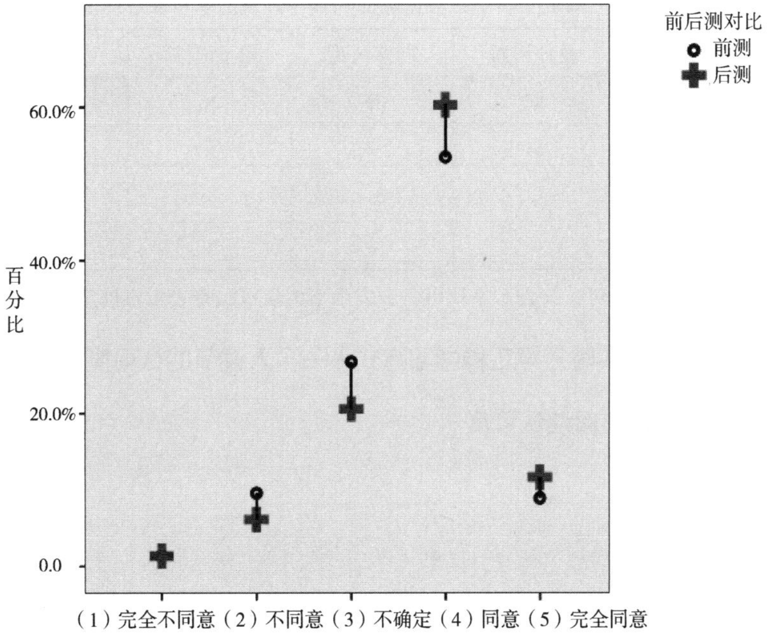

图5－4d　两次实验个人学习组对咨询同学的认可度

图5－4d是两次实验个人学习组对咨询同学的认可度，该组学生在后测中选择（2）不同意和（3）不确定等级的比例下降，而（4）同意和（5）完全同意等级的比例上升，说明该组学生认可咨询同学的方式。

以上图5－1a到图5－4d可以归纳如表5－16，总体来看，学生认可的程度略高于不认可，有7个“√”，4个“×”；纵向来看，对教师讲解方式认可与不太认可程度各占一半，同伴讨论也是认可占一半，有问题时学生不愿意咨询教师，而愿意咨询学生；横向来看，师生组对依靠他人学习方式的认可程度占一半，高低年级组学生不认可程度更高一些，同伴组和个人学习组认可占一半。按理说，师生组、高低年级组和同伴组对依靠他人学习应当是最支持的，因为他们从他人的帮助中受益最大，但结果却是不喜欢的程度较高。由此再次表明他人的帮助是有限制的，并不是最好的。

表 5-16　四个学习小组对依靠他人学习方式的认可度总结表

组别	教师讲解	同伴讨论	咨询教师	咨询同学
师生组	√	※	×	√
高低年级组	≠	≠	×	√
同伴组	√	√	×	×
个人学习组	≠	√	※	√

注：√ 表示认可，×表示不认可，≠表示不太认可，※表示不确定

5.3.3　两次实验对第二种学习方式——个人调节的认可度

1. 个人朗读和阅读认可度

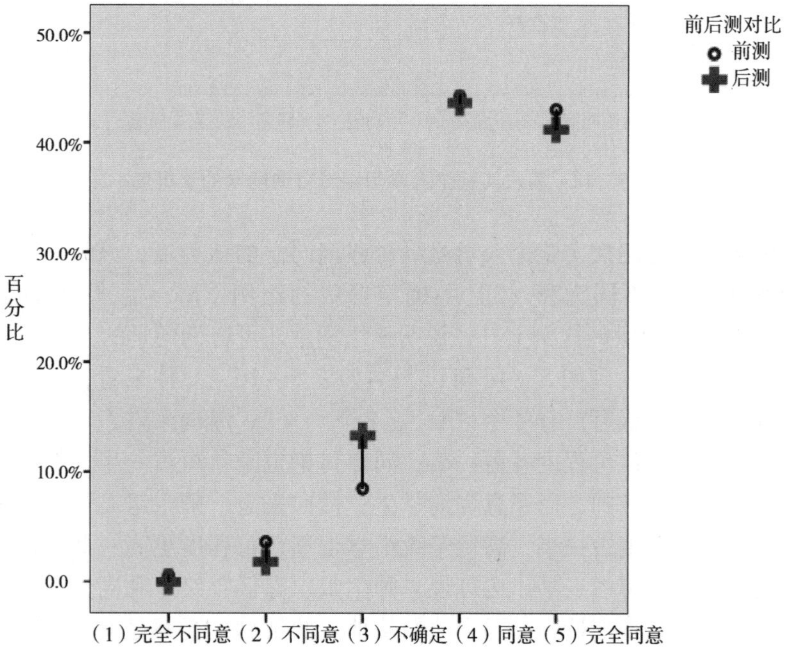

图 5-5a　两次实验师生组对个人朗读和阅读的认可度

图 5-5a 是两次实验师生组对个人朗读和阅读的认可度，该组学生后测选择（5）完全同意等级的比例下降，（3）不确定等级的比例上升。选择（4）同意和（5）完全同意等级的比例较高，均在 40% 以上，选择（2）不同意和（1）完全不同意等级的比例很低，表明后测中学生对个人朗读和阅读的学习方式还是比较认可的。

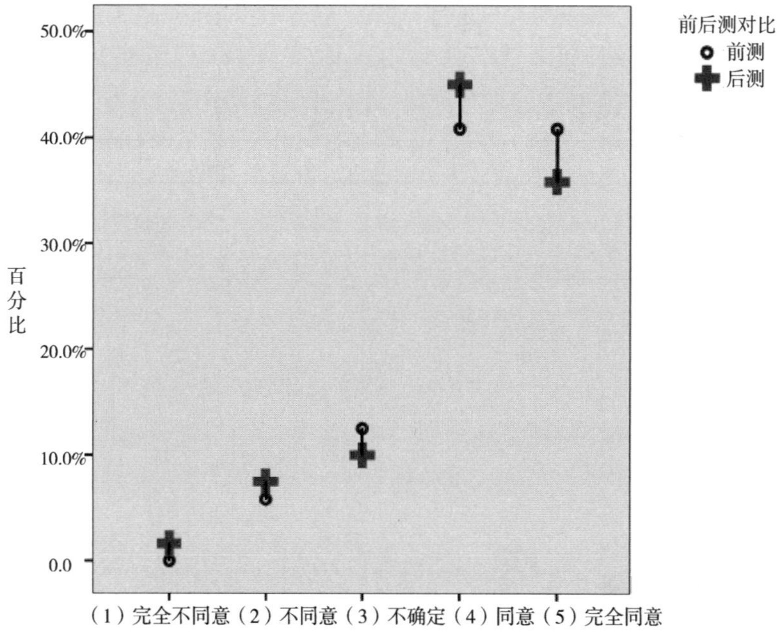

图 5－5b　两次实验高低年级组对个人朗读和阅读的认可度

图 5－5b 是两次实验高低年级组对个人朗读和阅读的认可度，该组学生后测选择（1）完全不同意、（2）不同意等级的比例稍有上升，选择（4）同意等级的比例上升较大，选择（5）完全同意等级的比例有所下降，总体说明该组学生认可个人自己朗读和阅读的学习方式。

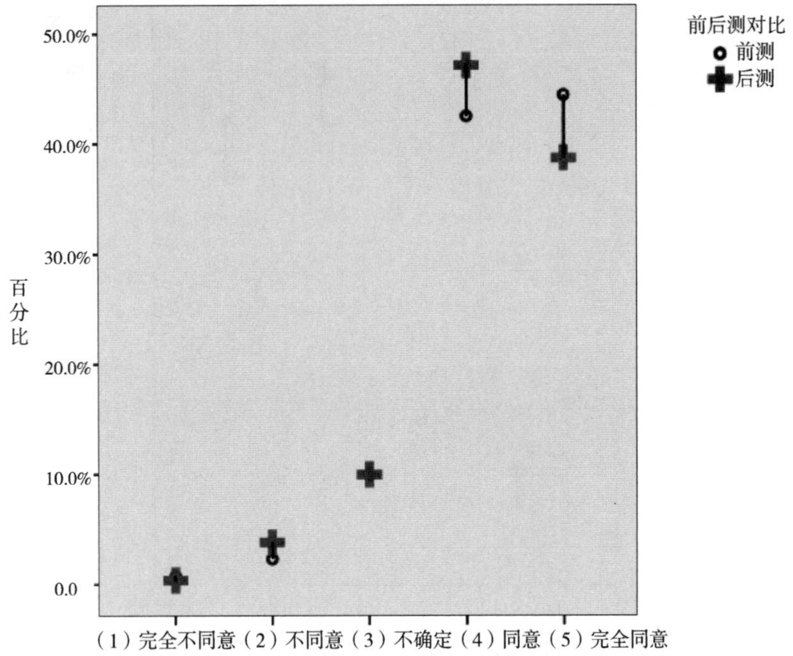

图 5－5c　两次实验同伴组对个人朗读和阅读的认可度

图 5－5c 是两次实验同伴组对个人朗读和阅读的认可度，该组学生后测选择（2）不同意等级的比例上升，（4）同意等级的比例也上升，选择（5）完全同意等级的比例有所下降，总体说明该组学生还是认可个人朗读和阅读的学习方式。

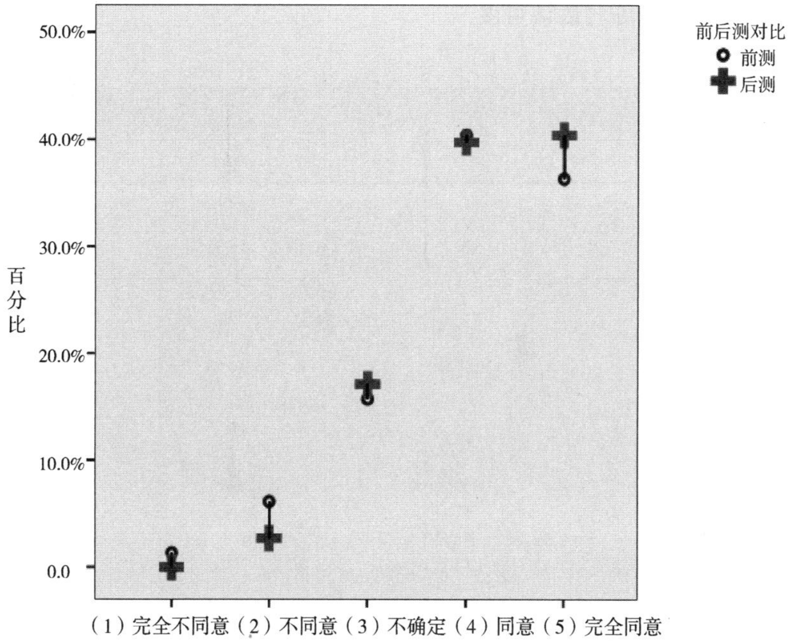

图 5－5d　两次实验个人学习组对个人朗读和阅读的认可度

图 5－5d 是两次实验个人学习组对个人朗读和阅读的认可度，该组学生后测中选择（1）完全不同意和（2）不同意等级的比例下降，选择（5）完全同意等级的比例上升，（4）同意等级的比例与前测重叠，说明该组学生很认可个人朗读和阅读的学习方式。

2. 自言自语练对话认可度

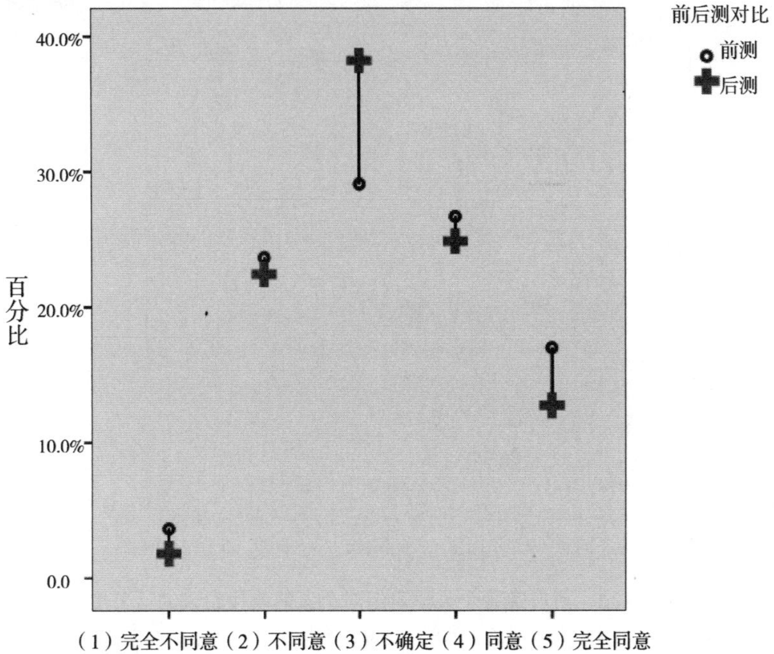

图 5－6a　两次实验师生组对自言自语练对话的认可度

图 5－6a 是两次实验师生组对自言自语练对话的认可度，该组学生后测的选择均较前测下降，只有（3）不确定等级的比例上升，说明该组学生很不认可自言自语练对话的学习方式。

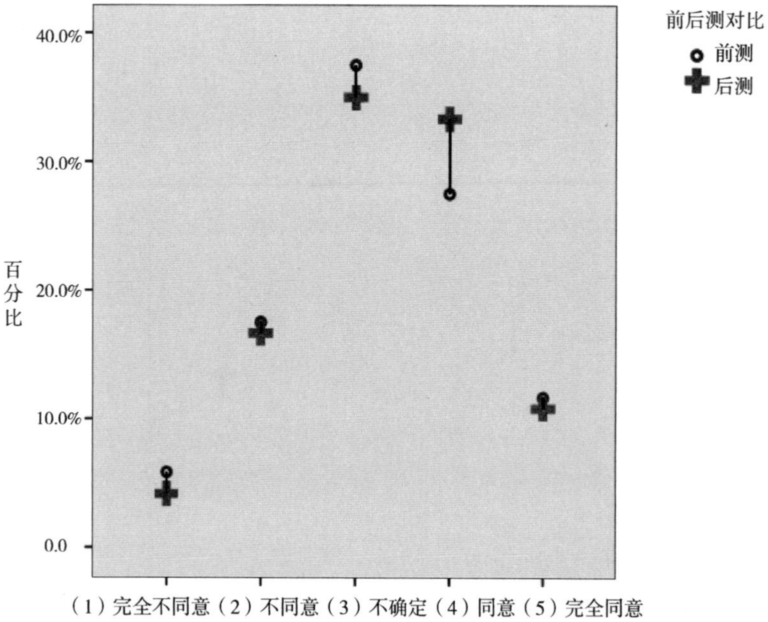

图 5－6b　两次实验高低年级组对自言自语练对话的认可度

图 5－6b 是两次实验高低年级组对自言自语练对话的认可度，该组学生后测选择（1）完全不同意、（2）不同意和（3）不确定等级的比例都下降，选择（4）同意等级的比例上升较多，说明该组学生认可自言自语练对话的方式。

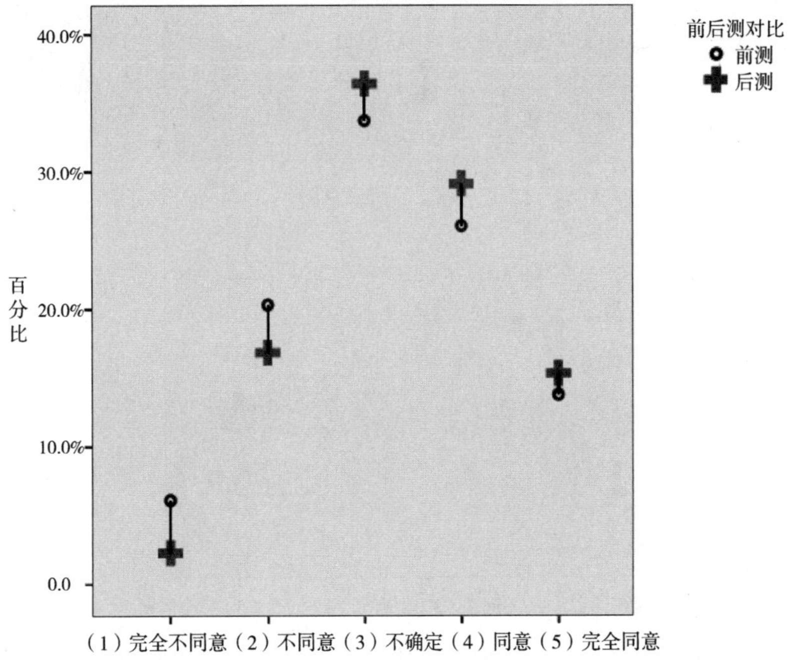

图 5-6c　两次实验同伴组对自言自语练对话的认可度

图 5-6c 是两次实验同伴组对自言自语练对话的认可度，该组学生后测选择（1）完全不同意、（2）不同意等级的比例下降，选择（4）同意、（5）完全同意等级的比例上升，说明此组学生很认可自言自语练对话的学习方式。

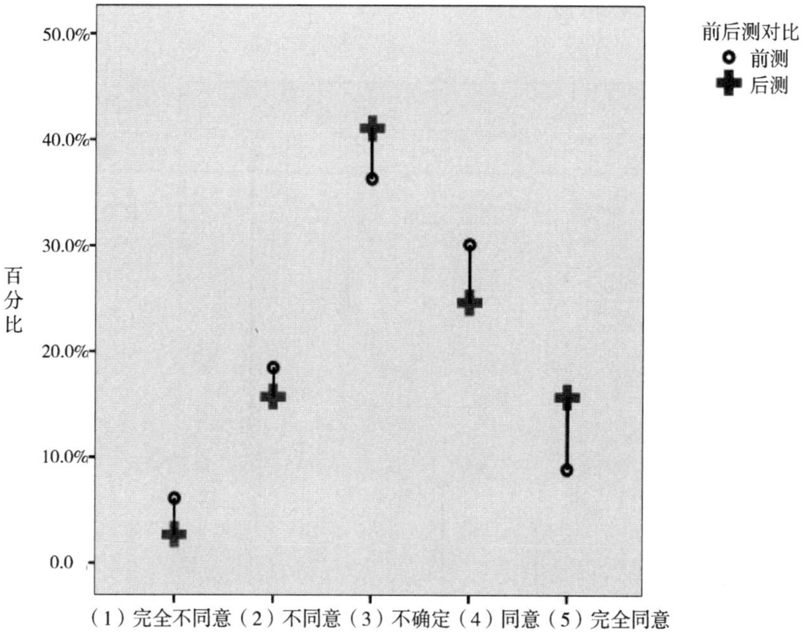

图 5 - 6d　两次实验个人学习组对自言自语练对话的认可度

图 5 - 6d 是两次实验个人学习组对自言自语练对话的认可度，该组学生后测选择（1）完全不同意、（2）不同意等级的比例下降，选择（4）同意等级的比例也下降，尽管选择（5）完全同意等级的比例上升，但是选取（3）不确定等级的比例上升较高，达到 40% 以上，说明该组学生对自言自语练对话学习方式不确定是否认可。

3. 个人记单词认可度

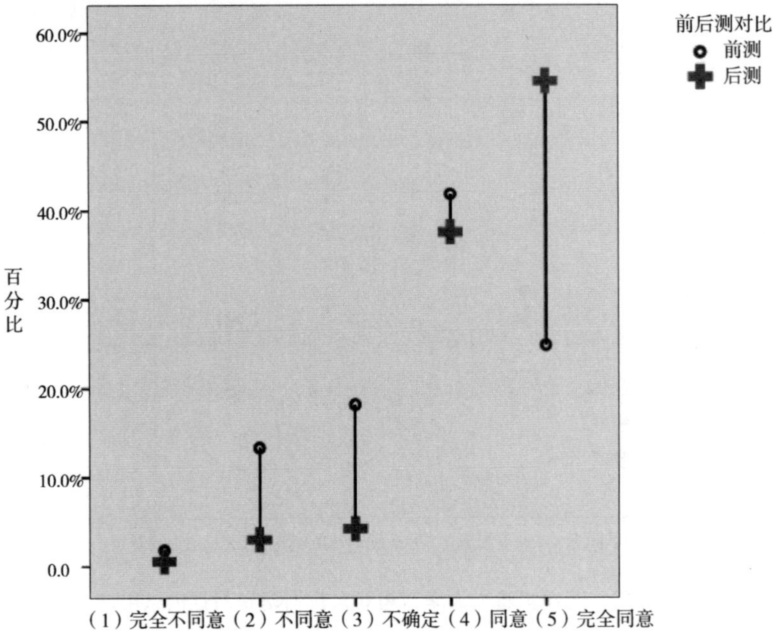

图 5-7a　两次实验师生组对个人记单词的认可度

图 5-7a 是两次实验师生组对个人记单词的认可度，该组学生后测选择（1）完全不同意、（2）不同意、（3）不确定和（4）同意等级的比例下降，选择（5）完全同意等级的比例上升，总体来看不认可程度下降，认可程度上升，表明该组学生认可个人记单词的学习方式。

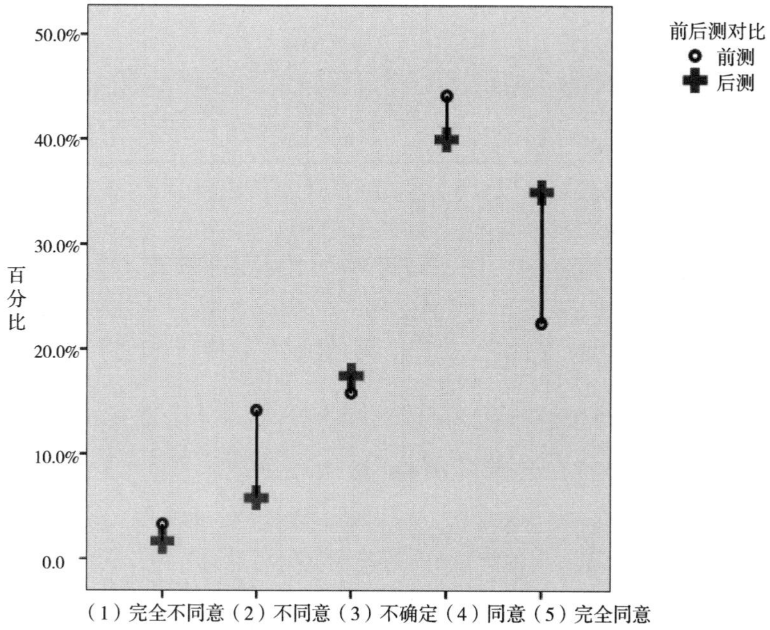

图 5－7b　两次实验高低年级组对个人记单词的认可度

图 5－7b 是两次实验高低年级组对个人记单词的认可度，该组学生后测选择（1）完全不同意、（2）不同意等级的比例下降，选择（5）完全同意等级的比例上升较多，尽管选择（4）同意等级的比例略为下降，但仍然说明该组学生比较认可个人记单词的学习方式。

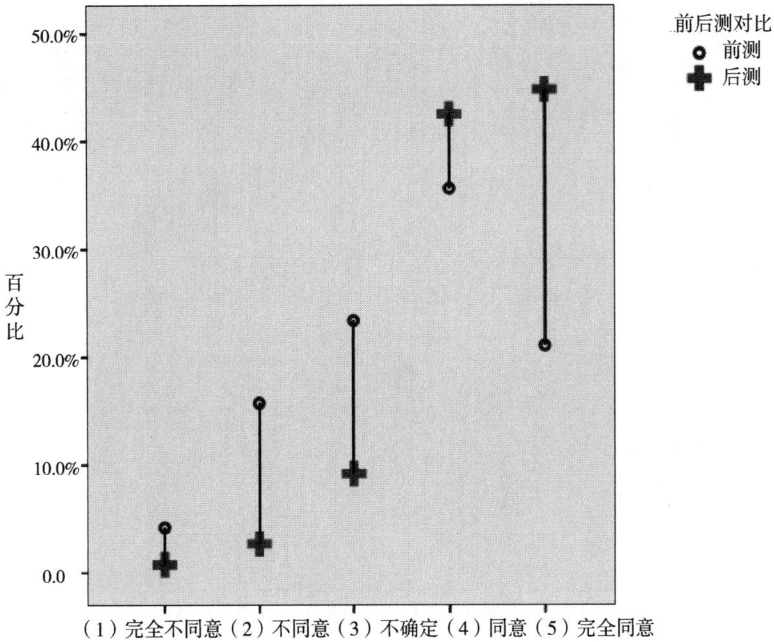

图 5－7c　两次实验同伴组对个人记单词的认可度

图 5－7c 是两次实验同伴组对个人记单词的认可度，该组学生后测选择（1）完全不同意、（2）不同意和（3）不确定等级的比例都下降，选择（4）同意和（5）完全同意等级的比例上升，表明该组学生很认可个人记单词的学习方式。

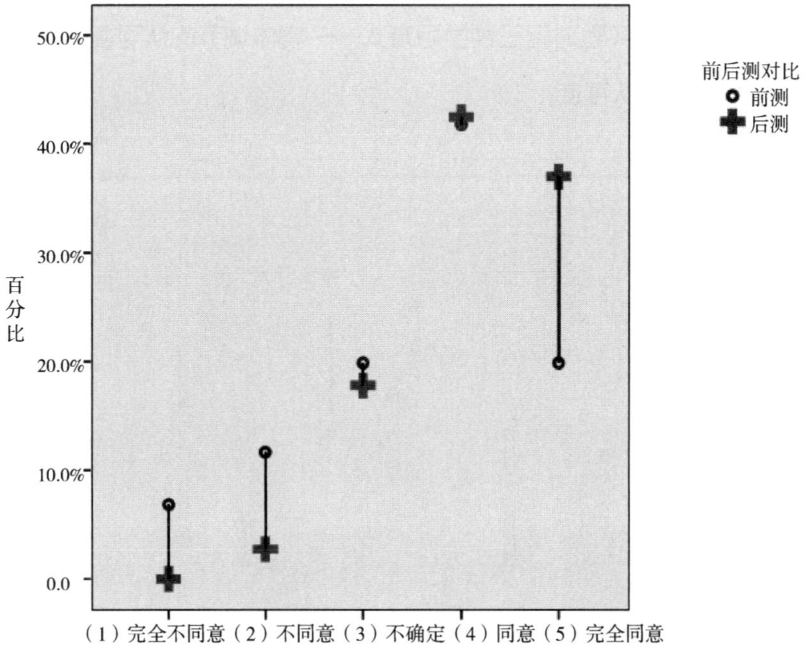

图 5-7d　两次实验个人学习组对个人记单词的认可度

图 5-7d 是两次实验个人学习组对个人记单词的认可度，该组学生后测选择（1）完全不同意、（2）不同意和（3）不确定等级的比例都下降，选择（4）同意等级的比例与前测几乎重叠，选择（5）完全同意等级的比例上升较多，说明该组学生很认可个人记单词的学习方式。

以上图 5-5a 到图 5-7d 可以归纳如表 5-17，总体来看，学生认可的程度大大高于不认可，有 10 个"√"，只有 1 个"×"；纵向来看，对个人朗读和阅读方式、个人记单词的方式都非常认可，对自言自语练对话的方式有一半人认可；横向来看，师生组对依靠个人学习方式的认可程度多于不认可，有 2 个"√"，高低年级组与同伴组则很认可，个人学习组也认可，有 2 个"√"。说明个人学习方式受不同组学生青睐。

表 5-17　四个学习小组对依靠个人学习方式的认可度总结表

组别	个人朗读和阅读	自言自语练对话	个人记单词
师生组	√	×	√
高低年级组	√	√	√
同伴组	√	√	√
个人学习组	√	※	√

注：√ 表示认可，× 表示不认可，※表示不确定

5.3.4 两次实验对第三种学习方式——物体调节的认可度

1. 网络学习认可度

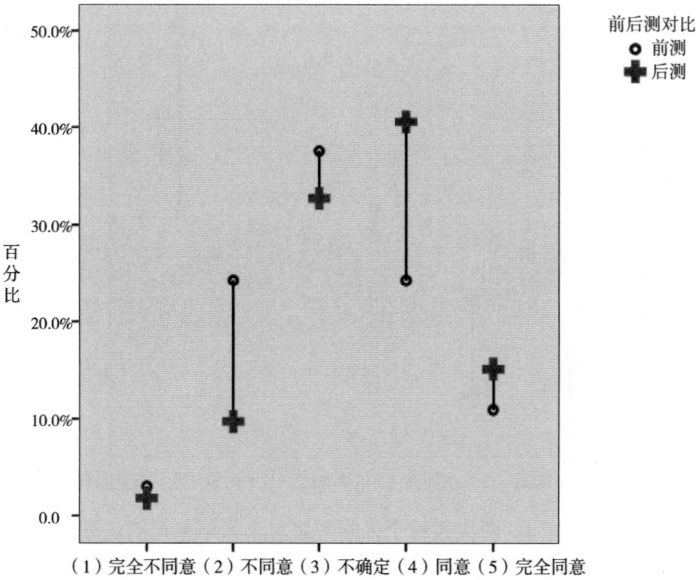

图 5－8a　两次实验师生组对依靠网络学习的认可度

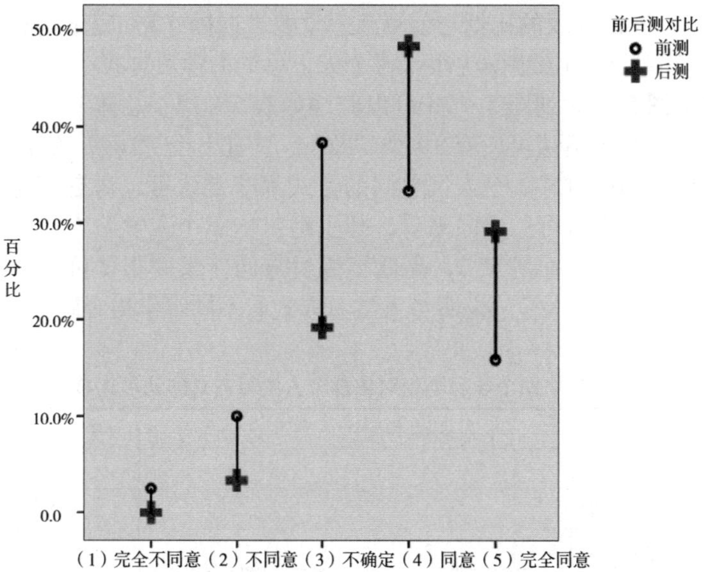

图 5－8b　两次实验高低年级组对依靠网络学习的认可度

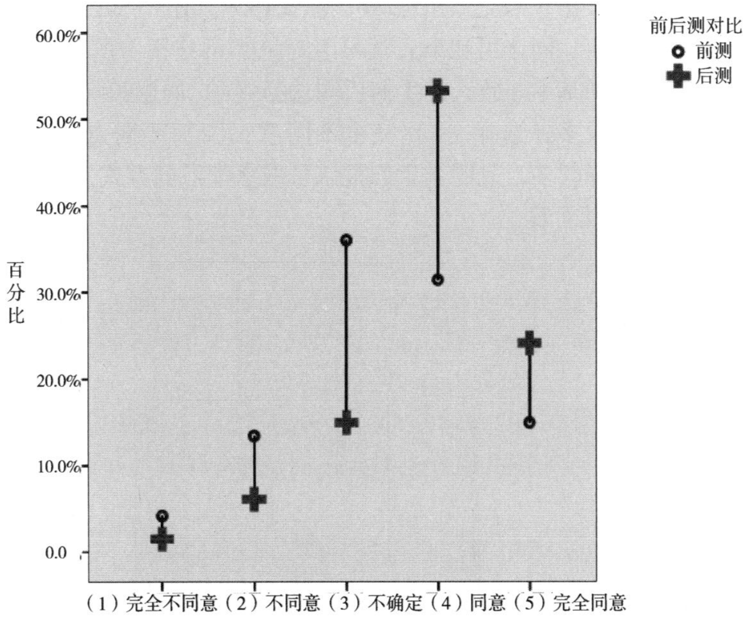

图 5-8c　两次实验同伴组对依靠网络学习的认可度

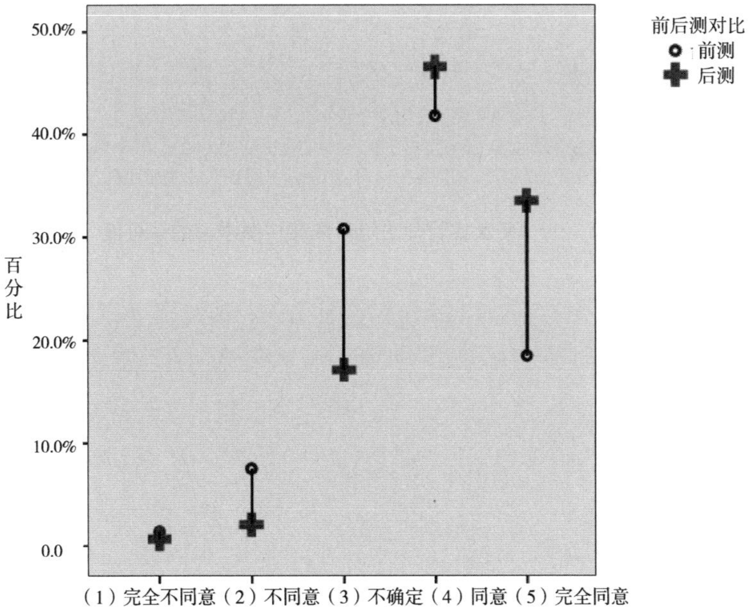

图 5-8d　两次实验个人学习组对依靠网络学习的认可度

上列四张图：图 5 – 8a、图 5 – 8b、图 5 – 8c、图 5 – 8d 是两次实验师生组、高低年级组、同伴组和个人学习组对依靠网络学习的认可度，四个组的学生后测选择基本一致，学生们后测选择（4）同意和（5）完全同意等级的比例上升较多，选择（1）完全不同意、（2）不同意和（3）不确定等级的比例下降较多，表明学生们很认可网络学习的方式。

2. **广播学习认可度**

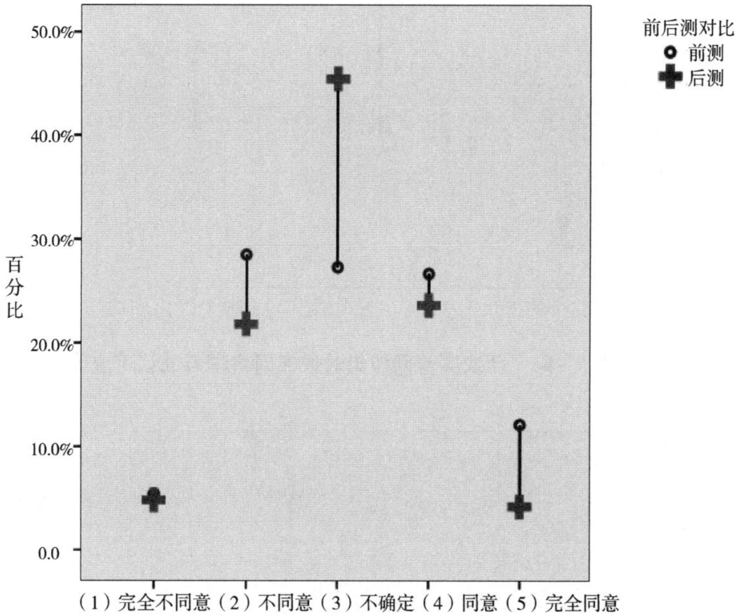

图 5 – 9a　两次实验师生组对依靠广播学习的认可度

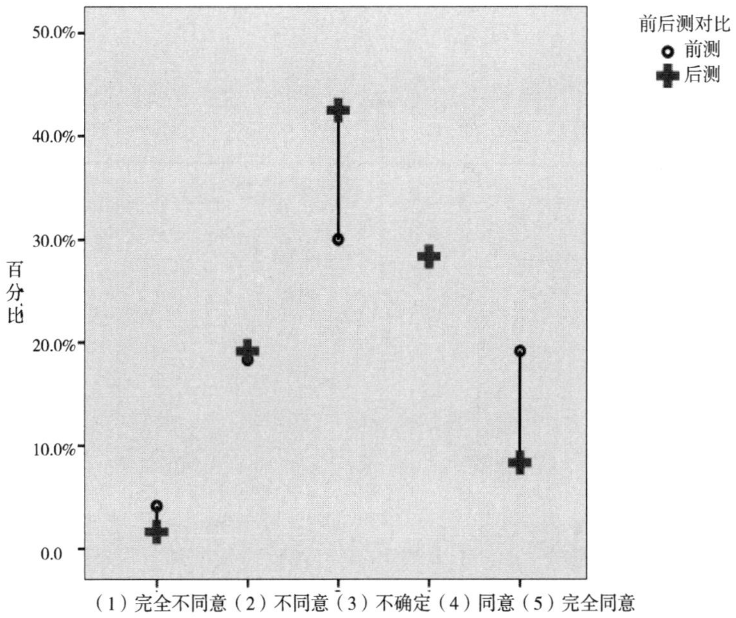

图 5－9b　两次实验高低年级组对依靠广播学习的认可度

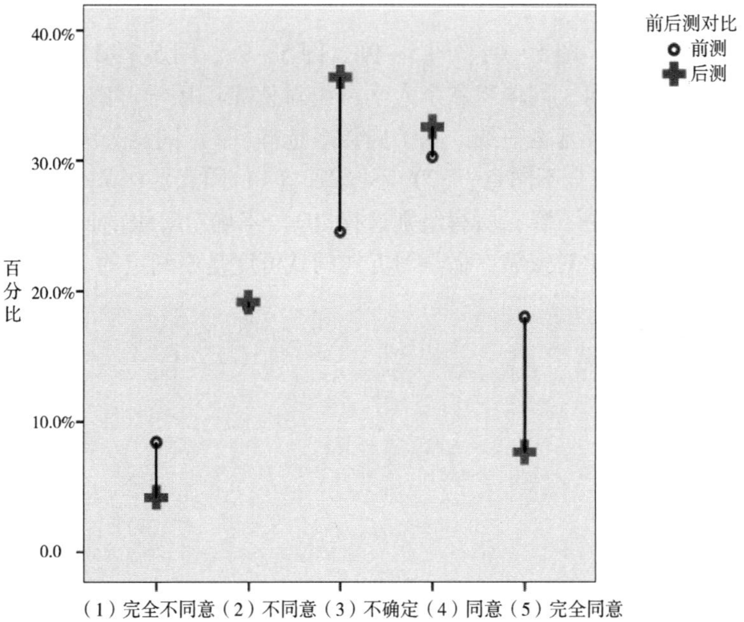

图 5－9c　两次实验同伴组对依靠广播学习的认可度

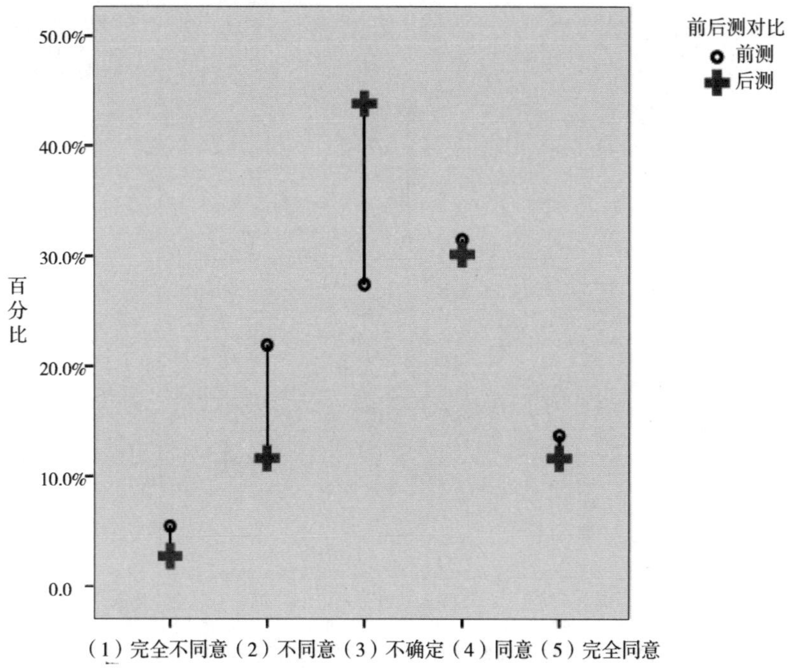

图 5-9d　两次实验个人学习组对依靠广播学习的认可度

上列四张图：图 5-9a、图 5-9b、图 5-9c、图 5-9d 是两次实验师生组、高低年级组、同伴组和个人学习组对依靠广播学习的认可度，四个组的学生后测选择基本一致，除了同伴组选择（4）同意等级的比例上升，各组选择（1）完全不同意、（2）不同意、（4）同意、（5）完全同意等级的的比例几乎都是下降，所有组别选择（3）不确定等级的比例上升较多。总体说明四组学生对依靠广播学习方式的认可度是不确定的。

3. 电视认可度

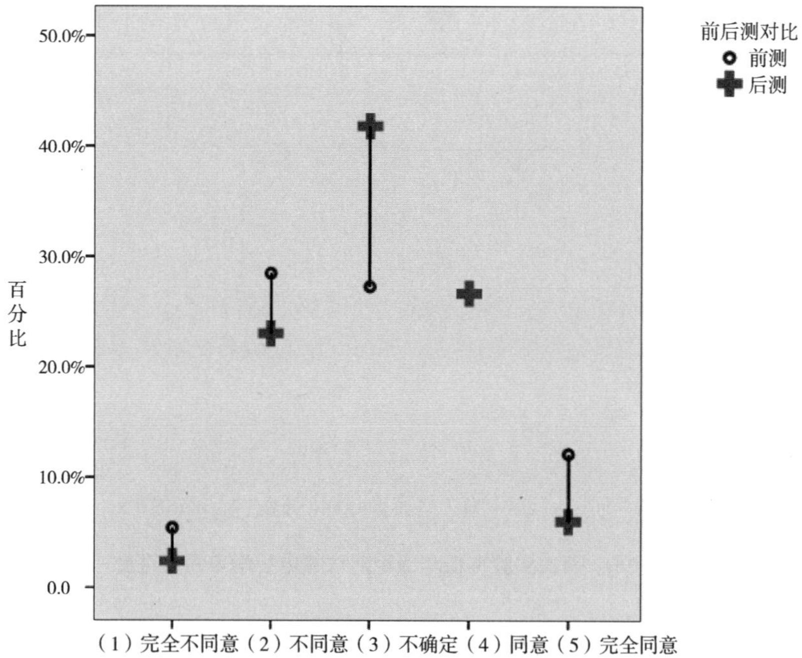

图 5－10a　两次实验师生组对依靠电视学习的认可度

图 5－10a 是两次实验师生组对依靠电视学习的认可度，该组学生后测选择（1）完全不同意、（2）不同意（5）完全同意等级的比例都是下降的，选择（3）不确定等级的比例上升较多，说明该组学生对依靠电视学习方式的认可度是不确定的。

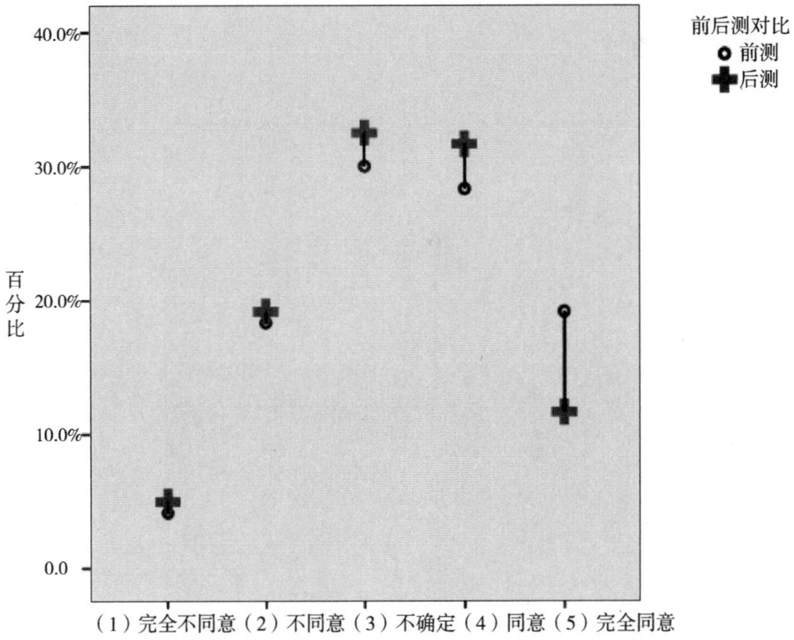

图 5 - 10b　两次实验高低年级组对依靠电视学习的认可度

图 5 - 10b 是两次实验高低年级组对依靠电视学习的认可度，该组学生后测选择（1）完全不同意、（2）不同意、（3）不确定和（4）同意的比例均略为上升，只有（5）完全同意的比例是下降的，说明该组学生不怎么认可依靠电视学习的学习方式。

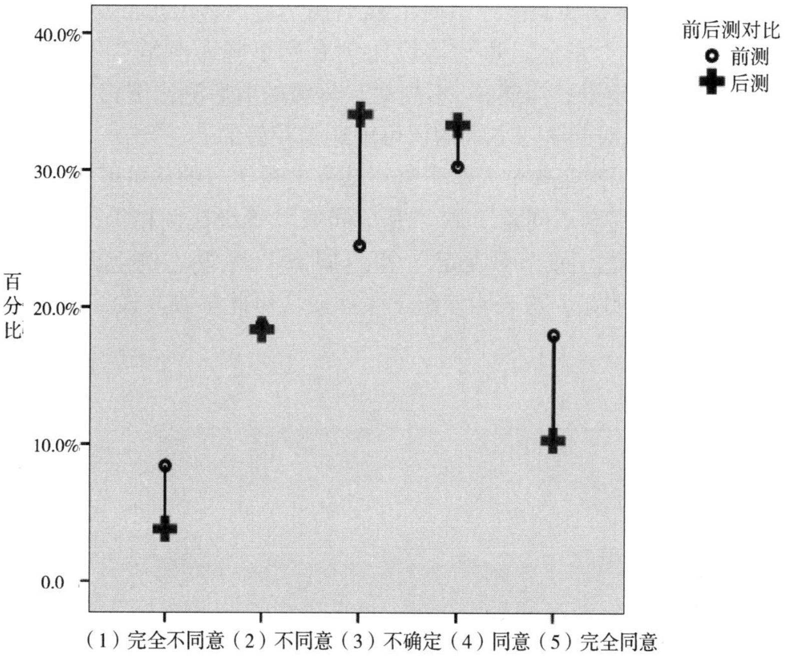

图 5－10c　两次实验同伴组对依靠电视学习的认可度

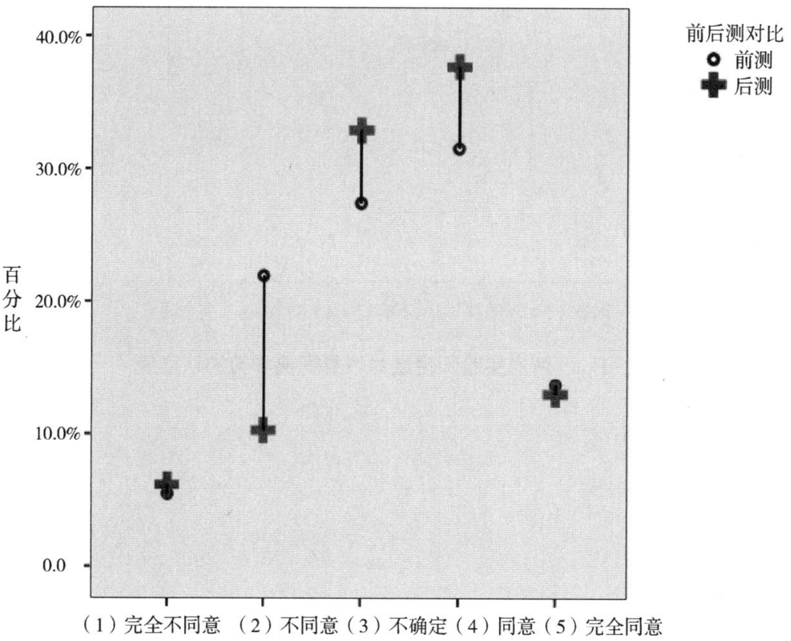

图 5－10d　两次实验个人学习组对依靠电视学习的认可度

图 5－10c 是两次实验同伴组对依靠电视学习的认可度。尽管后测中，“完全不同意”和“完全同意”等级比例有所下降，但是“不确定”和“同意”等级比例上升；当然，“不同意”等级的前后测比例相等。因此综合来看，该组学生对此学习方式的认可度还是较好的。

图 5－10d 是两次实验个人学习组对依靠电视学习的认可度。从前后测的对比可看出，“完全不同意”和“完全同意”等级比例相等；“不同意”等级比例明显下降，而“不确定”和“同意”等级比例上升，特别是“同意”等级上升明显，这表明该组学生比较认可此学习方式。

4. **词典**

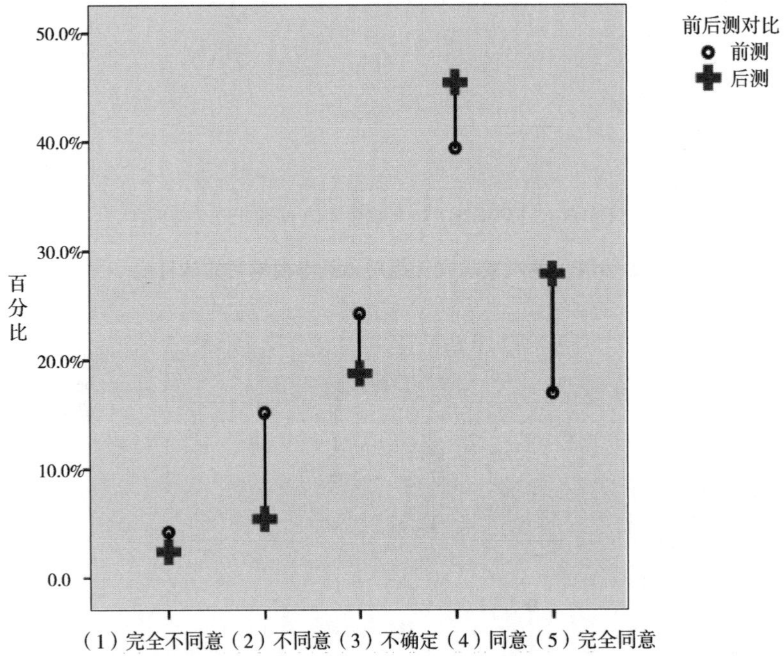

图 5－11a　两次实验师生组对依靠词典学习的认可度

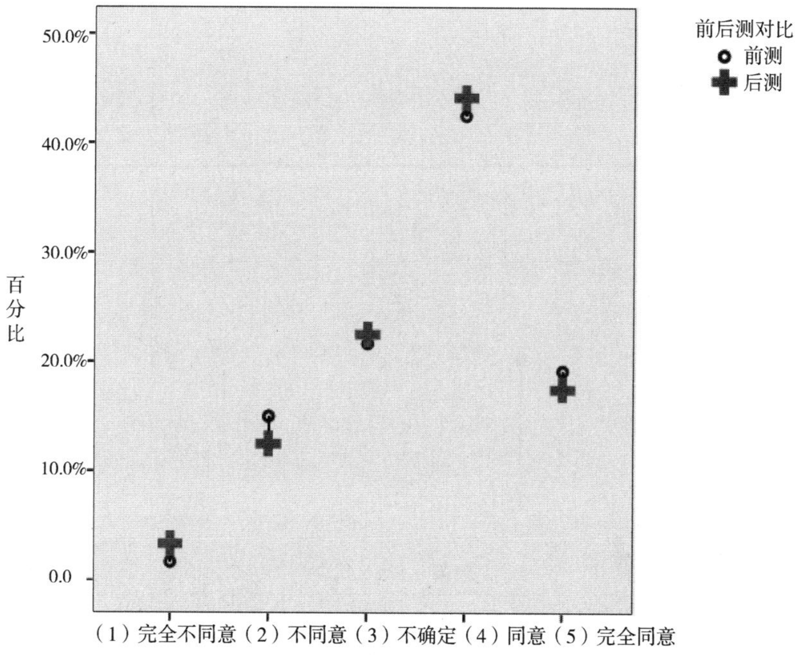

图 5－11b　两次实验高低年级组对依靠词典学习的认可度

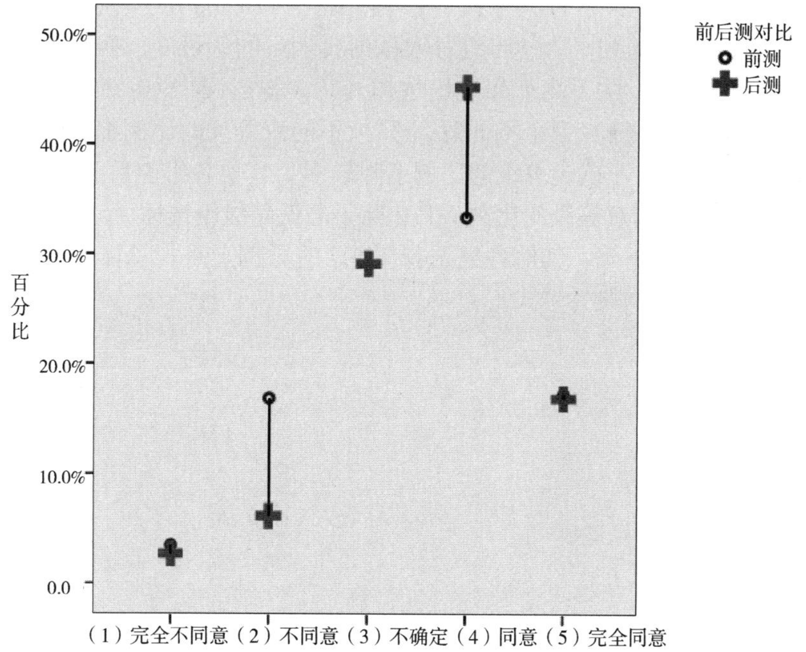

图 5－11c　两次实验同伴组对依靠词典学习的认可度

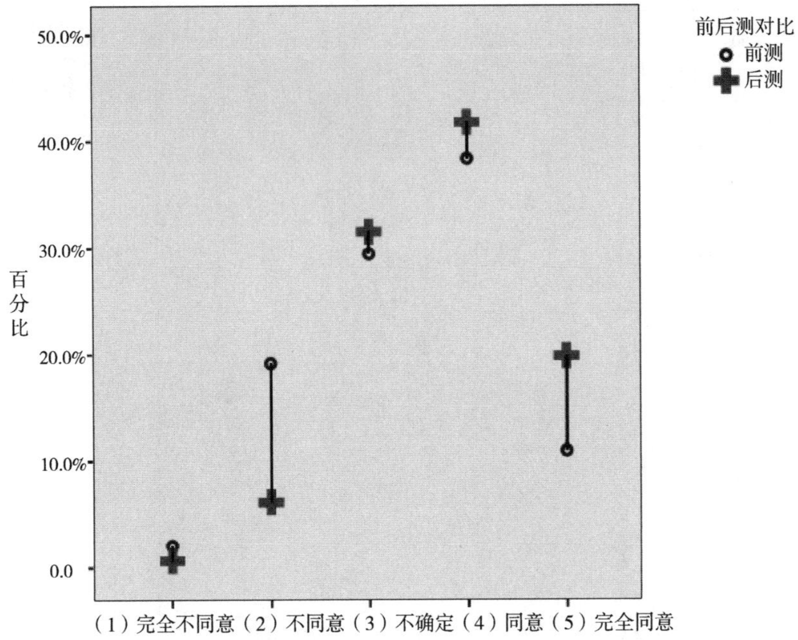

图 5－11d　两次实验个人学习组对依靠词典学习的认可度

图 5－11a、图 5－11b、图 5－11c 和图 5－11d 是两次实验师生组、高低年级组、同伴组和个人学习组对依靠词典学习的认可度，四组学生的后测选择大体一致，除了高低年级组选择（1）完全不同意等级的比例略有上升，各组选择（1）完全不同意、（2）不同意等级的比例都下降；除了师生组选择（3）不确定等级的比例下降较多，其他各组前后测略有上升；各组选择（4）同意等级的比例上升；除了高低年级组选择（5）完全同意等级的比例略有下降，其他各组选择（5）的比例上升。总体来看四组学生都较认可依靠词典的方式。

5. 卡片认可度

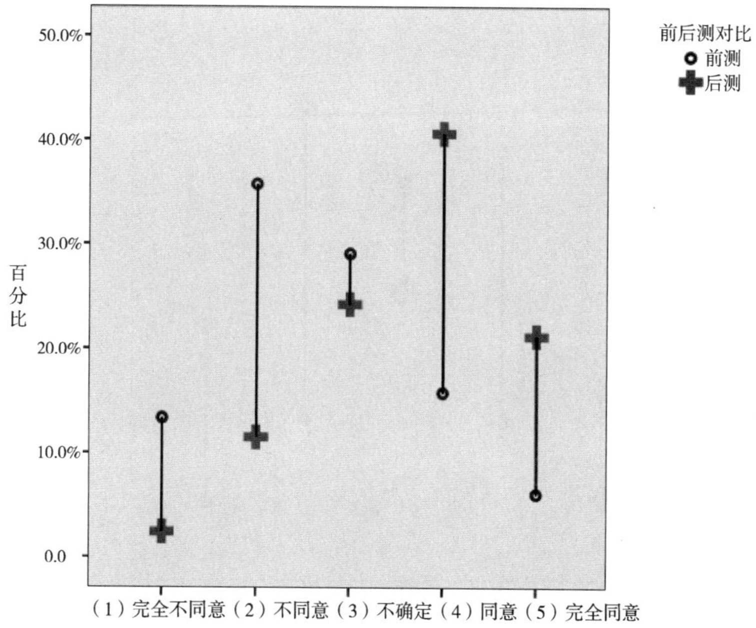

图 5－12a　两次实验师生组对依靠卡片学习的认可度

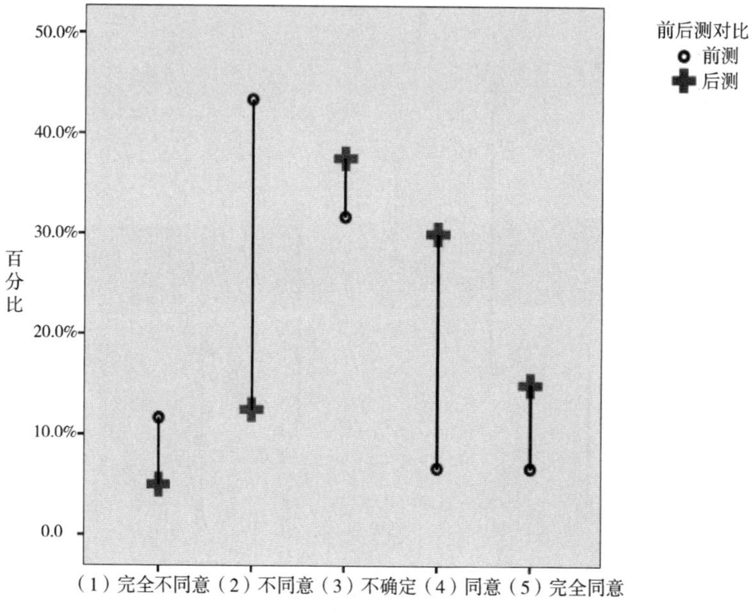

图 5－12b　两次实验高低年级组对依靠卡片学习的认可度

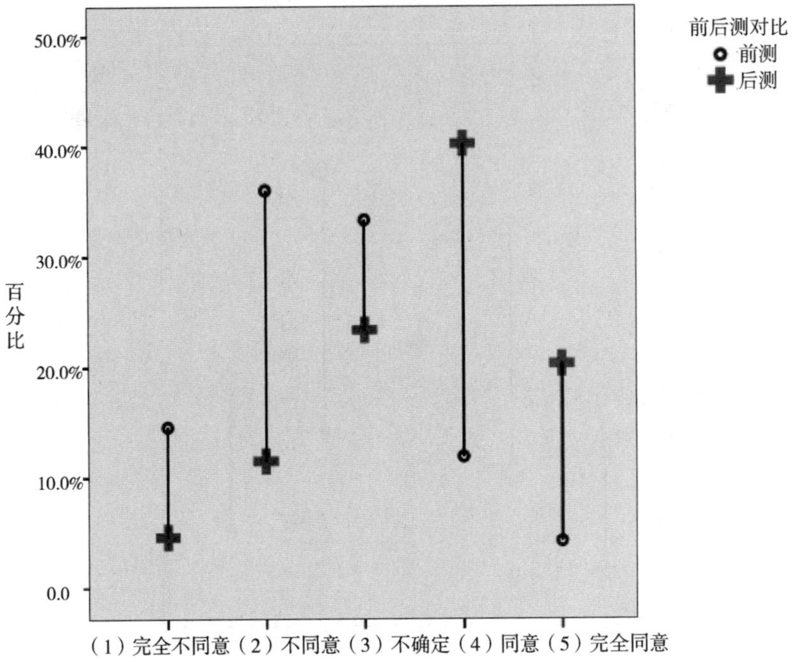

图 5-12c 两次实验同伴组对依靠卡片学习的认可度

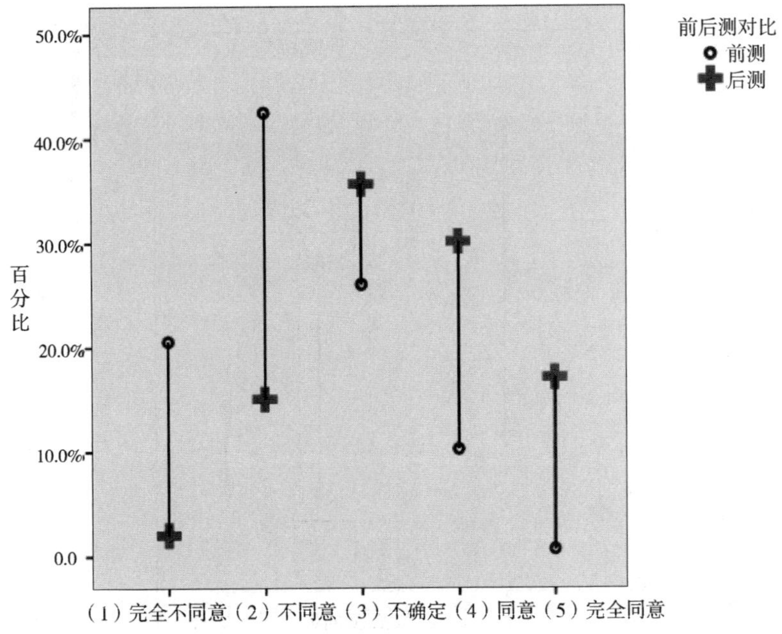

图 5-12d 两次实验个人学习组对依靠卡片学习的认可度

图 5－12a、图 5－12b、图 5－12c 和图 5－12d 是两次实验师生组、高低年级组、同伴组和个人学习组对依靠卡片学习的认可度，四组学生的后测选择大体一致，选择（1）完全不同意和（2）不同意等级的比例下降很多，选择（4）同意和（5）完全同意等级的比例上升很多，表明四组学生都非常认可依靠卡片的学习方式。

以上图 5－8a 到 5－12d 可以归纳如表 5－18，总体来看，学生喜欢的程度大大高于不喜欢，有 14 个“√”，只有 1 个“×”，5 个“※”。纵向来看，学生对依靠网络、词典和卡片的方式都非常喜欢；而依靠电视只有高低年级组不喜欢，师生组为不确定，其余组都很喜欢。至于对依靠广播学习方式四个组都不确定；横向来看，四个组都对广播学习方式持不确定态度，对依靠电视的方式持不同态度，对于依靠网络、词典和卡片的方式都很喜欢。表明对依靠物体学习的方式学生会选择比较有效且普及的方式。

表 5－18　四个学习小组对依靠物体学习方式的认可度总结表

组别	网络	广播	电视	词典	卡片
师生组	√	※	※	√	√
高低年级组	√	※	×	√	√
同伴组	√	※	√	√	√
个人学习组	√	※	√	√	√

注：√ 表示认可，×表示不认可，※表示不确定

5.3.5　小结

表 5－19　四个学习小组对三种学习方式的认可度总结表

学习方式	依靠他人学习方式				依靠个人学习方式			依靠物体学习方式				
组别	1	2	3	4	5	6	7	8	9	10	11	12
师生组	√	※	×	√	√	×	√	√	※	※	√	√
高低年级组	≠	≠	×	√	√	√	√	√	※	×	√	√
同伴组	√	√	×	×	√	√	√	√	※	√	√	√
个人学习组	≠	√	※	√	√	※	√	√	※	√	√	√

注：1 表示教师讲解，2 表示同伴讨论，3 表示咨询教师，4 表示咨询同学，5 表示个人朗读和阅读，6 表示自言自语练对话，7 表示个人记单词，8 表示依靠网络，9 表示依靠广播，10 表示依靠电视，11 表示依靠词典，12 表示依靠卡片；√ 表示认可，×表示不认可，≠表示不太认可，※表示不确定

由表5－19归纳如下：师生组对依靠他人的学习方式认可和不认可人数对半；对依靠个人的学习方式较认可；对依靠物体学习的方式，学生最认可依靠网络、词典和卡片。高低年级组略有不同，对依靠他人学习方式总体不认可，可能该组是高年级同学讲解，因此更认可高年级同学，对有问题咨询教师表示不认可；对依靠个人学习方式表示都很认可。对依靠物体学习方式，认可占一半多，不认可依靠广播的学习方式。同伴组对依靠他人的学习方式认可与不认可人数对半，对教师讲解和同伴讨论的方式很认可，对有问题咨询教师或同学的方式不认可；对依靠个人学习方式都认可；对依靠物体学习的方式，认可各占一半，对依靠广播的学习方式不确定。个人学习组对依靠他人学习方式，不认可教师讲解方式，认可同伴讨论与咨询同学方式，对自言自语练对话不确定，其余都认可；对依靠物体学习方式，认可占$\frac{4}{5}$，对依靠广播学习方式不确定，其余都很认可。根据本研究的假设，四个组学生应当认可各自的学习方式，但是结果却是师生组只有一半的人认可依靠他人学习方式，同伴组也是同样；对依靠个人学习方式各组都认可，这进一步表明对依靠他人学习的方式，学生的接受是有选择的，当调节效果很好时，就很受欢迎，相反就不接受。

5.4 讨　论

整个研究分四个学习组（师生组、高低年级组、同伴组和个人学习组），因此以下主要根据四个学习组分别讨论其与三种学习方式（依靠他人调节、个人调节和物体调节）的关系。

5.4.1 关于师生组的讨论

从三个研究问题所得的结果可以看出，第一个学习小组——师生组的学习结果最好，如研究问题①中，后测学生的表现体现在学习了 Greeting、Invitation、Offer、Disagreeing 之后，对所学 BBC 用语掌握最好。师生组是综合型学习方式，将他人调节，即教师调节和同伴调节以及自我调节的学习方式融为一体，是调节论和支架论的融合体，通过教师讲解、学生同伴合作，即同班同学小组学习的方式进行学习。这种综合型模式充分体现了 Vygotsky（1978）在《社会中的心智》中着力探讨的基本问题：即工具使用和语言发展的关系。教师或同学对学生的帮助使学生的语言学习能力提高较快，也使内化的进程加快；教师是高水平者，他/她的援助激活了学生的潜在水平，缩短了实际水平和潜在水平之间的距离。根据该组学生提供的讨论报告我们发现他们掌握得很好的 BBC 用语恰恰是教师或同学在讨论中多次强调并举例的用法；这也正好符合 Swain（2000）所提出的“合作对话就是知识构建的对话”，通过对话，他人的话语可以帮助学习者逐步形成知识结构。Wells（2010）也认可与他人共建过程对知识的理解和认识所起的作用。

研究问题②就很好地证明了教师支架的有力作用。最近发展区的核心观点是通过高水平者的帮助挖掘低水平学习者的知识潜能，或缩短已有知识和潜在知识之间的距离。通过以上分析的确验证了高水平者的重要作用。教师的帮助提示了低水平者的知识关注点，挖掘了他们的最大能量，如，小组讨论使学生的互动自然，教师的引导（如，“How about the meaning?”）和鼓励（如，学生回答正确后给予的鼓励话语“Smart”等）都极大地发挥了学生的积极性。这一点合乎常理和前人的研究，是一种必然的结果。Aljaafreh & Lantolf（1994）对一组教师帮助纠正学习者写作中所犯语法错误的过程进行跟踪研究，发现学习者在教师不断帮助的过程中逐渐增强了改错能力。Ko et al.（2003）的研究就是通过教师提问—学生回答的序列过程，发现教师的支架方式既可以引导学生掌握基本信息，包括可能会误导学生的信息，还可以提供正确的词语用法和词语的发音等知识点。教师的支架作用对学习者的帮助是积极的。

研究问题③的问卷调查也说明学生对教师讲解的认可度很高，该组学生对同伴学习的认可度很低。这再次证明教师的讲解或帮助是有效的。

5.4.2　关于高低年级组的讨论

第二个学习小组——高低年级组的学习方式与师生组一致，只是讲解过程由高年级同学担任，从研究问题②的结果可以看出，高年级同学的授课生动活泼；研究问题③的调查也表明学生对高年级同学帮助学习的认可度较高。Donato & McCormick（1994）的研究发现语言学习策略的掌握依靠与他人对话作为调节，甚至比教师的明示教学还要好。

不过，高水平者的帮助也会限制低水平者知识点的拓展，如部分高年级同学在授课时照本宣科，没有拓展知识，学生的关注点就基本只是所教授的有限内容，学生在运用所学词语时显得比较拘谨，措辞造句拓展不开。前人的研究也发现类似情况，Aljaafreh & Lantolf（1994）在结论部分提到了太多的帮助会限制或延迟自我修正的发展，并指出正确的反馈应当是循序渐进的，而不是即时的，该研究希望进一步实验证明；Lantolf & Aljaafreh（1995）的研究还发现学习者在接受帮助之后的“回归”或称为

“回落”现象的发生也很常见，这表明，并不是所有的高水平帮助都是积极的，也有产生副作用的时候。

另外，互动提问的方式可以多样化，高水平者要利用个人的最高知识水平，积极引导和鼓励低水平者，这样更能促进他们的学习；但是，高水平者的水平要高于低水平者才能使他们有收获。这点正好符合 Ohta（2000）的研究，互动的效果是有条件的，只有当高水平者有足够的知识面才能拓展低水平者的知识面。

5.4.3 关于同伴组的讨论

第三个学习小组是同伴学习的模式，从学生撰写个人读书报告、笔录同班同学小组讨论和录音或录像与高年级同学合作讨论三种形式来看，学生对他们的认可度分别是与同伴学习最受欢迎，其次才是与高年级合作学习，最后是个人学习方式，因为该方式需要其他方式，如，同伴互助方式的辅助才能使学习更加有效。同伴学习使学生可以拓展个人学习的知识点，而且是在友好、轻松的气氛下学习，学生的记忆深刻，效果显著。这一点正好符合最近发展区的特点，即必须有一个较高水平的同伴来协调学习。从文献中不难发现同伴学习效果好的研究。Lantolf & Thorne（2006）的第九章以同伴改作文为例说明了同伴的帮助教会学生发现重点，还可以教他们社会角色和身份的构建。Kinginger（2002）的研究验证了许多研究的类似结论；Guerrero & Villamil（2000）对两名以英语为第二外语的大学生合作修改作文的互动效果进行了分析，发现许多支架性帮助是双向的，而不是单方面的，说明同伴支架促进了双方的语言发展，使他们的最近发展区得到了超越；Nassaji & Swain（2000）的研究发现明示的协商性的帮助比任意性的帮助更加有利于激活学习者的“最近发展区”。

但是，通过对学生的问卷调查——研究问题③的回答分析，发现他们对同伴学习的方式喜欢程度较高，但是不喜欢的理由也很强烈，因为他们认为有时同伴的水平不高，对学习的提高不大，这表明当他人调节的条件不够时，学习者会拒绝这样的调节。这点也正好印证了 Lantolf & Poehner（2008）的文集中 Poehner 所分析的两种互动调节方式——协商性调节，即当学习者发现调节不够恰当时，他/她会提出补充说明和解释，与合作者商讨；拒绝调节，当学习者有自信时，会拒绝调节者的帮助。因此，语言学习和调节者的关系密切，调节者的水平越高，学习的效果越明显；同理，对调节者也暗示他/她对知识点掌握的欠缺之处。

还有，从研究问题①的回答来看，同伴组在后测表现最差，甚至还有倒退现象。从研究问题②的分析不难看出原因是同伴组的学习方式单一，比较随意，因此，学习效果不如其他组。前人的研究也证明了这点，Ohta (2000) 通过最近发展区理念和互动论的对比，发现二语语法的习得通过别人明显的和有序的帮助可以促进学习，但是当帮助是无序的、随意的或暗示的，学习效果就不明显，因此，他认为有效的帮助取决于帮助者的水平、任务的本质和学习者的发展水平等，这说明帮助或互动是有条件的。de Guerrero & Villamil (2000) 考察了两位英语学习者（一位是读者，一位是作者）在修改作者的一篇记叙文时的互动情况。两者的活动很积极，互动是双向的、非单向的。Li (2008) 通过中国学生—专家支架、同伴支架学习语法展示不同的互动模式，结果发现师—生互动和生—生互动一起的效果最好，比单一的师—生或生—生互动效果好。同样，师—生互动和生—生互动中的七个支架功能比其他两种互动模式更能提高学生的语法能力，它们包括：宣讲、简化任务、方向保持、提批评意见、失败控制、展示和反馈。本研究也验证了以上研究结果。

5.4.4 关于个人学习组的讨论

第四个学习小组是个人调节模式的体现，是个体学习者私语和内化语言的表现。从学生提交的个人学习报告不难看出，每个学生的关注点几乎都不同，他们以个人为主体，只关注自己学习的难点，而这些难点往往又不是该节内容的重点或精华之处，这表明个人调节的学习方式还需要他人或物体调节的辅助，学习者的学习效果才更加有效。当然，研究问题① 的结果说明个人学习小组的效果不是最差的，比同伴组还好；而且四个组对个人学习方式的认可度很高。这样的结果正好说明个人学习应当是学习的主要方式，教师的明示支架、高水平者的帮助和同伴的调节都只是一种辅助形式，因此，个人学习方式 ，如，自言自语练习口语、私语等都是值得推荐的学习方式。前人的研究也证明了私语的作用，Ohta (2001) 通过长时间观察学习日语的二语学习者，提供了强大证据表明使用教师反馈语言以提高自己的表达。Smith (2007) 通过考察英语课堂学习中的私语怎样内化到学习者心里的过程，进而帮助教师了解学习者的学习过程，作者建议教师一定要关注学生的私语，即使起初似乎与学习关系不大。Swain, Lapkin, Knouzzi, Suzuki et al. (2009) 考察了私语在二语为法语的学习者中的作用，发现私语能起到内化概念的作用。

5.4.5 关于言语行为学习的讨论

研究问题①主要从言语行为的学习方面考察了语用能力的学习情况，从后测的成绩来看，一些言语行为的学习效果要好些，Greeting、Invitation、Refusal 言语行为的掌握提高很大，前人的研究对 Invitation 和 Refusal 的研究相当多，说明学习者在学习上有一定难度，许多研究表明受母语的迁移比较大，而且复杂性比较强，如 Beebe et al.（1990）的研究调查了在针对不同身份的人拒绝请求、邀请、提供和建议时日本英语学习者的语用迁移问题。他们发现日语对英语的迁移体现在顺序、频率、策略模式上。因此，当学习者接受了正确的使用法时，学习效果就会提高。

也有四个 Request、Offer、Apology 和 Response to Compliments 前测和后测的成绩差不多，表明学习之前学生已基本掌握；这几种言语行为的使用相对比较简单，学生掌握起来比较容易，但是前人的研究也表明迁移的双向性，Su（2010）从一语向二语或二语向一语双向迁移的角度调查了中国人使用和学习请求策略的情况，结果是英语学习者比英语母语者较少使用间接请求策略，但是在汉语请求时却常使用，表明迁移的双向性。而当教师的输入不当时，学习效果也会打折扣。Zhu（2012）对中国学生通过电子邮件发请求的使用情况进行调查，结果是学生的用语有使用不当之处，原因可能是教师的输入不恰当。

而 Complaint 和 Suggestion 是比较难掌握的言语行为，因此前后测变化不大。这两种言语行为受到说话时的语境影响较大，因此很难掌握，如，Al-Gahatani & Rover（2012）的研究就说明了低水平学习者不太会预测话语，而以自己的话语为基础提供呼应话语；尽管发话人也会调整话语来适应听话人的水平，但是，社会语境的变化对说话者的影响有时也令他不知道怎样回答。关于此类难掌握的言语行为应当引起研究者和教师的特别关注。

5.4.6 关于社会文化理论与语用习得模式的讨论

根据研究结果和以上对四个学习组的讨论，3.4.2 所分析的社会文化理论语用习得模式中三个模块的组成内涵需要再思考。

首先是语用习得过程的活动理念，活动是灵活的运动，这种运动可以是个人运动也可以是相互间的互动，而互动应当是双向的。在语用习得过程中，学习者的活动理念是存在的，当学习者在习得过程中有问题时会主动向老师提问，或向同学提问，或者自行查阅资料，这种活动是无意识地互动，学习者的学习主动性很强，是自发的；当学习者受到环境，如班风、校风，或外在的力量，又如老师、家长、同学的督促，或自己愿意被安排互动，这是有意识的互动学习，学习者是被动的。因此，我们应当看到，学习者的活动理念有主观的和被动的，互动有单向的，也有双向的。

其次是语用习得过程的活动形式，既然活动理念是存在的，问题是这种有意识和无意识的互动怎样激活才更好地调动学习者的主观能动性？这就是活动形式。活动形式的设计是激活学习者活动理念的关键。由以上的讨论和前人的文献可以看出，单一的活动学习效果不如多种活动形式相结合的学习方式，本研究中师生组就采取了综合学习模式，既有高水平的教师的支架作用，也有高年级同学的帮助，还有同伴组的互动以及物体的调节作用。不过，这些活动形式也要有力度，否则活动流于形式，效果就会事倍功半，比如，本研究的同伴组，学习效果最差，原因就是活动形式单一，没有特色，不能很好地激活同伴的积极性；物体调节也要有一定的控制，否则学习者也会对过度的调节产生倦怠，因此，此环节的活动形式设计是有限制的，有条件的。

最后，有了上面两个环节，语用习得的内化可以得到真正内化。当然，内化的过程应当是自然的，学习者通过恰当的活动形式激活活动的理念，使所学知识有序、有步骤地进行积累，最后升华到大脑，使知识内置并变成学习者自己的语言和知识，这个过程是自然的。如图 5－13 所示：

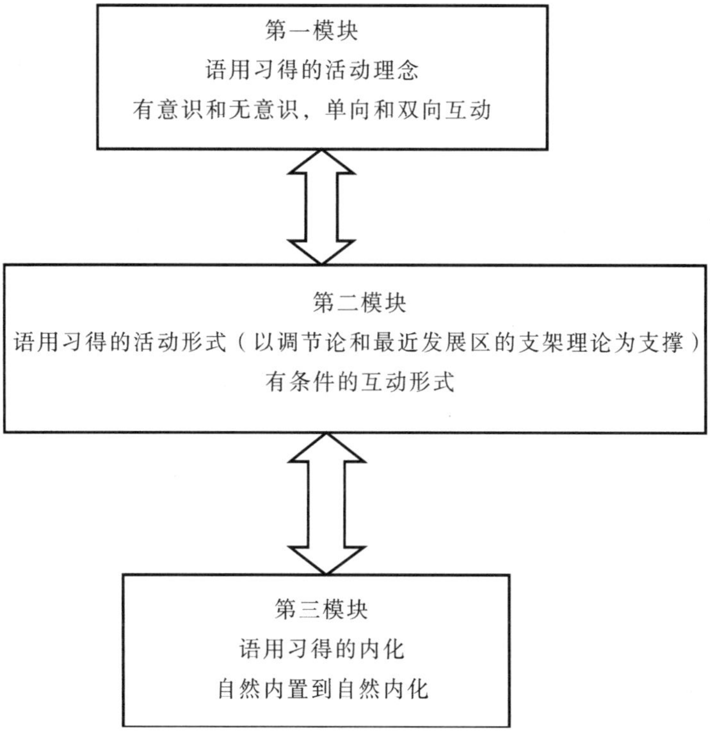

图 5－13　社会文化理论的语用习得模式修订

5.5 本章小结

从本章的研究结果可以看出，社会文化理论融入语用习得的模式是有效的，师生组是后测提高最大的组，学习效果最明显，特别是对 Greeting、Invitation、Refusal 言语行为的掌握提高很大，师生组表现尤其突出；其次是高低年级组，高低年级组比较生动活泼；接着是个人学习组，学习形式比较普通；同伴组最差，没有明显特色，不但四次测量结果排最后，而且后测下降。本研究的预测——同伴组的提高应该好于个人学习组的假设，与所得结果不一致，结果显示同伴组不如个人学习组。

另外，根据本研究的假设，四组学生应当喜欢各自的学习方式，但是结果却是师生组和高低年级组只有一半的人数喜欢他人调节方式，同伴组也一样，对个人学习方式各组都喜欢，这进一步表明对于他人调节方式学生的接受是有选择的，当调节效果很好时，就很受欢迎，相反就不接受。

第6章

结语

6.1 结　论

根据细分研究问题①，本研究考察了在实施社会文化理论理念融入语用习得教学和学习模式后，四个组学生的语用习得能力的改变情况。总体来看，后测的成绩比前测有所提高，四个组中，师生组的提高最大，其次是高低年级组和个人学习组，而同伴组效果最差，成绩甚至还有所下降；就言语行为而言，Greeting、Invitation、Refusal 的言语行为的掌握提高很快，师生组表现更突出些；Request、Offer、Apology 和 Response to Compliment 前测和后测的成绩差不多，表明学习之前学生已基本掌握；而 Complaint 和 Suggestion 是比较难掌握的言语行为，因此前后测变化不大。

根据细分研究问题②，本研究考察了社会文化理论融入语用习得的过程中四个学习组的学习特点。结果发现，师生组中教师的讲解效果明显，比较直接易懂，虽然讲课过程中的提问方式形式比较单一，主要有四种：直接提问、引导式提问、自问自答式提问和带读式引导提问；同时，该组的学习方式是综合性的，因而学习效果明显好于其他组。高低年级组中高年级学生的授课比教师生动丰富，提问方式主要有以下四种：第一种是询问型，如“Do you know the word?”；第二种是寻求同意型，如“Do you think so?”；第三种是征求意见型，如“Do I make sense?”；第四种是纠正错误型，当低年级同学出现发音或拼写错误时，高年级同学纠错。提问的形式比师生组中教师的提问丰富，但是学习效果却不如师生组。同伴学习组学习氛围比较轻松，压力不大，但是学习效果不如师生组和高低年级组，甚至个人学习组，不仅排在最后，还有倒退现象。因此，我们可以推断，互动是有条件的。至于个人学习组，掌握情况稍差于师生组和高低年级组，但是却好于同伴组。总体来看，师生组最正式，学习效果最明显，高低年级组比较生动活泼，同伴组没有明显特色，个人学习组比较普通。

根据细分研究问题③，本研究考察了社会文化理论理念在语用习得中教学和学习的三种学习方式以及四个组学生的接受度。总体来看，学生认可的程度大大高于不认可。对于依靠他人学习方式，四个组的认可程度高于不认可程度，特别对有问题咨询教师持不确定和不认可的较多；对依靠个人学习方式四个组都较认可，只是对自言自语练对话的方式持不确定态度；对依靠物体学习的方式，四个组的态度比较一致，最喜欢依靠网络、词典和卡片，最不确定依靠广播的学习方式，对依靠电视学习方式也不太认可。以上结果说明，依靠老师的学习方式不是主要的，个人学习才是最主要的，依靠物体也需要考虑物体使用的普及情况。

综合来看，对于以上细分问题的回答证明了社会文化理论是可以融入语用习得理论模式的，同时，实施了社会文化理论理念融入语用习得教学模式后的教学效果是好的。就量化的学习效果而言，社会文化理论的调节、支架、活动理念融入语用习得模式是比较有效的，因为师生组和高低年级组运用的是综合学习模式，学习效果比单一的同伴组和个人学习组效果好。当然，师生组和高低年级组的效果也因为一些高手没有体现真正的高手水平而使学习效果受到挑战；比较而言，单一的同伴组和个人学习组效果不明显。

就本研究所设计的理论模式而言，实验结果再次证明调节、活动和内化之间存在必然联系。Vygotsky文化历史理论维度的心理学基础，是以马克思的心理功能原理和意识社会起源以及恩格斯的工具和符号调节功能理论为出发点，恩格斯的人类劳动和工具的使用可以改变人类的概念被Vygotsky（1978）引申为：工具在特别活动中的运用可以改变人们对事物本质的反应，进而将人类历史的、文化的系统内化到个体的心理发展过程，因此，调节是活动具体体现的工具，正是在活动中使用了调节工具，如，教师的调节、同伴的调节，还有物体的调节，使内化在活动和调节中一点一点地发生。再者，语用习得的变化过程和内化过程也可以解释为劳动和工具改变的过程，是工具调节的结果，是活动的产物。

当然，Vygotsky提出的最近发展区理念在本研究的所得结果中体现出语用习得过程的多元化，单纯的师—生互动、生—生互动或个人调节可以使部分学习者学习效果提高，但是要取决于高水平者的水平和低水平者对于教学方式的接受度，也就是说调节是有条件的。个体自我学习和观察与同伴、高低水平组合的合作学习方式可以获得最佳的学习效果。这再次证明社会文化理论的四个理念是相互连接的，而不是孤立存在的，是辩证统一体，是身心合一的一元论。人类意识来源于人类的大脑和受社会文化影响的物体和活动，语用学习者发展其语用意识和能力也要利用社会文化手段来操控大脑，通过身心合一达到最后习得的目的。

综上所述，社会文化理论融入语用习得教学之后，学生对该模式比较认可，他们语用能力的掌握和综合英语水平均有较大提高。不过，学生对这种理念的接受也取决于合作者的能力和水平，水平越高，对学生的吸引力越大，学习效果越好。

6.2 教学启示

通过师生组和高低年级组的综合实验以及同伴组和个人组的单一实验，对于三种学习方式在今后的教学有所启示，三种学习方式最好综合使用，第一种学习方式——他人调节方式适合课内，教师支架或高水平支架可以吸引学生的注意力，特别是学生对某个语言点比较敏感时，抓住这一特点可以增强学习效率；同伴小组讨论可用于课外，学习者可进一步消化课内内容，同伴的讨论有助于消除学习者的疑惑并消化课内学习内容；个人学习可以针对个人的学习目标、喜好等因素进行自我调节，同时，还可依靠网络、词典、卡片等物体工具使学习者的自我学习方式多样化，也使学习者将课内和课外教师、同学所传授的知识进一步内化，从而提高学习效率。

关于分组学习的形式，建议今后的教学可以分小组进行课后练习，以高低年级进行分组是最好的方式，高年级学生不仅可以教学，还可以组织他们讨论，并督促他们进行个人学习；同伴学习组也是一种较好的学习方式，不过最好是同伴中学习能力相对较好的学生搭配学习能力较弱的学生，这样相互间才有可能提高。至于个人学习方式建议最好将其融入分组学习的一个环节，这样可以起到个人自助消化学习内容的目的。

关于言语行为的学习，建议着重讲解那些容易出错，而且是西方人听起来不太恰当的用法，即使学生看起来似乎已掌握的用语，如，建议学生多用情态动词：can、could、may、might、would 等，可表达建议、要求、可能和意愿等，使得说话的语气比较有礼貌；尽管学生都知道情态动词可表示温婉，但是在表达建议时，学生还是习惯使用“You must，You'd better”等命令式口气。还有学生在学习请求时都会使用 would（had）rather、would（had）sooner、would（just）as soon 等，或者使用“if”等引导的从句表示请求的“可能性”，但是他们喜欢把“please”用在句首，语气听起来就比较强，像命令。请求别人做某事的时候，我们中国人会说“请在周一前给我回复。谢谢”。但是如果你直接用英语说“Please reply to me by Monday. Thank you.”听者会觉得你是在命令他，一点礼貌也没有。而如果这样说“Could you please reply to me by Monday? Thank you.”就显得有礼貌了。还有要提醒学生一些在外语学习过程中因受汉语影响比较习以为常的用法在英美人眼中是不恰当，甚至是不礼貌的，如，陈述句的表达可能显得生硬、没礼貌时，尽量使用疑问句、否定句或从句，尽量避免自己的主观判断，以积极的、建议的、比较的、人性的语气，代替消极的、命令的、直接的、武断的语气；说话要以他人为中心，以肯定他人、赞同他人为前提，让自己显得谦卑、渺小。说完之后，还要附带一句“Thank you”或“Thanks”。

6.3 研究局限和进一步研究建议

尽管前人的研究已经用各种研究方法和工具表明语用能力是可教的，但是，教什么（教学目标）、怎样教（教学方法）、怎样测量（测试工具）等问题一直是语用习得研究的难题，特别是以社会文化理论为理论支撑，因操作性有一定困难，如，课堂教学和学习任务的设计、教学方法和测量工具等，使社会文化理论的语用习得研究之路显得漫长。Vygotsky 对心理学的另一重要贡献是他的研究方法，他对人类心理过程的分析采用历史法（Genetics，或称“起源法”，也译为“发生学”），这种分析法分为种系发生（Phylogeny）和个体发生（Ontogeny）。因为文化的构建和重构是在历史的长期变化中形成的，因此可以追踪其种类起源或个体起源。这也是 Lantolf & Thorne（2006）的著作称为“第二语言发展的起源”的重要理由。同理，使用社会文化理论的起源法可以追溯语用能力发展的起源和发展过程，探索语用习得过程中的群体起源和个体起源。Vygotsky 所倡导的研究方法在具体的语用习得教学中，可操作性不强，如，私语或自言自语这种形式是比较难捕捉的现象，对学生的心理测试方法和工具都需要再斟酌，本研究没有开展私语的调查，这无疑使个人学习组考察不够全面，进一步的研究建议把个人学习组再细化，继续考察个人调节的作用。

最近发展区是一种理念，一种思维方式，需要各种不同的互动方式或调节方式。本研究主要考察了教师与学生的互动、高水平者与低水平者的互动、同伴学习者之间的互动，实质上，互动的方式还有很多种，如同伴中的高水平者和低水平者也可相互促进学习，借助各种物体调节，如网络、词典、卡片等也可以很好地促进学习。限于时间，本研究没有考虑这些因素。

同时，理论模式的构建需要在不断的教学实践中进行试用—修改—再用—再改等循环过程，本研究所提出的理论框架在教学试验中验证之后，发现该模式的可行性，但也发现一些与文献研究所得结论不一致的结果；而且，限于参与人数有限，不一定具有很强的代表性，希望能引起二语习得的专家和同仁对该领域的关注，期望有更多的研究能进一步证实此理论模式的作用。

此外，本研究是在学生的正常教学状况下进行的实验，这其中的不可控因素较多，如其他课程任课教师的影响等，因此，结果难免会有研究者效应；还有，本研究主要采用定性方法，所分析的情况难免主观，不一定有很好的代表性，之后的研究可量化，还可将互动的形式多样化，考察支架的多层面情况以及高水平者帮助低水平者的形式等。

附录1　语用教学内容

BBC Learning English
How to . . .
Greet people (informal)

bbclearningenglish.com

Jackie: Hello, welcome to *How to*... with me, Jackie Dalton. In this programme: how to greet people in informal contexts. There are lots of different phrases and expressions you can use and today you'll learn some of the most popular and useful ones. One of the first words you probably learnt in English was "Hello" — a very common way of greeting someone and suitable in both formal and more relaxed situations. Now we're going to hear some other expressions, and these are for informal situations. So here we go! Listen to this short clip of Matt saying hello to Jane. What word is used here instead of "hello"?

Matt

Hey Jane, how you doing?

Jackie: It was simply "hey" —more informal than "hello".

Matt

Hey Jane...

Jackie: It sounds a bit like "hi", which you almost certainly used before as another slightly less formal version of "hello". "Hi Jane!" with h-i and "Hey Jane!" with h-e-y both sound relaxed. Now, for our next greeting. What's this one?

Jane and Neil

Alright Matt, how's it going?

Alright Carrie! How are you?

Jackie: "Alright" —that's very informal.

Carrie and Neil

Alright Carrie! How are you?

Jackie: "Alright Carrie!" In England and Australia, you often here it with "mate" —an informal word meaning "friend" which refers to the person you're speaking to. "Alright mate!" So a reminder of our opening expressions for greeting so far: "Hello Richard!" "Hi, Richard!" "Hey Richard!" "Alright Richard!" or "Alright mate!" So you've said "hi" to someone... what next? Well, the normal thing, as in so many cultures is to ask them how they are.

Carrie

How are you?

Jackie: The most straightforward phrase: "How are you?" But how else could you say that in a relaxed situation?

Neil

Hello Carrie, you alright?

Jackie: "You alright?" Of course the most correct way of saying this would be "Are you alright?" but it often just becomes, "You all right?"

Neil

Hello Carrie, you alright?

Jackie: And yes, you're right, we just looked at "Alright!" as another way of saying hello, but we also use it to ask how someone is.

Jackie: Now listen for another way to ask how someone is.

Matt and Jane

Hey Jane, how you doing?.

Jackie: "How you doing?" again, "How are you doing?" would be more correct, but we often miss out the "are" so it's just "How you doing?"

Matt

Hey Jane, how you doing?

Jackie: A variation on that, which you're probably more likely to hear in Australia is "How you going?"

Carrie and Neil

Alright Carrie, how are you?

Yeah, I'm fine Neil, how you going?

Jackie: How you going?

Carrie

How you going?

Jackie: "How's it going?" is another form you might hear.

Matt and Jane

Alright Matt, how's it going?

Jackie: So how could you respond when you're asked how you are? One of the most common answers is, "Fine, thanks!" But here are some more. All of them are quite informal.

Clips

Yeah, not bad, not bad.

Good, thanks!

Jackie: "Not bad!" which means quite good and "good, thanks!" are both used here.

Clips

Yeah, not bad, not bad.

Good, thanks!

Jackie: You could also say "alright, thanks!" or "OK, thanks!" or "very well, thanks!" So, to sum up those last expressions, we've got:

Not bad!

Good, thanks!

Alright, thanks

OK, thanks!

Very well, thanks!

After you've answered that question, the most usual thing to do is to return the question and ask the other person if they are well, as in these examples.

Clips

Alright Matt, how's it going?

Yeah, no trouble, how about you alright?

Yeah, not bad. Hey Jane, how you doing?

Good thanks, and you?

Yeah, not bad, not bad.

Jackie: You can return the question with a simple "... and you?" or "How about you?"

Clips

Alright Matt, how's it going?

Yeah, no trouble, how about you alright?

Yeah, not bad.

Hey Jane, how you doing?

Good thanks, and you?

Yeah, not bad, not bad.

Jackie: So now, a recap of the key phrases in this programme.

Hello!

Hi!

Hey!

Alright!

How are you?

How you doing?

How you going?

How's it going?

You alright?

Good, thanks!

Fine, thanks!

Not bad, not bad!
Alright, thanks!
I'm OK!
And you?
How about you?
What about you?

BBC Learning English

How to . . .

Make informal invitations

BBC WORLD SERVICE

bbclearningenglish.com

William: Hello and welcome to *How to. . .* the programme from BBC Learning English that tells you. . . well. . . it tells you how to say things.

My name's William Kremer and over the next three weeks, I'm going to tell you how to invite people to do things and how to say "yes or no" to other people's invitations.

And today we're looking at informal invitations, and in particular, how to ask someone whether he or she would like to go for a pint. If you live in the UK, or have ever been to the UK, then you must know what I mean by "a pint". I mean, a glass of beer, usually served in a pub: a pint of beer. We also often say "a drink" to mean an alcoholic drink such as beer.

So, let's imagine that it's five o'clock on a Friday and you've had a hard week and it's time for a pint. What's a good way of asking other people if they'd like a drink too?

Well, in the next clip, Diarmuid is going to invite Catherine out for a pint. See if you can hear what words Diarmuid uses to do this.

Examples

Diarmuid: Catherine, I'm just going for a drink after work this evening – do you fancy a pint?

Catherine: Ooh, I'd love one.

William: Diarmuid asks, "Do you fancy a pint?" In British English, if you "fancy" something, it means that right now you want to have it. For example, "I fancy an ice cream" "I fancy a hamburger".

Examples

Diarmuid: Catherine, I'm just going for a drink after work this evening – do you fancy a pint?

Catherine: Ooh, I'd love one.

William: Catherine says that she'd love a pint, so she's agreeing to go for a drink with Diarmuid. Now let's hear another way of inviting someone out for a pint.

<u>**Examples**</u>

Diarmuid: Are you up for a pint after work Catherine?

William: Diarmuid asked Catherine if she was "up for a pint" .

<u>**Examples**</u>

Diarmuid: Are you up for a pint after work Catherine?

William: If someone is up for something, it often means that he or she would like to do something or try something. This is a common expression in spoken English.

<u>**Examples**</u>

Diarmuid: Are you up for a pint after work Catherine?

William: OK, let's look at a third way of inviting someone out for a pint.

<u>**Examples**</u>

Diarmuid: Do you feel like a pint, Catherine?

William: In this situation, if you feel like something, you fancy it. And so the question for Diarmuid is "Do you feel like a pint?"

<u>**Examples**</u>

Diarmuid: Do you feel like a pint, Catherine?

MUSIC and STING

William: Now, see if you can hear a difference between the following sentences.

<u>**Examples**</u>

Diarmuid: Do you feel like a pint, Catherine?

Diarmuid: Do you feel like going for a pint, Catherine.

William: Well, the second sentence features a gerund— "going" . We can use gerunds to talk about activities instead of objects. The activity we're talking about here is going for a pint. Listen again.

Diarmuid: Do you feel like going for a pint, Catherine?

William: In this situation, Diarmuid can choose whether to talk about the pint itself— "Do you feel like a pint" —or the activity of going for a pint—"Do you feel like going for a pint?" But, sometimes we don't have a choice. For example, we can't say "Do you feel like a museum?" because you can't buy a museum! So we would have to say "Do you feel like going to a museum with me?"
There are also gerund forms for the other questions we've heard.

Examples

Diarmuid: Do you fancy going for a pint, Catherine?

Diarmuid: Are you up for going for a pint, Catherine?

William: Now sometimes, in very informal situations like this, you don't even have to ask a question in order to invite people to do something. What do I mean? Well, listen to the following conversation. Diarmuid has just finished working...

Examples

Diarmuid: Right, that's me finished! I think I might go down the bar for a pint...

Catherine: I'm up for that!

William: Diarmuid tells everyone that he's going to the bar. He hasn't asked them if they want to come, but it's clear that they can come if they want. And, as it happens, Catherine is up for it.

Examples

Diarmuid: Right, that's me finished! I think I might go down the bar for a pint...

Catherine: I'm up for that!

William: Now, a quick word about accepting invitations. At the start of the programme, we heard Catherine say yes like this.

Examples

Catherine: Ooh, I'd love one.

William: But if Catherine's being asked to do an activity, the response is slightly different.

Diarmuid: Do you fancy going for a pint, Catherine?

Catherine: Ooh, I'd love to, what time?

William: If we're talking about activities, we should say "I'd love to" not "I'd love one" . There are lots of other ways of accepting invitations. She could say something like:

Catherine: That'd be fun.

William: Or she could say...

Catherine: That sounds lovely.

William: Or she could just say...

Catherine: OK, cool.

William: Ow, if you've been listening to this programme and you've been thinking, "But I don't like beer!" well, we're going to be looking at the more complicated business of saying "no" to invitations in a separate programme.

BBC Learning English
How to ...
Ask permission

BBC WORLD SERVICE
bbclearningenglish.com

Jackie : Hello this is BBC Learning English dot com, with me, Jackie Dalton. This programme is about asking permission—which means asking someone if you're allowed to do something. We're going to hear examples from around the office. Listen to this first example, which shows one of the most common ways.

Examples

Hinna, can I use your computer for a minute?

Jackie: Very simple: the phrase "can I" followed by the verb. But what verb form comes after the phrase "can I"? Listen to these two examples of asking.

Examples

Can he call you back later?

Can I use your scissors?

Jackie: "Can" is the base form of the verb, which is the infinitive without "to". Now let's listen to a slightly different way of asking permission.

Examples

Oh Emily, I forgot to bring my phone charger today, could I borrow yours for a minute please?

Jackie: Instead of "can I borrow", we hear "could I..." Using "Could I..." instead of "Can I..." sounds slightly more formal. You might use "could" if you want to be more polite. Like the word "can", "could" is always used with the base infinitive form of the verb.

Examples

Could she write me a summary of the report?

Jackie: You may have spotted a phrase that came up at the end of a couple of the phrases we heard earlier.

Examples

Hinna, can I use your computer for a minute?

Oh Emily, I forgot to bring my phone charger today, could I borrow yours for a minute please?

Jackie: Both speakers asked permission to do something "for a minute" . They didn't literally mean they would spend sixty seconds using the computer or borrowing the phone charger. But it's a way of showing that you only want to borrow something for a short time and you're trying not to bother the other person too much.

Examples

Hinna, can I use your computer for a minute?

Oh Emily, I forgot to bring my phone charger today, could I borrow yours for a minute please?

Jackie: We also heard the magic word "please" at the end of that question. Parents often get very cross with their children if they ask permission without using the word "please" . But the reality is that it's often fine not to include it. We tend to use intonation in our questions to sound polite, so we don't always need the extra "please" . Listen to these examples. The first doesn't sound very polite.

Examples

Could I have that? (demanding)

Jackie: But the second...

Examples

Could I have that? (questioning)

Jackie: Sounds more like a polite question than an aggressive demand because of the way the voice goes up.

Examples

Could I have that. (demanding)

Could I have that? (questioning)

Jackie: Listen to some more examples of the differences.

Examples

Could I see you.

Could I see you?

Jackie: The second phrase came across as a polite question, unlike the first. What about here?

Examples

Could you give that to me?

Could you give that to me.

Jackie: This time, the first question was sounded more polite because of the way it was asked. As long as you ask your question in a polite tone of voice, you need a "please" —having said that, there's never anything wrong with using "please" when asking permission.

Jackie: Let's look at another structure for asking permission.

Example

Matt, would it be OK if I took the afternoon off on Friday?

Jackie: Would it be OK if-fairly informal way of asking permission. You could also say "Would it be alright if... ?" What verb form follows these questions?

Examples

Matt, would it be OK if I took the afternoon off on Friday?

I'm not feeling well today would it be alright if I did this tomorrow?

Jackie: In both these cases, the phrases are followed by the past subjunctive form of the verb. However, you could also use the present form – this sounds slightly less formal.

Examples

Matt, would it be OK if I take the afternoon off on Friday?

I'm not feeling well today, would it be alright if I do this tomorrow?

Jackie: So "Would it be OK if... " and "Would it be alright if... " can be followed by the present or, for a slightly more formal effect, the past subjunctive. If you want to be even more polite, another variation on the structures we've just heard is "Would I be able to..."

Example

Would I be able to talk to you about something?

Jackie: "Would I be able to" —a polite way of asking permission. Now it's time to check you've understood the things we've looked at. Which of these requests is correct—the first or the second?

Examples

Can she sit here?

Jackie: The second phrase is correct—remember "Do you mind if..." is used with the base infinitive verb form. Now, which of these two questions sounds more formal?

Examples

Would I be able to talk to you about something?

Is it OK if I leave early?

Jackie: The first question is more formal "Would I be able to..." sounds more distant than "Is it OK if I..." That's all for this week, but in a later programme we'll be exploring some of the structures you can use to answer these questions.

BBC Learning English

How to . . .

Haggle

BBC WORLD SERVICE

bbclearningenglish.com

William: Hello and welcome to *How to...* my name is William Kremer. Coming up in today's programme...

Customer: ... I mean it's a nice computer but I was wondering if you could do me a better deal on it.

Salesman: Um, I'm not sure I can do that.

William: We're going to look at how to haggle that is how to try to buy something for lower price, or sell something at a higher price. Now, haggling happens a lot more in some cultures than in others. Here in Britain, people don't normally haggle when they're buying things... but it is OK to haggle for very expensive things or very cheap things.

So, for example, if you want to, you can haggle at the market, buying some flowers. Now, in this situation, it sounds a bit strange to say "Can I have a discount please?" That sounds too formal. Listen to this conversation—the customer wants to buy some chrysanthemums, which is a type of flower.

Customer: How much are the chrysanthemums?

Stallholder: Er... chrysanths... they're £3 a bunch.

Customer: Right... OK... I'll give you £5 for two. How does that sound?

Stallholder: Ah, go on then.

William: The flowers are £3 a bunch, a bunch being a group of flowers. What does the customer offer?

Customer: I'll give you £5 for two. How does that sound?

William: She says, I'll give you £5 for two. She's offering to buy two bunches if she gets a £1 discount. The market stallholder says "Go on then", meaning "OK".

Notice that customer's useful English structure—I'll give you ... for something.

Voice 1: I'll give you thirty pounds for this sofa.

Voice 2: I'll give you two pounds for both books.

William: But what if the market stallholder wants to make a deal? What language can he use? Listen to this conversation.

Customer: How much are the chrysanthemums?

Stallholder: Er... chrysanths... they're £3 a bunch.

Customer: Right... OK...

Stallholder: Tell you what, since I'm in a generous mood, you can have two for a fiver.

Customer: Yeah OK, that sounds great.

William: Did you hear what the stallholder said?

Stallholder: Tell you what, since I'm in a generous mood, you can have two for a fiver.

William: You can have two for a fiver. You can have two bunches of flowers for five pounds.

Now that little phrase—"Tell you what" sounds a bit strange, but people often say this when they're trying to make a good deal. It means "How about this?" Just say "Tell you what", and then make your offer.

Now I mention before that in Britain people haggle over cheap things and expensive things. So it's quite acceptable to haggle if you're buying a computer or a car. And in this situation, it is good English to ask "Do you think you can give me a discount on that?" Notice that preposition "on": Can you give me a discount on that computer? Listen to this conversation—how does the woman ask for a discount on a new computer?

Salesman: So that's er, that's the price.

Customer: OK, and can you... I mean it's a nice computer but I was wondering if you could do me a better deal on it.

William: I was wondering if you could do me a better deal on it. That's one way to ask for a discount. Now listen to the next bit of the conversation. In this clip, what phrasal verb means to give something extra for the same price?

Customer: OK, and can you... I mean it's a nice computer but I was wondering if you could do me a better deal on it. Salesman: Um, I'm not sure I can do that. Er, I mean, what sort of thing are you looking for?

Customer: Well, some kind of discount or incentive. It's... you know. "Cause I'm happy to pay cash, but I was wondering if you could sort of throw something in or do some kind of deal for me?"

Salesman: Um, well, I could probably throw in the delivery for free—that's £20.

William: That phrasal verb "throw in" means to give something extra for the same price.

Customer: ... but I was wondering if you could sort of throw something in or do some kind of deal for me?

Salesman: Um well, I could probably throw in the delivery for free—that's £20.

William: The salesman offers to throw in the delivery of the computer, worth £20. Now, here's another very useful phrasal verb for haggling—knock off. But what does knock off mean?

Salesman: I'll tell you what I can do for you.

Customer: OK.

Salesman: I can knock, I can knock forty off it—that's pretty much my absolute maximum discount I could offer.

Customer: Forty?

Salesman: Yeah.

Customer: Discount of forty?

Salesman: Yeah, that's pretty much the best I can do for you and, er... you can, you can walk away with it now for 406.

William: To knock some money off something means to reduce the price. The salesman offers to knock forty pounds off the computer.

That's all for this week but if you go to the *How to* web page on BBC Learning English dot com, you'll find a listening exercise which uses a complete clip of this conversation. And I hope today's language will be useful to you and that it will save you some money! Goodbye.

BBC Learning English
How to . . .
Decline invitations

BBC WORLD SERVICE
bbclearningenglish.com

William: Hello and welcome to *How to. . .* the programme from BBC Learning English that helps you find the words for some everyday situations. My name's William Kremer. In recent programmes we've been talking about how to make and accept invitations. Listen to this clip. It's of Diarmuid inviting Catherine to have a pint of beer with him after work.

Example

Diarmuid: Do you fancy going for a pint, Catherine?

Catherine: Ooh I'd love to, what time?

William: Catherine says that she'd love to go, so she's accepting Diarmuid's invitation. But what does Catherine say when I ask her out for a drink?

Example

Catherine: Ah, William, I'd love to but I'm really busy right now.

William: Catherine says "I'd love to but I'm really busy right now". So Catherine can't come for a drink because she's really busy. She's declining my invitation—she's saying "no" to my invitation. Now, the language of that clip is very similar to the clip where she accepts Diarmuid's invitation. In both clips, she says "I'd love to. . . " but there are two clues that tell you that she is declining my invitation. Firstly, her tone of voice—she sounds very sad. Secondly, she says that she's really busy. This is the reason why she can't come out for a drink with me. Listen again.

Example

Catherine: Ah, William, I'd love to but I'm really busy right now.

William: When we decline invitations, it's polite to give a reason why we can't accept them. In the next clip, what is the reason why Hina can't come for a drink with me?

Example

Hina: Oh Will, I'd like to but I'm actually going to the cinema with a friend after work.

William: Well, she said "I'd like to but I'm actually going to the cinema".

Example

Hina: Oh Will, I'd like to but I'm actually going to the cinema with a friend after work.

William: So, that's a very simple way to decline an invitation—"I'd like to but..." or "I'd love to but..." Practise declining some invitations using these words, but be sure to give a good reason... "I'd like to but I'm actually going to watch TV" is not a good way to decline an invitation!

So, so far, I haven't had much luck finding someone to have a drink with me. After Hina declined my invitation, I asked Callum if he wanted a pint after work...

Example

Callum: Oh, no, sorry. I've got to meet someone then. Maybe another time? William: He said, "I've got to meet someone". "I've got to" is an informal way of saying "I have to", so Callum can't come for a drink because he has to meet someone later. I don't know if I believe Callum, but if he is telling the truth then he has no choice: he's got to meet someone so he can't come for a drink with me.

Example

Callum: Oh, no, sorry. I've got to meet someone then. Maybe another time?

William: Notice that in English it isn't rude to say "no" if you can't do something. In fact, it's often best to be clear when we're making arrangements. But Callum does say "sorry" which is polite when we're declining an invitation. What's the phrase that he uses at the end?

Example

Callum: Oh, no, sorry. I've got to meet someone then. Maybe another time?

William: Callum says "Maybe another time". He's suggesting that we go for a drink on another day, when he isn't busy... "Maybe another time". If I often go for a drink after work, he could also say "Maybe next time".

Now, if I asked Callum to come to my wedding, I do hope he wouldn't say "No".

Example

Callum: Oh, no, sorry. I've got to meet someone then. Maybe another time?

William: In general, if you decline an invitation to a bigger or a more important event, you will probably take longer to explain why you can't come and to show how much you'd like to come if only you can. Listen to how he declines my invitation.

Example

Tim: I'd love to, Will, but sadly I'm actually going out for a meal with my girlfriend. I really appreciate the invite, but sorry—I can't make it.

William: Tim sounds so sad that I almost believe his excuse! Tim also uses two useful phrases.

Example

Tim: I really appreciate the invite, but sorry—I can't make it.

William: I really appreciate the invite—that's like saying—"Thanks for inviting me". Tim's using "invite" as a noun, instead of the word "invitation". This is very informal, modern English. I really appreciate the invite, he says, but sorry, I can't make it. "I can't make it" is also informal English, and it means "I can't come to a meeting or an event". I can't make it.

So what do you think? Do I need to find some new friends? I mean, when one person declines your invitation it's a bit disappointing, but when four people do it in a row, you start to worry... Maybe it's something I said, or maybe I did something that they didn't like or maybe... [fade out]

BBC Learning English

How to . . .

Say sorry

bbclearningenglish.com

Amber: Hello, I'm Amber and this is *How to . . .* the series from BBC Learning English dot com that gives you useful language to do things in English. In this programme, we look at different ways of saying sorry in everyday situations.

First, let's recap the simplest way to tell someone that you're sorry for doing something wrong. It's just a one – word exclamation:

Sorry!

Amber: Now imagine you're playing music very loudly in your room and your flatmate is trying to revise for his exams, he shouts:

Turn it down! I've got an exam in the morning!

Amber: You should shout back:

Sorry!

Amber: And turn your music down! Listen again.

Turn it down! I've got an exam in the morning!

Sorry!

Amber: Now, sometimes, especially with people you don't know, it's more polite to say "I'm sorry" . For example, imagine you're in a library and you step backwards without looking and step on someone's foot. In this situation, it would be polite to say:

Ah! I'm sorry!

Amber: Just "sorry" would do, and in a busy situation, like a crowded train, just "sorry!" would be enough.

Now, if you need to say sorry for doing something wrong to someone you know well or care about a lot, we often add the words "really" or "so" to emphasise how we feel. For example:

I'm really sorry, Pete, I didn't mean to hurt your feelings.

I'm so sorry I forgot your birthday, Oliver!

Amber: Those speakers do sound truly sorry, don't they? Listen again to how we add the words "really" and "so" to stress how we feel.

I'm really sorry, Pete, I didn't mean to hurt your feelings.

I'm so sorry I forgot your birthday, Oliver!

Amber: And just a note about body language—in British culture, when we say sorry to people we know well and care about a lot, it's usual to make eye contact, and we might even put a hand on the person's arm as we speak.

Now so far we've looked at short and simple ways to say sorry. These will get you a long way, but when you've done something more serious, you might want to say sorry and to say what you're sorry for.

So let's practice three ways to do this. It's worth learning these three patterns because even in informal (everyday) situations, it's polite (in English) to explain what you're sorry about—people expect it! Here's an example of the first pattern. Imagine you're late for your English lesson. When you arrive, you tell the teacher—"I'm sorry, I'm late".

I'm sorry, I'm late!

Amber: Now you try. You look in your bag and you've forgotten your text book How could you say sorry for this to the teacher?

(pause)

Amber: "I'm sorry I forgot my text book" or "I'm sorry I've forgotten my text book" . Now here are two more easy ways to explain why you're sorry—they use the words "about" and "for" . First, here are some examples using "about":

Sorry about the mess. I'll clean up later!

I'm sorry about the trouble I've caused.

I'm so sorry about last night.

Amber: And here are two examples of how to say why you're sorry using the word "for":

Sorry for eating the last piece of cake!

I'm really sorry for taking your DVD!

Amber: Notice that we say sorry for doing something!

Sorry for drinking all the milk!

I'm sorry for lying.

Amber: And finally, it might be a good idea to give a reason for your behaviour when you say sorry. This is something we often do in English.

I'm sorry for lying but it seemed the best thing to do at the time!

Amber: And now to end the programme, here's part of an episode of the flatmates—where you can hear lots of conversational English. You'll hear Helen say sorry to her friend and flatmate, Tim. Helen is sorry for shouting angrily at Tim a few days before, when he'd asked her a polite question about the rent.

Notice that Helen doesn't actually say the words "I'm sorry" at first-instead she says "I want to apologise for ..." and this is something people often say as a way of saying sorry without actually saying the words "I'm sorry". You can say "I want to apologise for ..." Listen.

Helen: Tim, have you got a minute?

Tim: Well, it's not like I've got a ton of things to do, is it?

Helen: No, no, it's not. Tim, I want to apologise for the way I spoke to you the other day.

Tim: Oh yeah?

Helen: Yeah. I was well out of order. I've been having a hard time lately but that's no excuse. I'm sorry.

Amber: Well, I hope you won't be lost for words, the next time you want to apologise in English!

There's more functional English in "*How to...*" from BBC learning English. com.

BBC Learning English

How to . . .

Complain (*informal*)

BBC WORLD SERVICE

bbclearningenglish.com

Jackie: Hello, welcome to BBC learning English. com with me, Jackie Dalton. In a previous *How to*. . . we looked at how to tell someone you're not happy about something and ask them to change their behaviour in a polite way, with phrases like "Would you mind. . . ?"

Insert Neil, I hope you don't mind me mentioning this. . . but, would you mind keeping the toilet seat down after you've used the toilet?

Jackie: In this programme, we look at more direct ways to tell someone you're unhappy with their behaviour expressions that might come up in very informal contexts. If you're not already in an argument when you use this kind of language, you'll probably end up in one pretty soon, because the expressions we're going to look at in this programme are aggressive and likely to upset whoever you're speaking to. Callum and William live together and they're beginning to annoy each other. . .

Callum + William

– Oh not again! Will, will you for once in your life, please do the washing up!

– I did it, I did it on Sunday!

– Yeah, but it's Friday now, **for goodness sake**! **I'm just fed up with the way you** leave everything lying around in the kitchen because nobody can cook anything there without cleaning up your mess first and **I'm just sick and tired of it**!

Jackie: As we heard, Callum is not happy with William because he never seems to do the washing up. One expression Callum uses to show his anger is "for goodness sake" . The phrase shows he's really annoyed, frustrated and exasperated. "For goodness sake!" we can also tell he's annoyed by the tone of his voice: there's quite a difference between... "For goodness sake!" which sounds a bit annoyed, but quite relaxed, and "For goodness sake!" which sounds like the person is very angry!

Callum Yeah, but it's Friday now, for goodness sake! I'm just fed up with the way you leave everything lying around in the kitchen.

Jackie: Another expression he uses is "I'm fed up with..." Listen to some more examples with "fed up with..."

Examples

I'm fed up with him!

I'm fed up with the trains always being late!

I'm fed up with the way she leaves her rubbish on the floor!

I am fed up with you bringing your boring—I won't say "boring" ... boring friends round.

Jackie: Let's listen to Callum again. This time, listen out for the expression he uses at the end of his outburst.

Callum I'm just fed up with the way you leave everything lying around in the kitchen because nobody can cook anything there without cleaning up your mess first and **I'm just sick and tired of it**!

Jackie: He ends with "I'm sick and tired of it!" This means more or less the same thing as "I'm fed up with it!" You could also just say: "I'm tired of it!" or "I'm sick of it!" or even, "I'm sick of you..." A bit like William does here...

William **I'm sick of you always** going on at me about these stupid things that don't matter!

Jackie: We often use the word "always" when we want to make accusations or complaints about something which someone does often.

William and Callum

- **You're always** leaving it for me.
- But why is it, why is it that **it's always** you that tells me what

to do.

Jackie: "Never" comes up quite often too... "You never do the washing up!" "You never say you love me!" In this next clip, we're going to hear three separate expressions to show annoyance. See if you can spot them.

Callum **What really gets under my skin is I just hate the way you** come home late and make so much noise when I'm in bed. I'm sick of it!

Jackie: Did you spot them? The first one was, "what really gets under my skin..." it's a way of saying that something really irritates you and makes you angry.

Callum What really gets under my skin...

Jackie: It's followed straight away by another expression of annoyance: "I hate the way you..."

Callum **What really gets under my skin is I just hate the way you** come home late.

Jackie: And "I'm sick of it!"

Callum I'm sick of it!

Jackie: If Callum hates the way William makes a lot of noise at night, Williamhates the way Callum makes a lot of noise in the mornings.

William Well, if we're talking about noise, how about this: "mrroooo", that's the noise that I hear every morning at about six o'clock with you blow—drying your hair, Callum. And yet, every "mrroooo!" I'm sick of that! It's got to stop because it just can't carry on! I've had enough!

Jackie: William uses the expressions: "It's got to stop!" "It can't carry on!" and "I've had enough!" Firm and clear phrases to deliver your message that you want someone to stop doing something.

William It's got to stop because it just can't carry on! I've had enough!

Jackie: So let's end with a recap of those expressions:

For goodness sake!
I'm fed up with the way you...
I'm sick of...
I'm tired of...
I'm sick and tired of...
You always...
You never...
What really gets under my skin is...
I just hate the way you ...
It's got to stop!
It just can't carry on!
I've had enough!

Jackie: And that's where we'll end this week's programme!

BBC Learning English

How to . . .

Make suggestions

bbclearningenglish.com

Jackie: Hello, I'm Jackie Dalton. In this programme, we're going to look at the language we use when we make suggestions. We'll do this by listening to clips from a discussion in the BBC Learning English offices. A member of BBC Learning English is leaving the team to go and work somewhere else and her colleagues are planning a party for her. We'll hear people making suggestions about what the party cna involve.

In English, suggestions are very often expressed in the form of questions. Listen to this discussion. What language structure is used to make suggestions here?

Discussion

- Well it's for Jackie's leaving party because she's going to work in another department, so we need to have a really good party so we can send her off really well. So what shall we do?
- Well, why don't we have a surprise party?
- That's a good idea...
- Why don't we hire the ground floor of a bar, get some food in and we could get a band in?

Jackie: Those suggestions were structured as questions. "Why don't..." followed by the subject—in this case, "we" and then the infinitive verb form without "to". Listen to some more examples of this structure.

Examples

- I'm worried that they won't have anything to do on Sunday.
- Well, why don't they come with us?
- I don't think he'll have time to see them.
- Why doesn't he get the later train, then he'll have more time?

Jackie: So "why don't" or "why doesn't" is followed by the subject and then the base infinitive form of the verb. Another useful expression that also follows this structure is "shall we..."

Discussion

Shall we have some music?

Jackie: So "shall" plus the subject, plus the base infinitive of the verb.

Discussion

Shall we have some music?

Jackie: Now we're going to hear a slightly different kind of structure, this time with the expression "why not..."

Discussion
- But why do we have to have catering? That's expensive!
- Yeah, why not buy our own food?

Jackie: "Why not buy our own food?" The key difference with "why not" is that the subject isn't included, just the infinitive form of the verb without "to".

Example

Why not do that tomorrow?

Jackie: So, so far, we've looked at the structures with "shall we..." and "why don't..." which are followed by the subject and the base infinitive form of the verb and we've looked at "why not...." which is followed by just the base infinitive verb form. Listen again to these examples.

Discussion
- Shall we have some music?
- Yeah, why not buy our own food?
- Why don't we make our own food?
- I was thinking exactly that myself.
- That's a nice idea.

Jackie: A word that's often useful when making suggestions about something you and someone else could do together is "let's" —an abbreviation of "let us".

Discussion

Let's ask Carrieto make a cake.

Jackie: You usually use "let's" when you want to sort of say "Come on everybody!" and motivate people. And in this case, it's met with an agreement: "Let's do that."

Discussion

Let's ask Carrie to make a cake.

Yeah, let's do that.

Jackie: The last bits of the language of suggestions we're going to look at are the words "could" and "should". "Should" sounds a bit more like you're giving advice than "could". "Could" expresses possibility. But they can both be used for making suggestions. Let's start with "could".

Discussion – Perhaps we could put up some decorations in the office, some balloons and...

– Yeah

– ... A "Goodbye Jackie" banner...

Jackie: So the structure here is the subject — "we", followed by "could", followed by the infinitive base form of the verb. Listen to some other examples.

Examples

I could go tomorrow.

He could tell them tonight.

Jackie: The example we heard earlier included the word "perhaps".

Discussion

Perhaps we could put up some decorations in the office.

Jackie: "Perhaps" has the effect of making the suggestion sound a bit more polite. Another word with a similar effect is "maybe": "Maybe we could put up some decorations."

So what about the word "should"? As I mentioned, "should" sounds a bit more like you're giving advice than "could" —as if it's something you're sure is a good idea.

Discussion

I think we should buy a really, really big card—a huge card—and we should get everybody to sign it.

Jackie: Again, subject followed by "should", followed by the infinitive verb. Adding "I think", like "perhaps" and "maybe", softens the statement a bit.

Discussion

I think we should all buy a really, really big card.

BBC Learning English

How to . . .

Respond to compliments

BBC WORLD SERVICE

bbclearningenglish.com

William: Hello, and welcome to *How to...* our guide to the everyday language of life.

My name's William Kremer. I take every opportunity to shock my colleagues here at BBC Learning English dot com and earlier on I gave several of them a big shock. I went around the office complimenting them.

Why did I compliment them? Did they look good? Had they made programmes that I'd enjoyed? Well no, not really. I just wanted to see how they would react—how they would respond—to my compliments.

I started off by approaching Carrie at the photocopier. How did she react when I gave her a compliment?

William: Hello Carrie. You're looking lovely today...

Carrie: What are you after?

William: What do you mean, what am I after? I'm just saying you look lovely. I like your purple T-shirt.

Carrie: It's just you don't ever normally give me compliments so you must be after something...

William: Well, I told you that my colleagues would be shocked by me paying them compliments. When I told Carrie that I thought she looked lovely she said: "What are you after?"

William: Hello Carrie. You're looking lovely today...

Carrie: What are you after?

William: "What are you after?" means "What do you want?" Carrie thinks that I am being nice to her because I want to ask her a favour. She said that I didn't normally compliment her so "I must be after something". "What are you after" is a humorous, and quite common response to an unexpected compliment. It is sometimes said that the British don't know how to respond to compliments. So after Carrie's rather disappointing answer, I thought I'd try someone from abroad, so I approached my colleague Khalid...

William: Khalid!

Khalid: Hello!

William: Khalid's busy. But I just wanted to say... erm you're looking fantastic today. As always, actually! You're so smart...

Khalid: Oh thank you! What do you want?

William: You're the second person that's said that! No, I don't want anything, I don't need you to translate anything at all... I just thought I... I... I thought you look very smart.

Khalid: Well thank you so much, that's very, very kind. I got my shirt from Dubai actually-erm, very cheap shop in Dubai... erm—it didn't cost me a lot of money but I think it's nice, and you think it's nice.

William: Well, either I don't ever pay people compliments or my colleagues never receive any! Khalid also asked me if I wanted anything—if I was looking for a favour. But then he said, "Thank you so much, that's very kind" .

William: ... I just thought I... I... I thought you look very smart.

Khalid: Well thank you so much, that's very, very kind. I got my shirt from Dubai actually—erm, very cheap shop in Dubai... erm—it didn't cost me a lot of money but I think it's nice, and you think it's nice.

William: After Khalid thanked me for the compliment, he went on to tell me about his shirt—specifically that it hadn't cost much money. In Britain this is quite a common way of responding to compliments about clothes—to say that actually your clothes aren't so special. We often say "Ooh, it was only cheap" or maybe "I've had it for ages". You're not disagreeing with the compliment, but saying this kind of thing shows that you're surprised by it.

Next, I complimented Callum Robertson on his programme Grammar Challenge, and he replied using a standard phrase.

William: So, I listened to one of your grammar challenges the other day... and erm... I thought it was fantastic.

Callum: Ah well, it's very nice of you to say so, thanks.

William: Callum said "It's very nice of you to say so".

Callum: Ah well, it's very nice of you to say so, thanks

William: Now, there's an important strategy that people use in reacting to compliments. That is to return the compliment—to give a compliment back to the person who gave it to you! Listen to my conversation with Hina.

William: No, I ... I... thought that I'd, I'd come over and compliment you on the way you're looking today because I think you're looking very smart...

Hina: Thank you Will, that's very kind of you to say. You're looking very smart and tall as usual...

William: I'm tall! Yes—I can't help, I'm always looking tall, that's just the way I am!

William: Hina returned my compliment by saying that I was looking very tall. Normally, we don't say that people look tall, we say that they are tall... that's why I told Hina that I'm always looking tall.

Hina: You're looking very smart and tall as usual...

William: I'm tall! Yes—I can't help, I'm always looking tall, that's just the way I am!

I am actually a very tall person, and I get a lot of compliments about my height. Old ladies are always saying to me "Oh, you're lovely and tall". That sounds very nice, but actually it gets pretty boring. And, it can be quite difficult for me to return the compliment. It would be very strange for me to say "Oh, thank you very much. You're lovely and short".

But, after someone compliments you, you always need to say something. Goodbye!

BBC Learning English
How to . . .
Disagree

bbclearningenglish.com

Jackie: Hello, welcome to the programme, with me, Jackie Dalton. This programme is all about expressions you can use when you think someone is wrong about something and you want to disagree with them.

We're going to do this with the help of British Prime Minister, Tony Blair. He was recently interviewed by John Humphries, a BBC journalist. Tony Blair disagreed with quite a lot of the things John Humphries said and we're going to look at some of the language he used when he did this — language you could use in all kinds of situations when you disagree with someone. In the first example, Tony Blair responds to John Humphries by using one of the simplest words in the English language.

Tony Blair

Shouldn't you be apologizing to those people?

No, I don't think we should be apologizing.

Jackie: "No" — a direct way of disagreeing. Be careful about how you use such direct language. As with a lot of language we'll hear today, your tone of voice can be very important in how you come across. This person disagrees quite politely.

Examples

You always come to work late.

No, I don't.

Jackie: But here, she sounds more aggressive.

Example

No, I don't.

Jackie: Listen to the next clip. What phrase does Tony Blair use in these examples to express his disagreement?

Tony Blair

You see, I mean, I don't agree with that. I understand that's the argument against what we've done, but I don't agree with it.

Well, I don't agree with that at all...

I'm a great admirer of Kofi's, but we obviously disagree about this issue.

Jackie: He uses the verb "to agree" in the negative— "I don't agree" and he uses the verb "to disagree"—"I disagree" . Now we'll hear Tony Blair using a slightly more formal structure:

Tony Blair

And, it's made this country a more dangerous place.

Well I don't accept that, either.

Jackie: "I don't accept that" — another way of saying you don't agree with something that's just been said.

Tony Blair

The failure of that responsibility...

Well, I don't accept that we failed in that responsibility.

Jackie: Sometimes you may agree with part of what someone says, but disagree with other parts. What structure does Tony Blair use to do that here?

John Humphries and Tony Blair

... many of them loyal to their own warlords.

Well, I think that although it is true to say that there are far too many parts of the police that are sectarian and so on...

They're...

Jackie: Tony Blair shows that he agrees with some of what John Humphries has said, but he tries to go on to say that there are other things he disagrees with. We know he disagrees with part of what John has said because he uses the word "although" at the beginning of his sentence: "Although it's true to say... " He never quite finishes his sentence to tell us what he doesn't agree with so let's listen to a more complete example of that phrase in use.

Examples

He doesn't work hard enough and he's bad for the company!

Although it's true to say he doesn't work as much as he should, I think he's very clever and could help the company a lot.

Jackie: You could also use "while" instead of "although".

Example

While it's true to say he doesn't work as much as he should, I think he's very clever and he could help the company a lot.

Jackie: In this next clip, John Humphries says something that Tony Blair disagrees with. What's the phrase that Tony Blair uses to interrupt him?

John Humphries and Tony Blair

... elected their own government, we're now telling...

Well, hang on a minute John! They excluded...

Oh no well you added those bits...

Well hang on...

You added those bits...

No, no, before any of those things...

Jackie: "Hang on a minute..." this sometimes just means "wait", but here it's a way of saying "Stop, I don't agree and there's something I want to say". He then corrects him.

Tony Blair

... elected their own government, we're now telling...

Well, hang on a minute John! They excluded...

Oh no well you added those bits...

Well hang on...

You added those bits...

No, no, before any of those things...

Jackie: Let's end on some very strong statements of disagreement.

Tony Blair

... process but...

You'd already decided by then.

That is really not true but, I mean...

I most certainly do not accept that he was not a threat.

Jackie: Both Tony Blair's words and his tone of voice make it very clear he disagrees. He uses the adverbs "really" and "most certainly" to show how strongly he disagrees with what's been said.

Tony Blair

That is really not true but, I mean...

I most certainly do not accept that he was not a threat.

Jackie: Finally, there are some very strong informal—and sometimes quite rude— ways of disagreeing with someone that you might come across, although be careful about when you use them. Here they are.

Examples

That's nonsense!

That's rubbish!

Jackie: Again, these expressions can be made stronger, this time, with adjectives.

Examples

That's complete nonsense!

That's absolute rubbish!

Jackie: Although Tony Blair did seem to get quite cross in this interview, he never got quite angry enough to use those words.

语用习得教学补充内容:

Unit 1　American ways of greeting

Most American greetings are accompanied by handshakes, hugs or smiles. America is a country unlike any other in the world, and that uniqueness applies to its language as well. Sure, Americans speak English, but it's vastly different, both in dialect and terminology, from the English spoken in England. And while American movies and television offer some insight into the conversational English spoken in America, additional study is advised; just a small amount can go a long way. Indeed, if you're willing to make an effort to greet Americans in ways they're used to you'll likely find them to be much friendlier, kinder and more helpful than you imagined.

"Hello" "Hi" "Hey"

In many cases, a simple "Hello" is a perfectly acceptable way to greet someone in America. It extends across every class and situation. "Hi" is also a suitable greeting, being an abbreviated form of "Hello". Both are typically said with a smile or a nod of the head. If you make eye contact with someone within speaking distance it's widely customary to acknowledge the fact by saying "Hello" or "Hi". A less formal version of both phrases is "Hey" and is normally used among acquaintances and not in more formal social settings.

"How's it going?"

Many American greetings involve a question that isn't necessarily meant to be answered. It's just a way of saying hello. For example, when someone says "How's it going?" they're most likely just saying "Hi" and not in fact asking you to go into detail about your day. If this is said in passing, while walking on the street, in a store or headed somewhere else, it's recommended that you simply reciprocate the greeting by saying "How's it going". You can also also say, "Good, and you" or "Good, and how about yourself". Other variations of this greeting include "How are you" and "How are you doing".

"What's up?"

"What's up?" is also a common way of saying hello. The other person will usually reply with "Not much" or a brief description of their day before asking

"What's up with you". Feel free to answer similarly, giving a brief synopsis of what you've been doing or plan to do with your day. Other responses can include, "Same old, same old" "The usual" or "Just hanging out". All of these offer little detail about the day and essentially just say, "I'm doing what I do". It may not make sense, but it's very American.

Time-specific greetings

Depending on the time of day, a polite American way of saying hello is "Good morning" "Good afternoon" or "Good evening". In each case, a proper response is simply repeating what was said. Also, while evening and night may be synonymous, "Good night" is more a form of farewell than a greeting.

Region-specific greetings

The type of American greeting can also depend on the region. In Texas and other southern states with strong cowboy influences the typical way to greet someone is by saying "Howdy". If you're unsure about region – specific greetings where you're at then it's safer to not improvise and guess. Take cues from what you hear other Americans in the area saying.

Other tips

As in some other cultures, the more you see a person, the friendlier the greeting will become, going from "Good afternoon" to "Hey, how are you?" If you're unsure, let the other person take the lead. If they say "Good afternoon" say it back. If the greeting is more casual feel free to respond more casually. Most greetings in business situations are accompanied by a handshake. In more casual settings people may smile at one another, shake hands, hug or even kiss if they have an established friendship or relationship. If unsure of how to greet, follow the other person's lead. When answering the phone, simply say hello or say it along with your name: "Hello, this is Jose."

(http://www.ehow.com/info_8143314_american–ways–greeting.html)

Unit 2 How to make and accept invitations in English

"What are you doing next Saturday? We're having some people over for a meal. Would you like to come?"

"Are you free next Thursday?"

"Are you doing anything next weekend?"

"Would you be interested in coming to the cinema with me tonight?"

"How do you fancy going out for a meal at the weekend?"

Accepting

"**Would you like to**..."

"I'd love to, thanks."

"That's very kind of you, thanks."

"That sounds lovely, thanks."

"Do you fancy coming to the cinema tonight?"

"What a great idea, thanks."

Speaking Tips

Giving Invitations:

- What are you doing on (day/date)?
- Would you like to...?
- How about...?
- Do you want to... with me?
- I'd like to invite you to...

Accepting Invitations:

- Thanks! That sounds like fun.
- Sure. Thank you for the invitation.
- When is it?
- What time does it start/end?
- Let's meet at...
- What date/day is it?

(http://www.brighthub.com/education/languages/articles/76884.aspx)

Unit 3 How to make requests in English language?

In our daily life, we come across many situations where we have to make a request or a command. There are different levels of politeness in making a request. You have to know them because they will help others to understand what you want to convey. Otherwise, there is a probability of taking your request as a command. The following are some of the ways how you can request something in English.

1. Give me some money.
2. Will you lend me some money, (please)?
3. Can you lend me some money, (please)?
4. Could you lend me some money?

5. Do you think you could lend me some money?
6. I wonder if you could lend me some money.
7. Would you mind lending me some money?
8. If you could lend me some money, I'd be very grateful/I'd appreciate it.

Make requests—Can you please lend me some money?

In the above list, the (1) is the least polite way of making a request and (8) is the most polite. They are arranged in the ascending order of politeness. The last form (8) is mostly used in writing generally not used in speaking.

It is important to understand that using the proper degree of politeness is very important in the English language otherwise it sounds awkward. For example, if you say "would you mind fetching me some water?" to your servant, it looks odd and he/she will be surprised. Also, when you want to ask something (pen for example) from a stranger don't say "Will you lend me your pen?" as it will sound the rudeness and he will understand it as a command instead of a request. Hence, before you ask something, identify the closeness of the person with you and make the request in correct form.

(http://beidaenglish.com/english-in-use/how-to-make-requests-in-english-language/)

How to make requests

By Michael F. Lipp

There's no doubt that there is a correlation between those who make requests and those who have power. And an equal correlation (surprisingly) between those who are asked and those who have power. But—not surprisingly—most people have a difficult time making requests.

It seems simple enough. Get or create permission to ask a question or a favor and then go ahead and ask. The answer is either yes, no. It can also be a counter offer (yes, except or no, but) or "come back later". And that's the game. Well, there are all sorts of mind games that go into it: getting permission, separating a refusal from personal rejection, dealing with yes (most of us don't realize that when someone says yes, then the requestor has a commitment to follow up).

And there are many different forms of request—from insistent requests (called, in marriages, "nagging") to very, very plaintive requests (pleading or begging). In fact, there is a full scale of request types.

I once had a boss who was incapable of requesting (because requests allow "no.", but she was also incapable of making assignments. I realized this was a dilemma for her when I received an email that completely described a project, but I had no idea why it was sent to me until I read the last sentence: "If you have any questions about this, ask Michael Lipp; he's in charge of this project." So, given this, how could you be trained to make requests?

I have a few suggestions to ease you into developing requesting as a habit.

First— Pick a request that is very easy to accept, for instance, "Can you lend me a dollar? I'll give it back after lunch". Or something like that. Make the request to someone who you know will say "yes". Make a similar request every day. You can up the level of difficulty or the frequency (move to 2 a day...). Then introduce a request that someone can say no to. Notice your response.

Second— This is the same, except backwards. Pick a request that is totally unreasonable, one that no one is likely to accept. Make it of someone who you don't care whether or not he/she accepts, though you'll be delighted if it is unexpectedly accepted. "Will you take notes for me at this meeting? I can't go." Make a similarly unreasonable request every day. Then make a difficult request, though not absurd.

After a while you will be ready for real ones.

Michael F. Lipp, CEO of 1st Class Coaching, LLC inspires and empowers people to live fulfilled lives in harmony with the earth. Michael is best known for his expertise in coaching people to have great lives. His clients say that his biggest impact comes from keeping it simple and having them accelerate their accomplishments.

You can learn more about Michael and his courses, coaching programs, and ebooks, at his website. Click here: http://michaellipp.com/contribution-coaching/signupplaying.htm, to visit Michael's website and get his free Report "A Satisfying Life in a Hurry Up World".

"Live the Life You're Meant to Have".

438 Connecticut Avenue, Hamilton NJ 08629
Information: 609 586 9598
Michael@MichaelLipp.com

Article Source: http://EzineArticles.com/?expert=Michael_F_Lipp
Article Source: http://EzineArticles.com/1242236

Teaching ESL students how to make requests in English

Written by: Heather Marie Kosur. Edited by: Trent Lorcher. Updated: May 17, 2011. Related Guides: Illinois State University | Esl Students | ESL Requests are the expression of needs and desires. Politeness theory, as hypothesized by Penelope Brown and Stephen Levinson, accounts for the different ways that a speaker may frame a single request. This ESL lesson plan teaches English language learners about making requests in English.

Positive politeness

First talk about making requests with positive politeness strategies. Positive politeness is a collection of politeness strategies that address the positive face of the addressee. Positive face stems from a desire for approval and confirmation and refers to the need of a person to be approved of by others. Positive politeness strategies include the following:

- Attending to the needs, wants, or desires of the addressee
- Using in - group markers to express solidarity
- Being optimistic
- Seeking agreement or avoiding disagreement
- Offering or promising
- Joking

For example:

- You're a wonderful cook. Make me something to eat.
- Bring me some tea, sweetie pie.
- Please call me at noon.
- You wouldn't mind opening the window while you're up, would you?
- If you make dinner, I'll wash the dishes.
- Wash your hands before eating, or you'll die a terrible death!

Negative politeness

Then define and provide examples of making requests with negative politeness strategies. Negative politeness is a collection of politeness strategies that address the negative face of the addressee. Negative face stems from the need not to lose self-respect or self-esteem and refers to the need of a person not to be distracted or imposed upon by other. Negative politeness strategies include the following:

Online teaching masters

- Being conventionally indirect
- Using hedges and other mitigations

- Apologizing
- Minimizing the imposition or distraction
- Being pessimistic

For example:

- Would you pass the salt?
- You could wear a suit to the interview.
- I'm sorry, but you need to move your car.
- If it's not too much to ask, please email this report to the Dean.
- You wouldn't want to give me a ride to the airport, would you?

Modal verbs are a frequent feature of negative politeness strategies.

Bald on-record requests

Next explain making requests baldly and on-record. Bald on-record requests are straightforward and direct requests that do not seek to address neither the positive face nor the negative face of the address. In English, bald on-record requests are made through the imperative mood without any positive or negative politeness strategies. For example:

- Shut the door.
- Have the report to me by tomorrow morning.
- Stop complaining just to complain.
- Eat your vegetables.
- Wash your hands before eating.
- Don't forget to finish your essay.

Off-record Requests

Finally, describe making requests off-record. Off-record requests are indirect requests that eliminate the potential for the speaker to impose on the addressee by allowing the addressee to draw an implicature from the statement. Implicature is defined as what is suggested or implied in an utterance but not explicitly stated. Both off-record requests and their implicatures are context-dependent. For example:

- It's hot in here. (Open the window.)
- My car is in the shop. (Give me a ride.)
- I really dislike chicken. (Serve a different meat instead.)
- You look nice in blue. (Wear blue more often.)
- Washing your hands before eating is recommended. (Wash your hands before eating.)

• All reports are due tomorrow. (Finish your report by tomorrow.)

Off-record requests are the most difficult type of request for both native and non-native English speakers to understand because implicature is not always clear or easy to get.

Practicing requests

After teaching the four ways of making requests in English, assign activities to the ESL students as practice. For example:

- **Writing practice**: Have the students write one request using all four request strategies, e.g., bake me a cake (bald on-record); Please bake me a cake, darling (positive politeness), You wouldn't mind baking me a cake, would you? (negative politeness), and I would really love a cake.
- **Spoken practice**: Divide the class into small groups and have the students practice making and granting or denying requests orally, e.g., could you open the window? Sure! or Please call me tomorrow. I can't, I'll be out of town tomorrow.
- **Identification practice**: Provide the students with a list of requests and have them identify the politeness strategy used, e.g., could you bring a dessert to dinner? (negative politeness).

Making requests is an important function of the English language. This ESL lesson plan provides the necessary information about the four English request strategies and some suggested activities for teaching how to make requests in English to ESL students.

Sources

- Brown, Penelope and Stephen C. Levinson. 1987. Politeness: Some universals in language usage. Cambridge: Cambridge University Press.
- Burt, Susan Meredith. 2010. Class lecture presented in Cross - Cultural Aspects in TESOL at Illinois State University, Normal, IL.
- Mishoe, Margaret and Michael Montgomery. 1994. The pragmatics of multiple modal variation in North and South Carolina. American Speech, 69 (1). 3 - 29.

(http://www.brighthub.com/education/languages/articles/64944.aspx)

Unit 4 English speakers make offers all the time in conversation

They say things like:

Can I...?

Shall I...?

Would you like me to...?

Using these common English phrases—and being able to accept and reject offers—will make you sound polite and helpful.

"Can I help you?"

"Shall I open the window for you?"

"Would you like another coffee?"

"Would you like me to answer the phone?"

"I'll do the photocopying, if you like."

Shall, **can** and **will** are followed by the verb without **to**.

Shall is more formal than can. **Would you like...** is followed either by a noun, or by the verb with to.

Responding to offers

These English dialogues show you ways to accept or reject offers made to you.

"Can I help you?"

"**Yes please. I'd like to know** what time the train leaves."

"Can I help you?"

"**No thanks**, I'm just looking." (in a shop)

"Shall I open the window for you?"

"Yes please. **That would be very kind** of you."

"Would you like another coffee?"

"No thanks." or "**No thank you.**"

"Would you like another coffee?"

"**Yes please, that would be lovely.**"

Or, "**Yes please, I'd love one.**"

"Would you like me to answer the phone?"

"**If you wouldn't mind.**"

Or, "**If you could.**"

(Don't answer "Yes, I would", as this sounds like you **expect** someone to do it for you.)

"I'll do the photocopying, if you like."

"**It's OK, I can do it.**"

Or, "**Don't worry, I'll do it.**"

Or "**Thank you, that would be great.**"

(http://www.english-at-home.com/speaking/making-offers/)

Unit 5 How to decline invitations in English

Declining

"Would you like to come over for dinner on Saturday?"

"That's very kind of you, but actually I'm doing something else on Saturday."

"Well, I'd love to, but I'm already going out to the cinema."

"I'm really sorry, but I've got something else on."

"I really don't think I can - I'm supposed to be doing something else."

Speaking tip

It's important to be polite when you decline an invitation. We normally give a reason why we can't do something and either apologise, or use words like "**actually**" or "**really**".

(Http://www.english-at-home.com/speaking/making-invitations/)

Refusing invitations:

- No, thank you.
- I'm sorry, but I have to...
- Thanks, but I have another appointment at that time.
- I can't. I'm sorry.

(http://www.brighthub.com/education/languages/articles/76884.aspx)

Unit 6 How to say "sorry" in English

Everybody makes mistakes. Learn how to apologise (say sorry) for your mistakes before you make them.

Ways to apologise

Sorry. I'm sorry. I'm so sorry! Sorry for your loss. (a person or pet died)

Sorry to hear that. (after someone shares bad news such as a child' s illness or a job loss) I apologise. (you've made an error)

Sorry for keeping you waiting.

Sorry I'm late.

Please forgive me.

Sorry, I didn't mean to do that. (you did something by accident)

Excuse me. (you need to get by OR your body released gas)

Pardon me. (you need to interrupt OR same as "excuse me")

I owe you an apology. (your mistake happened a while ago)

Common gestures that go with apologies

Eye contact. (look into the other person's eyes as you say "sorry")

Hold one hand in front of your mouth after you make a mistake.

Hold a hand over your heart as you say sorry.

Wide eyes and mouth show how sorry you are.

When words are not enough

Bring flowers.

Bring a hot coffee or tea.

Bring a bottle of wine.

Leave an apology phone message.

Send an e-card.

Slang for "I'm sorry".

My bad. (common among teenagers)

Whoops! (casual)

Oops, sorry. (casual or sarcastic)

There is a very popular song that uses a common English phrase for a repeated mistake: "Oops, I did it again."

(http://edition.englishclub.com/survival/say-sorry/)

Things to teach about apologizing

1. **Excuses/ reasons**

In some cultures it is impolite to give a reason why something happened, as this can be seen to be taking away from your apology by giving excuses. This is true in the very strong apology "There is no excuse for what I did", but generally in English not giving a reason why something happened shows that you can't be bothered to explain, leading to conversations like "Sorry I'm late" "Well, where were you?" For reasons of culture or lack of language, students might find themselves involved in conversations like this or (worse) offending people and never finding out that they have. Fun practice for the language of giving excuses includes matching funny excuses (available on many work-related humour sites on the internet) to what they were excusing themselves for, e. g. , "The dog ate it" to "I'm sorry I didn't hand in my homework" . Another good activity is competing to give the most believable reason for something inexcusable like taking a bath with your wife's mother.

2. **Apology, reason and promise**

The topic above can be extended to give students a general pattern for a standard apology in English, which is an apology ("I'm sorry" / "I apologise" / "Please excuse my lateness"), then a reason ("I missed the bus" / "My alarm didn't go off" / "Someone had spiked my drink"), and finally a promise of future action ("I'll buy a new one this afternoon" / "I'll be more careful next time") . This means that you can bring apologies (a surprisingly neglected topic) into lessons on conjunctions (like "because") and will for promises. There are also fun activities you can do with these points like spotting the ones that don't fit (e. g. , "I'm sorry your book is looking a bit bashed up. This is because it was a manual and I had only ever driven automatics before. I promise to keep my mouth shut next time") and then swapping bits around to make ones that do make sense.

3. **What you repeat**

In some languages it is usual to repeat the actual apology word, the equivalent of running up to your friend while saying "Sorry! Sorry! Sorry! Sorry!" This sounds almost comical in English, and the usual rules of repeating yourself as little as possible in English apply to apologizing too, e. g. , in this situation "Sorry. I do apologize. You must have been waiting for ages. I'll try and make it up to you..." (and at the end of the meeting) "Sorry again for keeping you waiting" . The exception to the rule is saying "I am so so so so so sorry" . You can practice having a range of apologizing phrases with a board race—half of the class line up in front of the right half of the whiteboard where "Apologizing" is written at the top and the other half on the left have to write under "Thanking". The teams race to write as many different correct phrases in their category as they can, each person only writing one phrase before they pass the pen and go to the back of the line.

4. **Adverbs**

Many learners use "so" and "very" interchangeably, and doing the topic of apologies is a good chance to show that there are subtle differences. In this case, "so" is almost always stressed and so has the same impact as (the much less common) "I am VERY sorry" and much more than "I'm very sorry". This can be practiced by them listening to different phrases and giving each one between 1 and 5 points depending on how strong the apology sounds. After comparing answers on this, give students cards with the number of points on to show them how strong their apology should be in the next roleplay. Their partner then guesses what number they had on their card at the end of the roleplay.

5. **Word stress**

As is clear in the examples above, which words you stress can have a big impact on the meaning and strength of apologies and doing apologies is a good chance to tackle which words you should emphasize. Another example is "I'm sorry" and "I AM sorry", where the very strong second version is the only time we don't use the contraction "I'm" (the difference in meaning of using and not using contractions being another important point that students often miss out on). Stressing every single word, especially if the intonation is flat (see below), can also make the students sound sarcastic. The best way to tackle this point is to read out or play two dialogues with the same phrases but different words stressed in different dialogues, asking students to listen the first time for the difference in pronunciation of the phrases and the second time for how the situations and hence the meanings of the apologies are different.

6. **Intonation**

This is another neglected area of the language that can be usefully tied to apologies because it has more impact here than in many other situations. For example, going down at the end of the "so" in "I'm SO sorry" can make students sound like they don't really mean it (like me as a teenager "apologizing" to my parents). This can again be examined by students analysing good and bad intonation in context, guessing whether people really mean it by what they say in the rest of the conversation. They can then practice this by being given a card that says "Really apologize" or "Be sarcastic" telling them how they have to respond to their partner's complaints. Alternatively, they can compete to make the same phrase sound the most polite and then to make the same phrase sound the most sarcastic they can. Note that unmusical students gain very little from being told when intonation goes up and down, so work on word stress, increasing range and copying intonation are generally much more useful.

7. **Eye contact**

In some cultures, people apologizing tend to keep their eyes down to show contrition, but a stereotypical American Dad disciplining their teenage kid might assume that means the excuse is just a lie and tell them to "Look at me when I am talking to you". I tend to introduce this with the story "Juries in American often assume that witnesses from Japanese companies are lying or feeling guilty. Why do you think that misunderstanding happens?" — Answer: "They tend to look avoid eye contact with the judge and jury to show respect or to sit up very straight for the same reasons. To Americans this makes them look stressed and/or shifty." This topic can be just as useful for students whose culture would keep eye contact when apologizing but might come across people whose culture is different. Another way of approaching the subject is to tell students to mime certain attitudes with just their faces and eyes until their partner guesses which one it is (such as "confident" "arrogant" "defiant" "apologetic" "lying" and "guilty"), and then discuss cultural universals.

8. **I'm afraid that**

I'm not sure why you can't say this when you can say "I am confident that", but "I'm afraid I haven't" is the much more natural English phrase that students tend to avoid.

9. **Past apologies**

One difference is the one between "I'm sorry to hear that" (used when receiving bad news) and "I'm sorry I heard that" (I wish he hadn't told me that—rarely used). A similar but more common confusion is when trying to produce "I am sorry to have + past participle", e. g., "I am sorry to have given away your secret". This can be explained by telling students that the present tense of "to be" shows that the feeling is still true and therefore doesn't minimize the apology, whereas "I was sorry to break his vase" means the feeling is finished and could even mean "... but now I know that it was a fake, I don't feel so bad".

10. **Regret**

Students tend to misuse this verb in apologies. The most common mistake is using it for normal apologies in conversation, whereas in English it is very formal and usually a written form. Another possible confusion is between "I regret to inform you that..." (regret + infinitive for announcements of bad news) and "I regret informing you that..." (regret + V-ing, where the second verb is something that has already happened, therefore making this structure very different in meaning and very rare with "inform").

11. **Excuse me**

This is mainly used to get someone's attention or asking to get past, and that is how I teach it. There are exceptions like British people using "Sorry" to get past on the underground (especially to avoid having to repeat themselves) and "Please excuse me for phoning you at this early hour", but unless students ask these are usually best ignored! An amusing way of introducing the topic is with dialogues where people use the wrong one, e.g., (to a waiter) "Sorry" "Why, what did you do?"

12. **Pardon me/ I beg your pardon**

A use of "Pardon me" that students are hardly ever familiar with is after you burp. "(I) beg your pardon" is used in similar circumstances to show a child that you heard the rude word or noise that they made, a use that I have heard many more times than the "I (do) beg your pardon (for...)" for apologies that students are often familiar with. It can be difficult to tackle the topic of letting off wind in class though!

13. **The right amount of apologizing**

I bring this point up with another apparently true story on the topic of cultural misunderstandings— "A Japanese company writes to an American supplier hoping to have their machines fixed or replaced and are very annoyed just to be given advice of how to fix them themselves. What happened and why?" to which the answer is "The Japanese started the letter with 'We are sorry to bother you but we are having some problems with...' which the Americans took as a sign that the Japanese were accepting that they were at fault for the problem and only asking for help". Needless to say, some nationalities have the exact opposite problem, annoying their counterparts in the UK by never saying they are sorry with phrases like "I disagree" rather than the much more British "I'm afraid I can't agree".

14. **Apologizing without accepting responsibility**

A more practical and recent cultural difference is the need of American companies and now many others to apologize without that statement being taken as an acceptance of having done something wrong and so being ammunition when the customer sues or threatens to. This is a difficult thing to do even for a native speaker, which can lead to some amusing examples of convoluted or downright rude "letters of apology" that students can laugh at and try to improve. This topic is especially good for students in customer service or studying English for law.

15. **Formality**

Students often sound overly formal and old fashioned, for example by using written forms like "I regret..." when speaking. You can overcome this by marking all phases you give them with "written" "slang" "formal" etc. or by asking them to look at a dialogue, email, official notice etc. and spot which ones are used in each. More informal phrases you might like to teach them include "Whoops. Sorry (dude)" "My bad" and "Yikes".

Written by Alex Case for TEFL. net | February 2009

Alex Case is TEFL. net Reviews Editor and author of the popular blog TEFLtastic.

(http://edition.tefl.net/ideas/functional/apologizing/)

Unit 7 How to make a complaint in English

The airline lost your baggage. The hotel laundry ruined your favorite shirt. The taxi driver overcharged you. When you're abroad, sometimes things go wrong. Now you can do something about it! Use these tips when you want to express an effective complaint in English.

No matter how unfair the situation, it's best to phrase your complaint polite. In English, you'll sound more polite if you use indirect language. Here are some examples:

I'm sorry to bother you ...

Starting a complaint with "I'm sorry to bother you" puts the listener who may have heard many complaints that day at ease. Use this phrase if the situation isn't that serious. For example, "I'm sorry to bother you, but I wanted a baked potato, not fries".

Can you help me with this?

Everyone would much rather be asked to do something than told! So try phrasing your complaint as a request for help: "Can you help me with this? My shirt came back from the laundry missing buttons."

I'm afraid there may be a misunderstanding.

This is a polite way of saying, "Your information is wrong. Please fix it now". You'll most likely use this phrase if you made reservations for a flight, hotel or restaurant, and when you arrive, it's not what you expected. For instance,

"I'm afraid there may be a misunderstanding. I requested a non-smoking room".

I understand it's not your fault ...

Often when you make a complaint, you deal with a person who was not directly responsible for the problem. But the problem isn't your fault, either! This phrase is helpful when you need swift action. Tell the person you're dealing with. You understand they're not at fault and then directly state the problem: "I understand it's not your fault, but the airline promised they would deliver my baggage yesterday."

Excuse me, but I understood that ...

Using this phrase lets the person know you're well-informed and are suspicious they might be trying to take advantage of you. Don't say, "Hey! You're trying to cheat me!" Instead, start indirectly by stating what you know to be true: "I understood that the taxi ride to the airport was only 25 dollars". Then give them an opportunity to respond.

All that said, sometimes you're treated so badly that there's no time for being polite! You can use these very direct phrases when a problem is beyond compromise: "I need to speak with a manager." "This is unacceptable." "Please fix the situation immediately." or "I demand a refund".

(http://www.24en.com/study/speaking/2006-08-16/54150.Html)

Unit 8 Language for making suggestions

Question opener	**+ subject**	**+ infinitive without "to"**
Why don't	I you we they	buy...? go...? meet...?
Why doesn't Shall	I he/she we ?	

（续上表）

Question opener		+ infinitive without “to”
I, you, he, she, we	should could	say... arrange... talk... eat... get...
Let’s Why not		
Note		

(http: //www. bbc. co. uk/worldservice/learningenglish/radio/specials/1756_how_to_discuss/page2. shtml)

There are a number of formulas used when making suggestions in English. Here are some of the most common:

(1) Why don’t you / we go to the movies tonight?

(2) You / we could visit New York while you’re / we’re there.

(3) Let’s go to the travel agent’s this afternoon to book our ticket.

(4) What about asking your brother for help?

(5) How about going to Hawaii for your vacation?

(6) I suggest you / we take all the factors into consideration before we decide.

Formula	Verb Form
Why don’t you / we go to a movie?	**Use the base form of the verb in a question**
We / You could go to a movie.	**Use the base form of the verb in a statement**
Let’s go to a movie.	**Use the base form of the verb with “let’s”**
What about going to a movie?	**Use the “-ing” form of the verb in a question**
How about going to a movie?	**Use the “-ing” form of the verb in a question**
I suggest you / we go to a movie.	**Use suggest object verb in the base form in a statement.**

There are a number of formulas used when complaining in English. It's important to remember that a direct complaint or criticism in English can sound rude or aggressive. It's best to mention a problem in an indirect manner. Here are some of the most common:

(1) I'm sorry to have to say this but...

(2) I'm sorry to bother you, but...

(3) Maybe you forgot to...

(4) I think you might have forgotten to...

(5) Excuse me if I'm out of line, but...

(6) There may have been a misunderstanding about...

(7) Don't get me wrong, but I think we should...

Formula	Example Finish
I'm sorry to have to say this but	I think we need to take another approach.
I'm sorry to bother you, but	I think you need to refine this layout.
Maybe you forgot to	include his name and number.
I think you might have forgotten to	finish the report on time.
Excuse me if I'm out of line, but	your work has not been adequate lately.
There may have been a misunderstanding about	what I expected from you.
Don't get me wrong, but I think we should	concentrate on the Smith account for the moment.

(http://esl.about.com/od/grammarstructures/a/f_complaints.htm)

Unit 9 How to make meaningful compliments

by Melissa Detto

Giving a compliment is a necessary part of relating to others. A person needs to have his positive qualities acknowledged. Sadly, many people only hear complaints, whether at home or at work. Yet, one simple compliment can change everything. A person may instantly feel a little better about himself, and his dark day may lighten up. Consider the qualities of those around you, and deliver a meaningful compliment.

Instructions

(1) Look at the other person when you give the compliment. Body language says a lot about your intent. If you are looking away or fidgeting, the compliment appears meaningless. Remember to smile, so that the other person feels comfortable and knows the compliment is genuine.

(2) Give only sincere compliments. Do not compliment someone because you want a favor. Think about something the other person has accomplished or something you admire about that person. For instance, you can compliment the person on giving a motivating speech at work. The point is to compliment a person on something that stood out to you in a positive way.

(3) Be specific when giving a compliment. You want the receiver to know that you mean what you say. Rather than say something general such as, "You're a great guy," say why the person is a great guy: "I admire you for the hours you spent on this presentation. The effort you put into it really shows how much you care about the company".

(4) Keep the compliment simple. Do not go overboard with the praise. If you deliver a five-minute discourse about the person's wonderful qualities, he may not think the compliments are sincere. Simply state the compliment in a couple of sentences.

(http://www.ehow.com/how_10074695_make-meaningful-compliments.Html)

How to make successful compliments—part one

Would all compliments we make to the beautiful women have the best effect. Would their more frequent use should make the woman more disposed to romantic experiences. In fact all this depends not only by making a compliment, but also by smiling with a charm to the beautiful girl we have went out with.

The way in which one offers compliments and the place and the moment, when this is made, are of extreme importance for the effect of the soft words caressing the woman and their hundred percent influence on the woman which is subject of this attention? Or with other words in order to make a good and efficient compliment you should know to observe some basic rules.

To whom is appropriate to make compliments: Every person, younger or older, man or woman, loves when others tickle his or her vanity. What you should strictly observe is to select the place and the moment, otherwise, you risk achieving the adverse effect and the sympathy of the girl towards you should turn into disguise.

(http://www.idatingonline.com/how-to-make-successful-compliments-part-one.html)

How to make successful compliments-part two

Always try making compliments over the personality. Don't make compliment about the physical qualities of a girl, if you haven't got any intimate relations with her. In this way you tell her as if you are not interested at all how smart and funny she is, but her legs are wonderful. Women want to notice first their personal qualities and skills. To evaluate them first as a built up character with their advantages and disadvantages, which could reveal to you their mental beauty and after that they would daze you with their natural gifts.

You should be able to make stylish and delicate compliments. Don't make a compliment over something, which is awful, for example a bad combination of clothes" colours. Sometimes women are aware of this, but they haven't got any other choice. And if you make a compliment in this direction they would get insulted by you. Try to look closer to the details of the girl and to assess with compliments the small, but beautiful features which have taken her much time and attention to form them and to prepare them. The fact that you have noticed the things the girl has made for the date with you is a compliment by itself. Women, just as the men love when one notices and assesses their efforts.

(http://www.idatingonline.com/how – to – make – successful – compliments – part – two.html)

Unit 10 How to express agreement & disagreement in English

Whether during a pleasant chat or a heated debate, opportunities arise in conversation for participants to express agreement or disagreement. Between sarcasm, slang and double negatives, finding the appropriate agreement and disagreement expressions is tricky for English language learners at any age. While "yes" "no" "I agree" and "I disagree" are polite and acceptable responses, they are not the only affirmative or negative expressions available and may not be the logical responses in a given situation.

Disagreement phrases

Saying "no" or "I disagree" may be the quickest way to express disagreement, but it's not always the most polite. Certain phrases, such as "I see your point, but ... " "That's partly true, however ... " and "Maybe, but ... " are designed to soften disagreements by first validating the original speaker's statement before stating your differing opinion. For example, if a co-worker says, "She should be fired because she's always late to work" a reply of "I see your point, but she does stay late, too" indicates your disagreement with the opinion that she should be fired.

Instructions

Listen to the other person's point of view. Even if you disagree, you show the other person respect by being attentive while he is speaking. Let the other person know when they've made a good point, even if you don't agree with everything he says.

Explain to the other person in the discussion that you disagree. Begin with a phrase like "Statistics don't back up what you're saying because... 'or' I don't believe that to be true because ... "

Give your opinion clearly and rationally. List the reasons why you disagree with her point of view.

Prepare for a counter attack. Don't expect to win any argument or disagreement after one round of debate. If the person with which you have an agreement counters your opinion, continue the discourse in the same rational manner laid out in Steps 1 to 3.

(http://www.ehow.com/how_6785120_express-agreement-disagreement-english.html)

附录 2　研究问题①试卷

（1）前测

语用能力测试（书面话语填充）

姓名 ____________　班级 ____________　性别 ____________

高考英语笔试成绩 ____________　高考英语口试成绩 __________

1. 你去过英语国家吗?

   A. 没有　B. 待过 1 ~6 个月　C. 待过 7 ~11 月　D. 1 年以上

2. 你经常和英语本族语者说英语吗?

   A. 通常（课内外）B. 只在课堂上　C. 从不

Please react to the following situations and write down the appropriate responses according to your intuition.

1. You want to invite your friend to dinner this weekend. How would you invite him/her?

   Your invitation:

2. You failed to meet a friend at a hotel due to miscommunications. What would you apologize to him or her?

   Your friend (angrily): Oh, my God! It's already late.

   Your apology:

3. Xiao Xiang, one of your classmates, is considering taking a course. You have heard that the course is really difficult. What do you think would be

appropriate to suggest in this situation?

Xiao: I'm thinking about taking the course. How do you think about it?

Your suggestion:

4. You have lost the report of the last meeting. You need some information from the report. A clerk in your office, who is your friend as well, still has this file in his/her computer. You ask him/her to print out another copy for you. How would you request him/her?

Your request:

5. You have your friends over for a barbecue. When everybody starts eating,

A friend says: Oh, by the way, the meat is excellent.

Your response to the compliment:

6. You are having a discussion with your classmates, you think someone is wrong about something and you want to disagree with him/her. What do you say to your classmate?

You disagree by saying:

7. A friend invites you to dinner, but you have something important to do, how would you refuse him/her?

Friend: How about coming over for dinner Sunday night? We're having a small dinner party.

You refuse by saying:

8. You are sharing an apartment with your friend. Recently, he/she comes home very late almost every night and makes a lot of noise. You and your friend agreed to be quiet after 11: 30 p. m. when you first decided to live together. You've put up with the noise for several days, but tonight you feel you should say something to complain.
Roommate: ... (watching TV)
Your complaint:

9. Your friend is going through some financial difficulties. You want to offer him or her some money or others. How would you say to him or her?
Your offer:

10. Your friend meets you on the way to the library, you greet each other. How would you greet him/her?
Your greeting:

(2) 后测

BBC Learning English 测试

姓名 ____________ 班级 ____________ 性别 ____________

Please react to the following situations and write down the appropriate responses according to your intuition.

1. You want to invite your friend to dinner this weekend. How would you invite him/her?

   Your invitation:

2. You failed to meet a friend at a hotel due to miscommunications. What would you apologize to him or her?

   Your friend (angrily): Oh, my God! It's already late.

   Your apology:

3. Xiao Xiang, one of your classmates, is considering taking a course. You have heard that the course is really difficult. What do you think would be appropriate to suggest in this situation?

   Xiao: I'm thinking about taking the course. How do you think about it?

   Your suggestion:

4. You have lost the report of the last meeting. You need some information from the report. A clerk in your office, who is your friend as well, still has this file in his/her computer. You ask him/her to print out another copy for you. How would you request him/her?

   Your request:

5. You have your friends over for a barbecue. When everybody starts eating, a friend says: Oh, by the way, the meat is excellent.
Your response to the compliment:

6. You are having a discussion with your classmates, you think someone is wrong about something and you want to disagree with him/her. What do you say to your classmate?
You disagree by saying:

7. A friend invites you to dinner, but you have something important to do, how would you refuse him/her?
Friend: How about coming over for dinner Sunday night? We're having a small dinner party.
You refuse by saying:

8. You are sharing an apartment with your friend. Recently, he/she comes home very late almost every night and makes a lot of noise. You and your friend agreed to be quiet after 11: 30 p. m. when you first decided to live together. You've put up with the noise for several days, but tonight you feel you should say something to complain.
Roommate: ... (watching TV)
Your complaint:

9. Your friend is going through some financial difficulties. You want to offer him or her some money or others. How would you say to him or her?
Your offer:

10. You friend meets you on the way to the library, you greet each other. How would you greet him/her?

Your greeting:

附录 3　研究问题①预实验和正式实验前后测频率统计

1. Greeting（预实验）

1 ~3 为 BBC 用语 4 为学生用语	师生组		同伴组		个人组	
	前测	后测	前测	后测	前测	后测
1. Hi, how's it going?	29	46	12	33	15	20
2. How are you? /Nice to see/ glad to see/Alright? /you alright?	14	9	29	20	11	12
3. How you doing?	4	7	1	4	2	3
4. What's up? /Nice day! / Long time no see/ Where are you going?	27	12	42	27	22	15
合计	74	74	84	84	50	50

1. Greeting（正式实验）

1 ~3 为 BBC 用语 4 为学生用语	师生组		高低年级组		同伴组		个人组	
	前测	后测	前测	后测	前测	后测	前测	后测
1. Hi, how's it going?	17	42	19	29	21	40	34	19
2. How are you? /Nice to see/glad to see/ Alright? /you alright?	20	17	44	36	68	47	19	34
3. How you doing?	0	1	2	1	0	6	0	0
4. What's up? /Nice day! / Long time no see/ Where are you going?	54	31	55	54	88	84	43	43
合计	91	91	120	120	177	177	96	96

2. Invitation（预实验）

1～3 为 BBC 用语 4～9 为学生用语	师生组		同伴组		个人组	
	前测	后测	前测	后测	前测	后测
1. Do you fancy doing...?	0	25	0	5	0	2
2. Are you up for...?	0	2	0	1	0	0
3. Do you feel like?	1	3	0	0	0	0
4. Would you/Could you/Can you...	38	22	38	41	29	32
5. How about/Let's/Why not...	7	8	8	17	6	4
6. Do you have/want...	3	3	6	2	3	3
7. I want to/I'd like to...	18	8	23	13	7	6
8. I hope/Come/ have dinner	6	1	6	4	2	1
9. 其他	1	2	3	1	3	2
合计	74	74	84	84	50	50

2. Invitation（正式实验）

1～3 为 BBC 用语 4～9 为学生用语	师生组		高低年级组		同伴组		个人组	
	前测	后测	前测	后测	前测	后测	前测	后测
1. Do you fancy doing...?	1	12	0	0	0	1	0	0
2. Are you up for...?	0	3	0	0	0	0	0	0
3. Do you feel like?	0	2	0	0	0	0	0	0
4. Would you/Could you/Can you...	41	39	67	93	90	117	55	53
5. How about/Let's/Why not	8	12	10	9	12	15	4	12
6. Do you have/want...	20	8	8	8	19	14	4	10
7. I want to/I'd like to...	14	15	30	10	39	23	27	17
8. I hope/Come/ have dinner.	6	0	5	0	17	7	5	4
9. 其他	1	0	0	0	0	0	1	0
合计	91	91	120	120	177	177	96	96

3. Request（**预实验**）

1～3为BBC用语 4～6为学生用语	师生组		同伴组		个人组	
	前测	后测	前测	后测	前测	后测
1. Could I/you/Would you/Do you mind . . . ?	58	57	52	69	34	32
2. Can I/May I/Will I. . . ?	11	5	20	5	6	10
3. Would it be OK/Is it OK?	0	1	3	5	1	1
4. I'm wondering/I'd like/I guess/If. . . , nice of . . .	5	7	7	5	5	4
5. Please.	0	2	2	0	2	2
6. 其他	0	2	0	0	2	1
合计	74	74	84	84	50	50

3. Request（**正式实验**）

1～3为BBC用语 4～6为学生用语	师生组		高低年级组		同伴组		个人组	
	前测	后测	前测	后测	前测	后测	前测	后测
1. Could I/you/Would you/Do you mind . . . ?	54	56	73	85	106	115	60	64
2. Can I/May I/Will I. . . ?	25	19	37	23	54	46	21	17
3. Would it be OK/Is it OK?	2	1	0	0	0	0	0	1
4. I'm wondering/I'd like/I guess/If. . . , nice of . . .	8	11	7	7	9	8	4	9
5. Please.	1	2	1	3	1	1	1	5
6. 其他	1	2	2	2	7	7	10	0
合计	91	91	120	120	177	177	96	96

4. Offer（预实验）

1～3 为 BBC 用语 4～5 为学生用语	师生组		同伴组		个人组	
	前测	后测	前测	后测	前测	后测
1. I'll give you...，I'm willing to help...	52	39	68	73	29	32
2. How does that sound? Do you need...? Do you mind...? If you need，I would...	8	17	10	8	16	12
3. Go on then，tell you what...? Let me...，I hope...	10	12	5	2	3	6
4. Don't worry...	3	4	0	1	1	0
5. 其他	1	2	1	0	1	0
合计	74	74	84	84	50	50

4. Offer（正式实验）

1～3 为 BBC 用语 4～5 为学生用语	师生组		高低年级组		同伴组		个人组	
	前测	后测	前测	后测	前测	后测	前测	后测
1. I'll give you...，I'm willing to help...	52	40	81	81	125	131	68	70
2. How does that sound? Do you need...? Do you mind...? If you need，I would...	16	29	20	26	39	35	9	13
3. Go on then，tell you what...? Let me...，I hope...	10	19	11	10	10	5	1	4
4. Don't worry...	4	3	5	1	2	5	8	4
5. 其他	9	0	3	2	1	1	10	5
合计	91	91	120	120	177	177	96	96

5. Refusal（**预实验**）

1~3为BBC用语 4为学生用语	师生组		同伴组		个人组	
	前测	后测	前测	后测	前测	后测
1. I'd love to/I'd like to, but I'm busy + reason	51	60	60	67	38	33
2. Oh, no, sorry, maybe another time...	16	5	18	6	8	10
3. Really appreciate, but I can't make it.	7	8	5	11	3	4
4. 其他	0	1	1	0	1	3
合计	74	74	84	84	50	50

5. Refusal（**正式实验**）

1~3为BBC用语 4为学生用语	师生组		高低年级组		同伴组		个人组	
	前测	后测	前测	后测	前测	后测	前测	后测
1. I'd love to/I'd like to, but I'm busy + reason	56	74	79	108	123	150	76	77
2. Oh, no, sorry, maybe another time...	29	13	31	6	46	24	14	16
3. Really appreciate, but I can't make it.	2	4	9	4	7	1	3	2
4. 其他	4	0	1	2	1	2	3	1
合计	91	91	120	120	177	177	96	96

6. Apology（**预实验**）

1~4为BBC用语 5~8为学生用语	师生组		同伴组		个人组	
	前测	后测	前测	后测	前测	后测
1. Just say "sorry" or "I'm sorry"	3	6	1	1	3	3
2. really sorry, so sorry + sth	2	9	5	12	3	5
3. I'm sorry for /about...	5	10	1	3	0	2

（续上表）

1～4 为 BBC 用语 5～8 为学生用语	师生组		同伴组		个人组	
	前测	后测	前测	后测	前测	后测
4. I'm sorry for /about... + reason	26	22	24	22	12	11
5. Sorry + reason	31	21	32	36	27	24
6. Sorry + promise	2	3	5	1	5	3
7. Sorry + forgive	4	2	14	8	0	2
8. 其他	1	1	2	1	0	0
合计	74	74	84	84	50	50

6. Apology（**正式实验**）

1～4 为 BBC 用语 5～8 为学生用语	师生组		高低年级组		同伴组		个人组	
	前测	后测	前测	后测	前测	后测	前测	后测
1. Just say "sorry" or "I'm sorry"	1	1	7	2	7	3	1	1
2. Really sorry, so sorry + sth.	5	8	14	16	18	23	7	8
3. I'm sorry for /about...	2	6	8	22	11	15	4	6
4. I'm sorry for /about... + reason	39	38	27	39	51	54	53	46
5. Sorry + reason	38	23	58	31	81	75	30	32
6. Sorry + promise	4	8	4	7	3	4	0	3
7. Sorry + forgive	2	6	2	3	5	3	1	0
8. 其他	0	1	0	0	1	0	0	0
合计	91	91	120	120	177	177	96	96

7. Complaint（**预实验**）

1～4 为 BBC 用语 5 为学生用语	师生组		同伴组		个人组	
	前测	后测	前测	后测	前测	后测
1. I hope you don't mind . . . / Could you . . . ?	50	36	45	43	30	22
2. Oh, not again, will you . . . ?	0	2	0	0	0	0
3. For goodness sake, I'm fed up. . . /I'm sick of. . . / tired of. . .	2	16	0	5	1	4
4. What really gets under my skin is. . . /I just hate the way. . .	1	1	0	0	0	1
5. You forget. . . /Do you remember. . . ?	21	19	39	36	19	23
合计	74	74	84	84	50	50

7. Complaint（**正式实验**）

1～4 为 BBC 用语 5 为学生用语	师生组		高低年级组		同伴组		个人组	
	前测	后测	前测	后测	前测	后测	前测	后测
1. I hope you don't mind . . . / Could you . . . ?	44	38	60	51	118	79	44	41
2. Oh, not again, will you . . . ?	0	0	11	11	13	11	5	10
3. For goodness sake, I'm fed up. . . /I'm sick of. . . /tired of. . .	1	14	3	12	2	2	1	2
4. What really gets under my skin is. . . /I just hate the way. . .	0	2	1	2	0	2	1	3
5. You forget. . . /Do you remember. . . ?	46	37	45	44	44	83	45	40
合计	91	91	120	120	177	177	96	96

8. Suggestion（预实验）

1～5 为 BBC 用语 6～8 为学生用语	师生组		同伴组		个人组	
	前测	后测	前测	后测	前测	后测
1. Why don't? Why not...	1	5	0	0	0	1
2. Let's/ How about...	0	3	0	2	1	0
3. I think /I don't think you should...	34	36	32	29	30	20
4. Shall we...	0	0	0	0	0	0
5. Perhaps /maybe we could...	4	8	2	10	5	11
6. If I were you...	17	11	35	27	7	7
7. I suggest /advice...	4	4	7	6	0	2
8. Encourage	14	7	8	10	7	9
合计	74	74	84	84	50	50

8. Suggestion（正式实验）

1～5 为 BBC 用语 6～8 为学生用语	师生组		高低年级组		同伴组		个人组	
	前测	后测	前测	后测	前测	后测	前测	后测
1. Why don't? Why not...	1	4	1	3	0	2	2	5
2. Let's/ How about...	0	0	1	0	0	0	0	1
3. I think /I don't think you should...	17	61	61	70	63	100	19	42
4. Shall we...	0	0	0	0	1	2	0	0
5. Perhaps /maybe we could...	4	6	2	13	12	11	10	13
6. If I were you...	0	4	11	4	7	7	2	6
7. I suggest /advice...	0	3	1	2	4	2	2	0
8. Encourage	69	13	43	28	90	53	61	29
合计	91	91	120	120	177	177	96	96

9. Response to Compliment（**预实验**）

1～2为BBC用语 3～5为学生用语	师生组		同伴组		个人组	
	前测	后测	前测	后测	前测	后测
1. Thank you! It's very kind/nice/glad...	34	48	40	55	15	21
2. What are you after? /What do you want?	0	4	0	0	0	0
3. Really?	6	2	4	1	3	2
4. I agree...	32	15	28	20	22	26
5. 其他	2	5	12	8	10	1
合计	74	74	84	84	50	50

9. Response to Compliment（**正式实验**）

1～2为BBC用语 3～5为学生用语	师生组		高低年级组		同伴组		个人组	
	前测	后测	前测	后测	前测	后测	前测	后测
1. Thank you! It's very kind/nice/glad...	22	51	54	91	62	109	77	71
2. What are you after? /What do you want?	0	0	0	0	0	0	0	0
3. Really?	5	1	0	0	6	0	0	1
4. I agree...	48	32	50	28	74	54	15	15
5. 其他	16	7	16	1	35	14	4	9
合计	91	91	120	120	177	177	96	96

10. Disagreeing（预实验）

1～4 为 BBC 用语 5 为学生用语	师生组		同伴组		个人组	
	前测	后测	前测	后测	前测	后测
1. No, I don't think we should/ No, I don't...	10	21	13	9	9	10
2. You see/Well, I don't agree with that (at all) /Sorry/I'm afraid/ Actually, I don't accept that.	4	13	15	14	15	12
3. Explain + but I disagree...	9	13	1	5	0	2
4. I think we should... /Well, hang on, that's really not true.	2	1	1	2	0	1
5. Maybe you are right, I have sth. different.	49	26	54	54	26	25
合计	74	74	84	84	50	50

10. Disagreeing（正式实验）

1～4 为 BBC 用语 5 为学生用语	师生组		高低年级组		同伴组		个人组	
	前测	后测	前测	后测	前测	后测	前测	后测
1. No, I don't think we should/ No, I don't...	14	46	24	28	16	31	18	18
2. You see/Well, I don't agree with that (at all) /Sorry/I'm afraid/ Actually, I don't accept that.	23	10	12	21	29	27	10	4
3. Explain + but I disagree...	0	2	5	2	4	1	1	1
4. I think we should... /Well, hang on, that's really not true.	0	6	0	1	0	1	0	0
5. Maybe you are right, I have sth. different.	54	27	79	68	128	117	67	73
合计	91	91	120	120	177	177	96	96

附录4 研究问题②四个组预实验和正式实验部分视频转写记录

（1）师生组

师生组共有20个视频文件，两位老师分别讲解10种言语行为的表达法，每个言语行为一个视频文件，教师的授课模式基本是：举例、提问、学生现场编对话、讲评。

Unit 1　Greeting

教师举例：Alright，mate；what's up?

教师提问：like，any other? How to say back? Which one is more formal? Let's move on! Is it OK?

学生编对话：Hi，how's everything? Hi，mate，what are you doing? How's everything?

Unit 2　Invitation

教师举例：Would you like to... ? 引导学生回答：How to reply? 学生回答：I'd love to，或自问自答。

教师提问：Any other way of invitation? For instance? Do you know the meaning of "fancy"?

Understand that? How to respond?

学生编对话：Hi，I have two tickets，would you mind joining us? Would you mind having a cup of coffee?

Unit 3　Request

教师举例：For instance or we can say—What's the difference? Would it be OK?

教师提问：Could I use? 学生跟练：What else? Do I have?

学生编对话：Can I use your... ? Explain + Could I use your... ?

Unit 4　Offer

教师举例：What would you? Ok，I just wondering...

教师提问：Do you know "haggle"? What's the meaning?

学生编对话：How much? I'll give... ，explain...

Unit 5　Refusal

教师举例：A proper way would be or you can say. . . , If I say. . .

教师提问：What will you say? How to reply? Any other expressions? Right? What will you say?

学生编对话：—Hello, would you like to. . . ?

—I'd love to.

—Do you fancy a pint?

—I'd love to, but. . .

Unit 6　Apology

教师举例：I just want to. . . Maybe you, Then, I mean, I can say.

教师提问：What's your response? What's the meaning? What's that?

学生编对话：——Look, out of order.

——Sorry about this. . .

Pity. . . Sorry. . . , I forget your birthday.

Unit 7　Complaint

教师举例：I'm tired of, I'm sick of, More. . . , You never, I just hate. . .

教师提问：What's the meaning? What's that?

学生编对话：—Your room is dirty.

——Maybe, I'm thinking. . . Don't be angry.

Unit 8　Suggestion

教师举例：Alright，纠正发音，Why don't we? 要连读。Why not?

教师提问：What do you mean "You'd better. . . or you could, you should"? Why not like this?

学生编对话：Oh, you could do it again. You may select this one. Let's do it together.

Unit 9　Response to Compliments

教师举例：If I say like that. So that's the way.

教师提问：What would be your response? What would you do? How do you show?

学生编对话：—You look smart!

—Thanks! / Oh, really? I don't like.

Unit 10　Disagreeing

教师举例：I think we should. . . /Well, hang on, that's really not true.

教师提问：Any way? Why not say it like this?

学生编对话：You see. /Well, I don't agree with that (at all). / Actually, I don't accept that.

（2）高低年级组

该组共120人，分22组各10个单元，共220个视频，该组的学习方式基本是：高年级同学解释言语行为、低年级同学观看或听BBC Learning English视频或音频、低年级同学自行练习、低年级同学分组编对话、高年级同学讲评，限于篇幅，仅提供一个转写记录。

Unit 3 **Refusal**（时长25分22秒）

高：Just now my friend told you how to invite，how to say？...

低1：Do you fancy a pint（/pint/）？

高：Sorry，I don't want to embarrass you，this word（write on the whiteboard，pint）should read /paint/，it's not /pint/.

低：跟读，/paint/。

高：Firstly，I want to ask you one question，because my topic is declining invitation：Have you ever received any invitation from others，your friends，your relatives？

低2：My parents.

高：How did they invite you？

低2：They always ask me out，because I don't like...

高：So how did you refuse？

低2：Because now I grow up，I go with them.

高：So how did you decline them？Refuse，refuse their invitation...

低2：（似乎没听懂）I don't ...

高：So actually，I want to share my experience. I've been to America，to have summer vocation. I received many invitations from many American people，you know，there are some formal invitations and informal invitations. Usually when I give them invitation，they might say：I'd love to...，I feel like... I appreciate it... But when they want to decline their invitation，they usually say：I'd love to，then they say：But，you know，I have something else to do，I can't. When the first time I heard that I'm very happy because they want to go out with me，but when I heard "but"，Oh，my hope is gone...

Today I just tell you some formal invitation. As like（见同学似乎不懂）... I will use Chinese. 刚刚你们看到BBC Learning English：Do you want some pint？如果要接受你就说：I'd love to，但是呢，当你邀请他要不要来一杯啊？你接受就会……作为一个中国人，你会怎么回答？

就是说你们是关系一般的朋友，也不是特别亲密……

低 2：我要杯清水就可以了。

高：但是作为外国人，特别是说英语的国家，因为英语他是比较成熟，而且重礼节的国家，所以他们通常会说：Oh，I'd love to，that's great. 但是他们会说：But I'm very busy right now.

我想说怎样从说话的语气判断当他拒绝你的时候，是不是不想和你一起去，根据什么来看？

低 3：眼神的激动。

低 2：尴尬的表情。

高：好，现在我们来讲一下比刚才 formal 一点的，像发请柬、邀请什么的。当别人说：Would you like to go to the movie？如果你刚好有时间，说：I'd love to，that's the movie I just want to watch. 但是如果你想拒绝，但又不想像刚刚那样尴尬，然后又比较直接，你通常会怎么说？

低 1：Sorry，I can't.

高：（指向另一位）你呢？你一直没说话。

低 4：我会说我有其他安排。

高：刚才说了，英语是很注重礼节的语言，但他要拒绝别人的时候，实际上他心中是有一种歉疚的感觉，所以会说：Sorry，I have an appointment. 其实，他还是想下次和你出去，那这时你会怎么说？等于你向他发出邀请了，你会怎么说呢？

低 2：Go with me next time？

高：其他答案呢？换一种说法，formal 一点。

低 3：Would you go with me next time？

高：你可以用委婉一点的语气，说：Maybe another time. 在这种时候说：another time，means maybe you really want to. So you can say：Maybe another time I can go with you。这种情况你既不会伤害对方的感情，但是约好下一次也不会使你们失去友谊，这样，既有礼貌，也不会伤感情。另外，在中国当你说不，我不去，那会显得很僵硬，是吧？但是在外国，you just say no，means you are polite，means you really really don't want to，you really have sth. to do. 作为一个中国人，他们邀请我，要直接说 No，会很尴尬，通常我不会说“No”，他们不懂我们中国在说什么，这时他们会问：Yes or No？Do you want to do it？之后呢，我明白了，当他们发邀请时，想去就说“Yes”，不去想就说“No”。所以说以后外教邀请你们去 party 之类的，如果你有事，千万不要说半天我怎么怎么……（手转，学生笑），可直接说“No”。当特别 formal 的

invitation，通常会怎么回答呢？比如，他邀请你去家里的 Christmas Party，如果你不去呢，你会说 I'd love to，but... 后面最好加一个“I appreciate。Do you know appreciate?”（板书该词）。在作 invitation 的时候，表示很期待和喜欢别人的邀请，但是这次不行。在日常生活中也会有用，比如，你去店里买鞋，试了很多双，但是却没买，你可以说：I really appreciate your service，I really appreciate what you have done for me。不要只是说 Thank you!，Appreciate 在口语中是非常有礼貌有用的单词。

（3）同伴组

同伴组第一次实验有84人分8组，每组10～11人；第二次实验有177人分38组，每组4～5人。两次实验共46组各10个单元，共460个视频。同伴组的学习方式基本是共同朗读 BBC Learning English 材料，并一起纠正发音或查阅生词。限于篇幅仅转写正式实验中的一个组学习一个单元的视频，并且提供预实验一个组的讨论报告和讨论体会。

第一，正式实验 Group 6（视频时长9分06秒）

S1：Our topic is BBC Learning English “How to say sorry”. OK，I'm No. first，“Hello，I'm...”开始朗读材料（见附件1 Unit6 How to say “sorry” in English）in this programming（有同学帮助纠正该词发音）

S2：Now imagine... revise（自我纠正该词，另一同学帮助纠音）

S1：You should shout back “Sorry”!

S3：纠正“sorry”的语气应当小心翼翼一些。

S1：大声说“Sorry”。（大家都发笑）

S3：（继续朗读）emphases（不会发音，停下来让学生帮助）. I've forgotten.（读成 forgetten，有同学纠正应是 forgotten）

S2：继续朗读 here's part of an episode of...（what's the meaning “episode”，三人一起查词典，并朗读正确发音）

S3：继续朗读 I want to apologise for ...（apologise 是什么意思？三人一起查看，查词典）

第二，预实验一个组的讨论报告和讨论体会。

S1：Let's turn to the topic of greetings.

S2：Greetings? Umm，OK.

S3：There are many different ways of greeting people. For example，greeting people have formal ways and informal ways.

S1：“How are you?” is a formal way of greeting，and it can be answered by

"Fine, thanks."

S2: And the answer "Not bad, not bad" is informal.

S3: And "Hi" is a formal way of saying hello. Also, "How ya doin'" is an informal way of greeting. What about "Wazzup?"

S1 & S2: It's informal!

S: Yeah, that's good.

After discussion:

From the discussion, we can learn much, concerning friendship, knowledge and cooperation.

Also, we must understand that each of us should practice more to improve ourselves. Like "Practice makes Perfect." Furthermore, looking for the correct skill for learning is also necessary. From the discussion in group, we can learn to encourage and accept each other. In addition, we can concerntrate on our studies and society.

(4) 个人学习组

该组主要是自主学习，第一次实验有 50 人，2~3 人一组编对话，分 22 组；第二次实验有 96 人，分 24 组，每组 4 人。该组学生的视频是使用自主学习后所学到的 BBC 用语编对话，学生基本能用到所学用语，有些组随意性比较大。限于篇幅，仅转写一个组的编对话情况。

Group 2

Today is Jack's birthday, she wants to have a birthday party at her home. She plans to invite Jack to come to her party. On the other hand, her mother plans to go shopping to buy a computer for her.

S1: Hello, this is Jean, is that Jack?

S2: Hello, this is Jack. How are you?

S1: I'm very well, thank you! How are you?

S2: Fine, thank you. Long time no see.

S1: I want to have a birthday party tonight, Would you like to join us?

S2: Oh, great! I'm glad to hear that. Wonderful! I'd like to.

S1: Well, the party begins at 7 p.m., I suggest yo can come at 6: 30 p.m.

S2: OK, I'll come at 6: 30, Goodbye.

S1: Bye bye.

附录 5　研究问题③问卷

（1）前测

英语学习方式问卷调查一

姓名 ______________　　班级 ______________

请对下列说法作自我判断。在你认为恰当的数字上画圈。1 ~ 5 等级所代表的含义如下：

1. 完全不同意　　2. 不同意　　3. 不确定　　4. 同意　　5. 完全同意

填完后，请将所得分数相加，如，2 + 3 + 4 + 4 + 5 + 3 + 2 = 23。

一、他人调节学习方式

1. 教师的讲解对我的学习帮助最大。	1　2　3　4　5
2. 和同学讨论对我的学习帮助最大。	1　2　3　4　5
3. 做角色扮演或配对练习有助于学习。	1　2　3　4　5
4. 有问题我喜欢咨询教师。	1　2　3　4　5
5. 有问题我喜欢咨询同学。	1　2　3　4　5
6. 课堂上我喜欢记下老师讲课的要点。	1　2　3　4　5
7. 和同学练习口语是最好的提高口语的方式。	1　2　3　4　5

得分：

28 ~ 35 分：依靠他人帮助学习

15 ~ 27 分：介于中间

0 ~ 14 分：不依靠他人学习

二、个人调节学习方式

8. 我喜欢个人朗读或阅读英语文章。	1　2　3　4　5
9. 我喜欢自言自语练习对话。	1　2　3　4　5
10. 个人抄写或反复朗读是记忆单词或短语的最好方法。	1　2　3　4　5
11. 我喜欢自我归纳和总结学习知识。	1　2　3　4　5
12. 听老师讲课之前我自己先学习有关知识。	1　2　3　4　5

13. 有问题我喜欢自己找答案。 1 2 3 4 5

得分：

24～30 分：个人化学习

13～23 分：介于中间

0～12 分：非个人化学习

三、物体调节学习方式

14. 我喜欢使用网络学习英语。 1 2 3 4 5

15. 上课使用 PPT 演示使我学习更轻松。 1 2 3 4 5

16. 我喜欢边做事边听英语广播或看英语电影、电视。 1 2 3 4 5

17. 我学习英语容易受到周围环境的影响，如，同学的鼓动。 1 2 3 4 5

18. 阅读英语材料时我喜欢使用词典。 1 2 3 4 5

19. 我喜欢寻找与所学知识相关的课外补充内容。 1 2 3 4 5

20. 我喜欢用卡片学习单词。 1 2 3 4 5

得分：

28～35 分：依靠物体帮助学习

15～27 分：介于中间

0～14 分：不依靠物体学习

（2）后测

英语学习方式问卷调查二

姓名 ______________ 班级 ______________

请对下列说法作自我判断。在你认为恰当的数字上画圈。1～5 等级所代表的含义如下：

1. 完全不同意 2. 不同意 3. 不确定 4. 同意 5. 完全同意

填完后，请将所得分数相加，如，2+3+4+4+5+3+2=23。

一、他人调节学习方式

1. 教师的讲解对我的学习帮助最大。	1 2 3 4 5
2. 和同班同学讨论对我的学习帮助最大。	1 2 3 4 5
3. 和高年级的同学讨论对我的学习帮助最大。	1 2 3 4 5
4. 有问题我喜欢咨询教师。	1 2 3 4 5
5. 有问题我喜欢咨询同班同学。	1 2 3 4 5
6. 有问题我喜欢咨询高年级同学。	1 2 3 4 5

得分：

24～30 分：依靠他人帮助学习

13～23 分：介于中间

0～12 分：不依靠他人学习

二、个人调节学习方式

7. 我喜欢个人朗读或阅读英语文章。	1 2 3 4 5
8. 我喜欢自言自语练习对话。	1 2 3 4 5
9. 我喜欢个人记单词。	1 2 3 4 5

得分：

12～15 分：个人化学习

9～11 分：介于中间

0～8 分：非个人化学习

三、物体调节学习方式

10. 我喜欢使用网络学习英语。	1 2 3 4 5
11. 我喜欢使用广播学习英语。	1 2 3 4 5
12. 我喜欢使用电视学习英语。	1 2 3 4 5

13. 我喜欢使用词典学习英语。 1 2 3 4 5

14. 我喜欢使用小卡片/记事本学习英语。 1 2 3 4 5

得分：

20～25 分：依靠物体帮助学习

15～19 分：介于中间

0～14 分：不依靠物体学习

你喜欢和同班同学合作学习吗？为什么？

你喜欢和高年级的同学合作学习吗？为什么？

参考文献

[1] Ableeva, R. (2008). The effects of dynamic assessment on L2 listening comprehension. In Lantolf, J. P. & Poehner, M. E. (Eds), *Sociocultural Theory and the Teaching of Second Languages* (pp. 57 - 86). London: Equinox.

[2] Adair-Hauck, B. & Donato, R. (1994). Foreign language explanations within the Zone of Promximal Development. *The Canadian Modern Language Review*, 50 (3): 532 - 557.

[3] Ahn, R. C. (2005). *Five measures of interlanguage pragmatics in KFL (Korean as foreign language) learners.* Unpublished doctoral dissertation, University of Hawaii at Manoa, Hawaii.

[4] Al-Gahatani, S. & Rover, C. (2012). Proficiency and sequential organization of L2 requests. *Applied Linguistics*, 33 (1): 42 - 65.

[5] Aljaafreh, A. & Lantolf, J. (1994). Negative feedback as regulation and second language learning in the Zone of Proximal Development. *The Modern Language Journal*, 78: 465 - 483.

[6] AL-Issa, A. (1998). *Sociopragmatic transfer in the performance of refusals by Jordanian EFL learners: Evidence and motivating factors.* Unpublished doctoral dissertation. Indiana University of Pennsylvania, Indiana, PA.

[7] Al-Issa, A. (2003). Sociocultural transfer in L2 speech behaviors: evidence and motivating factors. *International Journal of Intercultural Relations*, 27: 58 - 601.

[8] Altman, R. (1990). Giving and taking advice without offense. In Scarcella, R., Anderson, E. & Krashen, S. (Eds.), *Developing Communicative Competence in a Second language* (pp. 95 - 106). New York: Plenum Press.

[9] Andrawiss, H. (2004). *Cultural dimensions of foreign language learning: A sociocultural perspective.* Ph. D. dissertation, The Pennsylvania State University. Available from UMI ProQuest Digital Disserta-

tion, UMI Microform 3242214.

[10] Antón, M. (1999). The discourse of a learner-centered classroom: Sociocultural perspectives on teacher-learner interaction in the second-language classroom. *The Canadian Modern Language Review*, 83: 303 -318.

[11] Antón, M. & DiCamilla, F. J. (1998). Socio-cognitive functions of L1 collaborative interaction in the L2 classroom. *The Canadian Modern Language Review*, 54: 314 -342.

[12] Appel, G. & Lantolf, J. P. (1994). Speaking as mediation: A study of L1 and L2 text recall tasks. *The Modern Language Journal*, 78: 437 -452.

[13] Atkinson, D. (2002). Toward a sociocognitive approach to second language acquisition. *The Modern Language Journal*, 86: 525 -545.

[14] Austin, J. L. (1962). *How to do things with words*, New York: OUP.

[15] Bardovi-Harlig, K. (2009). Conventional expressions as a pragmalinguistic resource: Recognition and production of conventional expressions in L2 pragmatics. *Language Learning*, 59 (4): 755 -795.

[16] Bardovi-Harlig, K. & Dornyei, Z. (1998). Do language learners recognize pragmatic violations? Pragmatic versus grammatical awareness in instructed L2 learning. *TESOL Quarterly*, 32 (2): 233 -259.

[17] Bardovi-Harlig, K. & Griffin, R. (2005). L2 pragmatic awareness: Evidence from the ESL classroom. *System*, 33: 401 -415.

[18] Bardovi-Harlig, K. & Hartford, B. S. (1996). Input in an institutional setting. *SSLA*, (18): 171 -188.

[19] Bardovi-Harlig, K., Hartford, B. S., Mahan-Talor, R., Morgan, M. J. & Reynolds, D. W. (1991). Developing pragmatic awareness: closing the conversation. *ELT Journal*, 45 (1): 4 -15.

[20] Bardovi-Harlig, K., Mossman, S. & Vellenga, H. E. (2015). The effect of instruction on pragmatic routines in academic discussion. *Language Teaching Research*, 19 (3): 324 -350.

[21] Barron, A. (2005). Variational pragmatics in the foreign language classroom. *System*, (33): 519 -536.

[22] Bataineh, R. F. (2004). *A cross-cultural study of the speech act of apology in American English and Jordanian Arabic*. Ph. D. dissertation, Indiana University of Pennsylvania. Available from UMI ProQuest Digital

Dissertation, UMI Microform 3109991.

[23] Beebe, L. M., Takahashi, T. & Uliss-Weltz, R. (1990). Pragmatic transfer in ESL refusals. In Scarcella R., Anderson, E. & Krashen, S. (Eds.), *Developing Communicative Competence in a Second Language* (pp. 55 – 73). New York: Plenum Press.

[24] Bektas-Cetinkaya, Y. (2012). Pre-service EFL teachers' pragmatic competence: The Turkish case. *International Journal of language Studies*, 6 (2): 107 – 122.

[25] Belz, T. A. & Kinginger, C. (2003). Discourse options and the development pragmatic competence by classroom learners of German: The case of address forms. *Language Learning*, 53 (4): 591 – 647.

[26] Belz, J. & Vyatkina, N. (2005). Learner corpus analysis and the development of L2 pragmatic competence in networked intercultural language study: The case of German modal particles. *The Canadian Modem Language Review*, 62 (1): 17 – 48.

[27] Bergman, M. L. & Kasper, G. (1993). Perception and performance in native and nonnative apology. In Kasper, G. & Blum-Kulka, S. (Eds.), *Interlanguage Pragmatics* (pp. 82 – 107). Oxford: Oxford University Press.

[28] Billmyer, K. (1990). "I really like your lifestyle": ESL learners learning how to compliment. *Penn Working Papers in Educational Linguistics*, 6: 31 – 48.

[29] Billmyer, K. & Varghese, M. (2000). Investigating instrument-based pragmatic variability: Effects of enhancing discourse completion tests. *Applied Linguistics*, 4: 517 – 552.

[30] Blum-Kulka, S. (1989). Playing in safe: The role of conventionality in indirectness. In Blum-Kulka, S., House, J. & Kasper, G. (Eds.), *Cross-cultural Pragmatics: Requests and Apologies* (pp. 37 – 70). Norwood, NJ: Ablex.

[31] Blum-Kulka, S., House, J. & Kasper, G. (Eds.). (1989). *Cross-cultural Pragmatics: Requests and Apologies*. Norwood, NJ: Ablex.

[32] Blum-Kulka, S. & House, J. (1989). Cross-cultural and situational variation in requesting behavior. In Blum-Kulka, S., House, J. & Kasper, G. (Eds.), *Cross-cultural Pragmatics: Requests and*

Apologies (pp. 123 – 154) . Norwood, NJ: Ablex.

[33] Boderia-Garcia, A. M. (2006). *The acquisition of pragmatics in Spanish as a foreign language: Interpreting and giving advice.* Ph. D. dissertation, The University of Iowa. Available from UMI ProQuest Digital Dissertation, UMI Microform 3229645.

[34] Bouton, L. F. (1994). Can NNS skill in interpreting implicatures in American English be improved through explicit instruction? A pilot study. *Pragmatics and Language Learning Monograph Series*, Vol. 5. Illinois: Division of English as an International Language, University of Illinois at Urbana-Champaign.

[35] Boxer, D. & Pickering, L. (1995). Problem in the presentation of speech acts in ELT materials: the case of complaints. *ELT Journal*, 49 (1): 4 –58.

[36] Brown, J. D. (2001). Pragmatics tests: Different purposes, different tests. In Rose, K. R. & Kasper, G. (Eds.), *Pragmatics in language teaching* (pp. 301 –325). Cambridge: Cambridge University Press.

[37] Brown, P. & Levinson, S. C. (1978). Universals in language usage: Politeness phenomena. In Goody, E. N. (Ed.), *Questions and Politeness: Strategies in Social Interaction* (pp. 56 – 289) . Cambridge: Cambridge University Press.

[38] Brown, P. & Levinson, S. C. (1987). Politeness: *Some Universals in Language Usage.* Cambridge: Cambridge University Press.

[39] Brooks, F. B. & Donato, R. (1994). Vygotskyan approaches to understanding foreign language learner discourse during communicative tasks. *Hispania*, 77: 262 –274.

[40] Bu, J. M. (2012). A Study of the effects of explicit and implicit teachings on developing Chinese EFL learners' pragmatic competence. *International Journal of Language Studies*, 6 (3): 57 –80.

[41] César Félix-Brasdefer, J. (2004). Interlanguage refusals: Linguistic politeness and length of residence in the target community. *Language Learning*, 54 (4): 587 –653.

[42] Centeno-Cortés, B. & Jiménez-Jiménez, A. (2004). Problem-solving tasks in a foreign language: The importance of the L1 in private verbal thinking. *International Journal of Applied Linguistics*, 14: 7 –35.

[43] Chen, X., Ye, L. & Zhang, Y. (1995). Refusing in Chinese. In Kasper, G. (Ed.), *Pragmatics of Chinese as a Native and Target Language* (pp. 119 – 163). Honolulu, HI: University of Hawai'i Press.

[44] Choi, S. & Lantolf, J. P. (2008). Representation and embodiment of meaning in L2 communication: Motion events in the speech and gesture of advanced L2 Korean and L2 English speakers. *Studies in Second Language Acquisition*, 30: 191 –224.

[45] Codina-Espurz, V. (2013). The role of proficiency in the production of refusals in English in an instructed context. *Utrecht Studies in Language & Communication*, 25: 121 –146.

[46] Cohen, A. D. (1996). Developing the ability to perform speech acts. *Studies in Second Language Acquisition*, 18: 253 –267.

[47] Cohen, A. D. (2008). Teaching and assessing L2 pragmatics: What can we expect from learners? *Language Teaching*, 41 (2): 213 –235.

[48] Cohen, A. D. & Shively, R. L. (2007). Acquisition of requests and apologies in Spanish and French: Impact of study abroad and strategy-building intervention. *The Modern Language Journal*, 91 (2): 189 –212.

[49] Cross, J. (2010). Raising L2 listeners' metacognitive awareness: a sociocultural theory perspective. *Language Awareness*, 19 (4): 281 –297.

[50] Coughlan, P. & Duff, P. A. (1994). Same task, different activities: Analysis of a SLA task from an activity theory perspective. In Lantolf, J. P. & Appel, G. (Eds.), *Vygotskian Approaches to Second Language Research* (pp. 173 –194). Norwood, NJ: Ablex.

[51] Dalton-puffer, C. & Nikula, T. (2006). Pragmatics of content-based instruction: Teacher and student directives in Finnish and Austrian classrooms. *Applied Linguistics*, 27 (2): 241 –267.

[52] Daly, N., Holmes, J., Newton, J. & Stubbe, M. (2004). Expletives as solidarity signals in FTAs on the factory floor. *Journal of Pragmatics*, 36: 945 –964.

[53] Davis, K. A. & Henze, R. C. (1998). Applying ethnographic perspectives to issues in cross-cultural pragmatics. *Journal of Pragmatics*, 30: 399 –419.

[54] de Guerrero, M. C. M. (2005). *Inner Speech – L2: Thinking Words in a Second Language*. New York: Springer.

[55] de Guerrero, M. C. M. & Villamil, O. S. (2000). Activating the ZPD: Mutual scaffolding in L2 peer revision. *The Modern Language Journal*, 84: 51 – 68.

[56] DiCamilla, F. J. & Antón, M. (1997). The function of repetition in the collaborative discourse of L2 learners: A Vygotskian perspective. *The Canadian Modern Language Review*, 53: 609 – 633.

[57] DiCamilla, F. J. & Antón, M. (2012). Functions of L1 in the collaborative interaction of beginning and advanced second language learners. *International Journal of Applied Linguistics*, 22 (2): 161 – 187.

[58] Dippold, D. (2009). Face and self-presentation in spoken L2 discourse: Renewing the research agenda in interlanguage pragmatics. *Intercultural Pragmatics*, 6 (1): 1 – 28.

[59] Donato, R. (1994). Collective scaffolding in second language learning. In Lantolf, J. P. & Appel, G. (Eds.), *Vygotskian Approaches to Second Language Research* (pp. 33 – 56). Norwood, NJ: Ablex.

[60] Donato, R. & McCormick, D. (1994). A sociocultural perspective on language learning strategies: The role of mediation. *The Modern Language Journal*, 78: 453 – 464.

[61] Dunn, W. & Lantolf, J. P. (1998). Vygotsky's Zone of Proximal Development and Krashen's i + 1: Incommensurable constructs; incommensurable theories. *Language Learning*, 48: 411 – 442.

[62] Elias, C. (1999). *Self-regulation in young children: Is there a role for sociodramatic play?* Ph. D. dissertation, Illinois State University. Available from UMI ProQuest Digital Dissertation, UMI Microform 9927768.

[63] Eslami-Rasekh, Z. (2005). Raising the pragmatic awareness of language learners. *ELT Journal*, 59 (3), 199 – 208.

[64] Faerch, C. & Kasper, G. (1989). Internal and external modification in interlanguage request realization. In Blum-Kulka, S., House, J., & Kasper, G. (Eds.). *Cross-cultural Pragmatics: Requests and Apologies* (pp. 221 – 247). Norwood, NJ: Ablex.

[65] Fani, T. & Ghaemi, F. (2011). Implications of Vygotsky's Zone of Proximal Development (ZPD) in teacher education: ZPTD and self-scaffolding. *Procedia-Social and Behavioral Sciences*, 29: 1549 – 1554.

[66] Feryok, A. (2012). Activity Theory and Language Teacher Agency. *The Modern Language Journal*, 96 (1): 95 – 107.

[67] Finkbeinera, C., Knierima, M., Smasala, M. & Ludwig, P. H. (2012). Self-regulated cooperative EFL reading tasks: students' strategy use and teachers' support. *Language Awareness*, 21 (1 – 2): 57 – 83.

[68] Fordyce, K. (2014). The differential effects of explicit and implicit instruction on EFL learners' use of epistemic stance. *Applied Linguistics*, 35 (1): 6 – 28.

[69] Frawley, W. & Lantolf, J. P. (1985). Second language discourse: A Vygotskyan perspective. *Applied Linguistics*, 6: 19 – 44.

[70] Frawley, W. (1997). *Vygotsky and Congnitive Science: Language and the Unification of the Social and Computational Mind.* Massachusetts: Harvard University Press.

[71] Fukuya, Y. J. & Zhang, Y. (2002). Effects of recasts on EFL learners' acquisition of pragmalinguistic conventions of request. *Second Language Studies*, 21 (1): 1 – 47.

[72] Fukuya, Y., Reeve, M., Gisi, J. & Christianson, M. (1998). *Does focus on form work for teaching sociopragmatics?* Paper presented at the 12th International conference on pragmatics and language learning, University of Illinois at Urbana – Champain.

[73] Goffman, E. (1967). *Interaction Ritual: Essays on Face to Face Behavior.* Garde City, NY: Pantheon.

[74] Golato, A. (2003). Studying compliment responses: A comparison of DCTs and recordings of naturally occurring talk. *Applied Linguistics*, 1: 90 – 121.

[75] Grice, H. P. (1957). Meaning. *Philosophical Review*, 66: 377 – 388.

[76] Gu, X. L. (2011). The effect of explicit and implicit instructions of request strategies. *Intercultural Communication Studies*, 20 (1): 104 – 123.

[77] Guerrero, M. & Villamil, O. (2000). Activating the ZPD: Mutual scaffolding in L2 peer revision. *The Modern Language Journal*, 1:

51 - 68.

[78] Guk, I. & Kellogg, D. (2007). The ZPD and whole class teaching: Teacher-led and student-led interactional mediation of tasks. *Language Teaching Research*, 11 (3): 281 - 299.

[79] Hassall, T. (2001). Modifying requests in a second language. *IRAL*, 39: 259 - 283.

[80] Haught, J. R. & McCafferty, S. G. (2008). Embodied language performance: Drama and the ZPD in the second language classroom. In Lantolf, J. P. & Poehner, M. E. (Eds). *Sociocultural Theory and the Teaching of Second Languages* (pp. 139 - 162). London: Equinox.

[81] Hendry, H. J. (2009). *Foreign language learning of students with language learning disabilities: An activity theory perspective of three middle school students.* Ph. D. dissertation, UMI Microform 3375293, University of Pittsburgh.

[82] Hinkel, E. (1997). Appropriateness of Advice: DCT and Multiple Choice Data. *Applied Linguistics*, 18 (1): 1 - 26.

[83] Holmes, J. & Riddiford, N. (2011). From classroom to workplace: tracking socio-pragmatic development. *ELT Journal*, 65 (4): 376 - 386.

[84] Holtgraves, T. (2007). Second language learners and speech act comprehension. *Language Learning*, 57 (4): 595 - 610.

[85] House, J. (1996). Developing pragmatic fluency in English as a foreign language. *Studies in Second Language Acquisition*, 18: 225 - 252.

[86] Hudson, T. (2001). Indicators for pragmatic instruction. In Rose, K. R. & Kasper, G. (Eds.), *Pragmatics in Language Teaching* (pp. 283 - 300). Cambridge: Cambridge University Press.

[87] Hudson, T., Detmer, E., & Brown, J. D. (1992). A framework for testing cross-cultural pragmatics (Technical Report #2). Honolulu: University of Hawaii, Second Language Teaching and Curriculum Center.

[88] Hudson, T., Detmer, E. & Brown, J. D. (1995). Developing prototypic measures of cross-cultural pragmatics (Technical Report # 7). Honolulu: University of Hawaii, Second Language Teaching and Curriculum Center.

[89] Hussein, A. A. (1995). The sociolinguistic patterns of native Arabic speakers: Implications for teaching Arabic as a foreign language. *Applied Language Learning*, 6: 65 - 87.

[90] Hyland, K. & Tse, P. (2004). "I would like to thank my supervisor". Acknowledgements in graduate dissertations. *International Journal of Applied linguistics*, 14 (2): 259 - 275.

[91] Ishihara, N. (2007). Web-based Curriculum for Pragmatics Instruction in Japanese as a Foreign Language: An Explicit Awareness-raising Approach. *Language Awareness*, 16 (1): 21 - 40.

[92] Ifantidou, E. & Tzanne, A. (2012). Levels of pragmatic competence in an EFL academic context: A tool for assessment. *Intercultural Pragmatics*, 9 (1): 47 - 70.

[93] Ishihara, N. & Cohen, A. D. (2012). Teaching and learning pragmatics: response to Peter Grundy. *ELT Journal*, 66 (3): 377 - 379.

[94] Jaworski, A. (1994). Pragmatic failure in a second language: Greeting responses in English by Polish students. *IRAL*, 32 (1): 41 - 55.

[95] Jenks, C. J. (2014). *Social Interaction in Second Language Chat Rooms*. Edinburgh: Edinburgh University Press.

[96] Jiang, X. Y. (2006). Suggestions: What should ESL students know?. *System*, 34: 36 - 54.

[97] Johnson, K. E. (2006). The sociocultural turn and its challenges for second language teacher education. *TESOL Quarterly*, 40: 235 - 257.

[98] Johnson, K. E. (2009). *Second Language Teacher Education: A Sociocultural Perspective*. New York: Routledge.

[99] Johnston, B., Kasper, G. & Ross, S. (1998). Effects of rejoinders in production questionnaires. *Applied Linguistics*, 19 (2): 157 - 182.

[100] Kachru, Y. 1994. Cross-cultural speech act research and the classroom. *Pragmatics and Langugae Learning*, 5: 39 - 51.

[101] Kasper, G. (1995). Routine and indirection in *interlanguage pragmatics. Interlanguage and Language Learning*, *Monograph Series* 6: 59 - 78.

[102] Kasper, G. (1996). Introduction: Interlanguage pragmatics in SLA. *Studies in Second Language Acquisition*, 18: 145 - 148.

[103] Kasper, G. (1997). *Can pragmatic competence be taught?* (Net-

Work#6) [HTML] . Honolulu: University of Hawaii, Second Language Teaching & Curriculum Center ' Retrieved October, 26, 2001 ' from www. nflrc. hawaii. edu/publication/view/Nwo61.

[104] Kasper, G. (2001). Four perspectives in L2 pragmatic development. *Applied Linguistics*, 22 (4): 502 - 530.

[105] Kasper, G. & Roever, C. (2005). Pragmatics in second language learning. In Hinkel, E. (Eds.), *Handbook in Second Language Teaching and Learning* (pp. 317 - 334) . London: Laurence Erlbaume Associated Publisher.

[106] Kasper, G. & Rose, K. R. (1999). Pragmatics and SLA. *Annual Review of Applied Linguistics*, 19: 81 - 104.

[107] Kasper, G. & Rose, K. R. (2001). Pragmatics in language teaching. In Rose, K. R. & Kasper, G. (eds.), *Pragmatics in Language Teaching* (pp. 1 - 9) . Cambridge, UK: Cambridge University Press.

[108] Kasper, G. & Rose, K. R. (2002). *Pragmatic Development in a Second Language*. NJ: Blackwell, Mahwah (Also Language Learning, Supplement 1, 52).

[109] Kasper, G. & Schmidt, R. (1996). Developmental issues in interlanguage pragmatics. *Studies in Second Language Acquisition*, (18): 149 - 169.

[110] Kecskes, I. (2013). *Intercultural Pragmatics*. Oxford: Oxford University Press.

[111] Kecskes, I. (2014). About bilingual pragmatic competence. 现代外语, 1: 1 - 22.

[112] Kim, I. (2000). *Relationship of onset age of ESL acquisition and extent of informal input to appropriateness and nativeness in performing four speech acts in English: A study of native Korean adult speakers of ESL*. Ph. D. dissertation, New York University. Available from UMI ProQuest Digital Dissertation, UMI Microform 9968431.

[113] Kim, D. & Hall, J. K. (2002). The role of an interactive reading program in the development of second language pragmatic competence. *The Modern Language Journal*, 86 (3): 332 - 348.

[114] Kinginger, C. (2002). Defining the Zone of Proximal Development in US foreign language education. *Applied Linguistics*, 23 (2): 240 - 261.

[115] King, K. A. & Silver, R. E. (1993). "Sticking points": Effects of instruction on NNS refusal strategies. *Working Papers in Educational Linguistics*, 9: 47 -82.

[116] Knouzi, I., Swain, M., Lapkin, S. & Brooks, L. (2010). Self - scaffolding mediated by languaging: microgenetic analysis of high and low performers. *International Journal of Applied Linguistics*, 20 (1): 23 -49.

[117] Koester, A. J. (2002). The performance of speech acts in workplace conversations and the teaching of communicative functions. *System*, 30: 167 -184.

[118] Koike, D. A. (1989). Pragmatic competence and adult L2 acquisition: Speech Acts in Interlanguage. *The Modern Language Journal*, 73: 279 -289.

[119] Koike, D. A. & Pearson, L. (2005). The effect of instruction and feedback in the development of pragmatic competence. *System*, 33: 481 -501.

[120] Ko, J., Schallert, D. & Walters, K. (2003). Rethinking scaffolding: Examining negotiation of meaning in an ESL storytelling tasks. *TESOL Quarterly*, 37 (2): 303 -324.

[121] Kramsch, C. (2000). Social discursive constructions of self in L2 learning. In Lantolf, J. P. (ed.), *Sociocultural Theory and Second Language Learning* (pp. 133 - 153). Oxford: Oxford University Press.

[122] Kubota, M. (1995). Teachability of conversational implicature to Japanese EFL learners. *IRLT Bulletin*, 9: 35 -67.

[123] Kwon, J. (2003). *Pragmatic transfer and proficiency in refusals of Korean EFL learners*. Ph. D. dissertation, Boston University. Available from UMI ProQuest Digital Dissertation, AAT 3069266.

[124] Lantolf, J. P. (1997). The function of language play in the acquisition of L2 Spanish. In Glass, W. R. & Perez-Leroux, A. T. (Eds.), *Contemporary Perspectives on the Acquisition of Spanish* (*vol.* 2): *Production, Processing and Comprehension* (pp. 3 - 24). Somerville, MA: Cascadilla Press.

[125] Lantolf, J. P. (eds). (2000). *Sociocultural Theory and Second Language Learning*. Oxford: Oxford University Press.

[126] Lantolf, J. P. (2006). Sociocultural Theory and L2: State of the Art. *Studies of Second Language Acquisition*, 28: 67 – 109.

[127] Lantolf, J. P. (2007). Conceptual knowledge and instructed second language learning: A sociocultural perspective. In Fotos, S. & Nassaji, H. (Eds.), *Form focused instruction and teacher education: Studies in honour of Rod Ellis* (pp. 35 – 54). Oxford: Oxford University Press.

[128] Lantolf, J. P. (2011). SLA, i + 1, SCT, the ZPD, and other things: A response to Evensen. *Journal of Applied Linguistics*, 5: 215 – 219.

[129] Lantolf, J. & Aljaafreh, A. (1995). Second language learning in the Zone of Proximal Development: A revolutionary experience. *International Journal of Educational Research*, 23 (7): 619 – 632.

[130] Lantolf, J. P. & Beckeet, T. G. (2009). Sociocultural theory and second language acquisition. *Language Teaching*, 42 (4): 459 – 475.

[131] Lantolf, J. P. & Genung, P. (2002). 'I'd rather switch than fight': An activity theoretic study of power, success and failure in a foreign language classroom. In Kramsch, C. (Ed.), *Language acquisition and language socialization: Ecological perspectives* (pp. 175 – 196). London: Continuum Press.

[132] Lantolf, J. P. & Poehner, M. E. (2004). Dynamic assessment of L2 development: Bringing the past into the future. *Journal of Applied Linguistics*, 1: 49 – 72.

[133] Lantolf, J. P. & Poehner, M. E. (Eds). (2008). *Sociocultural Theory and the Teaching of Second Languages*. London: Equinox.

[134] Lantolf, J. P. & Poehner, M. E. (2010). Dynamic assessment in the classroom: Vygotskian praxis for second language development. *Language Teaching Research*, 15 (1): 11 – 33.

[135] Lantolf, J. P. & Poehner, M. E. (2014). *Sociocultural theory and the pedagogical imperative in L2 education: Vygotskian praxis and the research/practice divide*. London: Routledge.

[136] Lantolf, J. & Thorne, S. (2006). *Sociocultural Theory and the Genesis of Second Language Development*. Oxford: Oxford University Press. .

[137] Lapkin, S., Swain, M. & Knouz, I. (2008). French as a sec-

ond language: University students learn the grammatical concept of voice: study design, materials development, and pilot data. In Lantolf, J. P. & Poehner, M. E. (Eds.), *Sociocultural Theory and the Teaching of Second Languages* (pp. 228 – 255). London: Equinox.

[138] Lee, J. (2006). *Talking to the self: A study of private speech of adults bilinguals.* Ph. D. dissertation, University of Wisconsin-Madison. Available from UMI ProQuest Digital Dissertation, UMI Microform 3222785.

[139] Lee, J. (2008). Gesture and private speech in second language acquisition. *Studies in Second Language Acquisition*, 30: 169 – 190.

[140] Lee, H. J. (2009). *Internet-mediated videoconferencing for the development of intercultural communication in second language (L2) Education.* Ph. D. dissertation, University of Wisconsin-Madison. Available from UMI ProQuest Digital Dissertation, UMI Microform 3367811.

[141] Leech, G. (1983). *Principle of Pragmatics.* London: Longman.

[142] Liao, C. & Bresnahan, M. I. (1996). A comparative pragmatic study on American English and mandarin refusal strategies. *Language Sciences*, 18: 703 – 727.

[143] Liddicoat, A. J. & Crozet, C. (2001). Acquiring French interactional norms through instruction. In Rose, K. R. & Kasper, G. (Eds.), *Pragmatics in Language Teaching* (pp. 125 – 144). Cambridge, UK: Cambridge University Press.

[144] Li, D. (2008). *Scaffolding and its impact on learning grammatical forms in tertiary Chinese EFL classrooms.* Ph. D. dissertation, Hong Kong Baptist University. Available from UMI ProQuest Digital Dissertation, UMI Microform 3333229.

[145] Limberg, H. (2015). Principles for pragmatics teaching: Apologies in the EFL classroom. *ELT Journal*, 69 (3): 275 – 285.

[146] Lipson, M. (1994). Apologizing in Italian and English. *IRAL*, 32 (1): 19 – 39.

[147] Liu, Ch. N. (2007). *Pragmatics in foreign language instruction: The effects of pedagogical intervention and technology on the development of EFL Learners' realization of "request"*. Ph. D. dissertation,

Texas A & M University. Available from UMI ProQuest Digital Dissertation, UMI Microform 3296458.

[148] Liu, J. D. (2004). *Measuring interlanguage pragmatic knowledge of Chinese EFL learners.* Unpublished doctoral dissertation, City University of Hong Kong.

[149] Liu, J. D. (2007). Developing a pragmatics test for Chinese EFL learners. *Language Testing*, 24 (3): 391 –415.

[150] LoCastro, V. (1998). *Learner subjectivity and pragmatic competence development.* Paper presented at the Annual Meeting of American Association for Applied Linguistics (20th, Seattle, WA, March 14 –17, 1998).

[151] LoCastro, V. (2001). Individual differences in second language acquisition: attitudes, learners subjectivity, and L2 pragmatic norm. *System*, 29: 69 –89.

[152] LoCastro, V. (2012). *Pragmatics for Language Educators: A Sociolinguistic Perspective.* London: Routledge.

[153] Locher, M. A. (2015). Interpersonal pragmatics and its link to (im) politeness research. *Journal of Pragmatics*, 86: 5 –10.

[154] Louw, K. J., Derwing, T. M. & Abbott, M. L. 2010. Teaching Pragmatics to L2 Learners for the Workplace: The Job Interview. *The Canadian Modern Language Review*, 66 (5): 739 –758.

[155] Magralef-Boada, T. (1993). *Research method in interlanguage pragmatics: An inquiry into data collection procedures.* Ph. D. dissertation, Indiana University. Available from UMI ProQuest Digital Dissertation, UMI Microform 9418796.

[156] Mahn, H. (2008). A dialogic approach to teaching L2 writing. In J. P. Lantolf & M. E. Poehner (Eds). *Sociocultural Theory and the Teaching of Second Languages* (pp. 115 – 138). London: Equinox.

[157] Matsumura, S. (2001). Learning the rules for offering advice: A quantitative approach to second language socialization. *Language Learning*, 51 (4): 635 –679.

[158] Matsumura, S. (2003). Modelling the relationships among interlanguage pragmatic development, L2 proficiency, and exposure to L2. *Applied Linguistics*, 24 (4): 465 –491.

[159] Martinez-Flor, A. & Fukuya, Y. J. (2005). The effects of instruction on learners' production of appropriate and accurate suggestions. *System*, 33: 463 -480.

[160] Martìnez-For, A. & Beltraǹn-Palanques, V. (2013). Teaching refusal strategies in the foreign language classroom: A focus on inductive-deductive treatments. *Journal of English Language Studies*, 11: 41 -67.

[161] Maíz-Arévalo, C. (2014). Expressing disagreement in English as a lingua franca: Whose pragmatic rules? . *Intercultural Pragmatics*, 11 (2): 199 -224.

[162] McCafferty, S. G. (1992). The use of private speech by adult second language learners: A cross-cultural study. *The Modern Language Journal*, 76: 179 -189.

[163] McCafferty, S. G. (1998). Nonverbal expression and L2 private speech. *Applied Linguistics*, 19: 73 -96.

[164] McCafferty, S. G. (2008). Material foundations for second language acquisition: Gesture, metaphor, and internalization. In McCaffery, S. G. & Stam, G. (Eds.), *Gesture: Second Language Acquisition and Classroom Research* (pp. 47 - 65) . New York: Routledge.

[165] McCafferty, S. G. & Ahmed, M. (2000). The appropriation of gestures of the abstract by L2 learners. In Lantolf, J. P. (Ed.), *Sociocultural Theory and Second Language Learning* (pp. 199 -218) . Oxford: Oxford University Press.

[166] McConachy, T. & Hata, K. (2013). Addressing textbook representations of pragmatics and culture. *ELT Journal*, 67 (3): 294 -301.

[167] Morrow, K. C. (1995). *The pragmatic effects of instruction on ESL learners' production of complaint and refusal speech acts*. Ph. D. dissertation, State University of New York at Buffalo. Available from UMI ProQuest Digital Dissertation, AAT 9603629.

[168] Morta, N. (2004). Negotiating participation and identity in second language academic communities. *TESOL Quarterly*, 38 (4): 575 -603.

[169] Murray, N. (2010). Pragmatics, awareness raising, and the Co-

operative Principle. *ELT Journal*, 64 (3): 293 – 301.

[170] Murray, N. (2012). English as a lingua franca and the development of pragmatic competence. *ELT Journal*, 66 (3): 318 – 326.

[171] Nassaji, H. & Swain, M. (2000). A Vygotskian perspective on corrective feedback in L2: The effect of random versus negotiated help on the learning of English articles. *Language Awareness*, 9 (1): 34 – 51.

[172] Nassaji, H. & Cumming, A. (2000). What's in a ZPD? A case study of a young ESL student and teacher interacting through dialogue journals. *Language Teaching Research*, 4 (2) : 95 – 121.

[173] Nawamin, P. (2006). *Pragmatic transfer in responses to complaints by Thai EFL learners in the hotel business.* Unpublished doctoral dissertation, Surnaree University of Technology, Thailand.

[174] Negueruela, E. (2003). *A sociocultural approach to teaching and researching second language: Systemic-theoretical instruction and second language development.* Unpublished doctoral dissertation, The Pennsylvania State University.

[175] Negueruela, E. (2008). Revolutionary pedagogies: Learning that leads (to) second language development. In Lantolf, J. P. & Poehner, (Eds.), *Sociocultural Theory and the Teaching of Second Languages* (pp. 190 – 227) . London: Equinox.

[176] Nelson, G. L., Carson, J., Al Batal, M. & El-Bakary, W. (2002a). Cross-cultural pragmatics: Strategy use in Egyptian Arabic and American English refusals. *Applied Linguistics*, 23 (2): 163 – 189.

[177] Nelson, G. L., Al-Batal, M. & El-Bakary, W. (2002b). Directness vs. indirectness: Egyptian Arabic and US English communication style. *International Journal of Intercultural Relations*, 26: 39 – 57.

[178] Nelson, G. L., Al-Batal, M. & Echols, E. (1996) . Arabic and English Compliment Responses: Potential for Pragmatic Failure. *Applied Linguistics*, 17 (4): 411 – 432.

[179] Niezgoda, K. & Rover, C. (2001). Pragmatic and grammatical awareness: A function of the learning environment. In Rose, K. R. & Kasper, G. (Eds.), *Pragmatics in Language Teaching* (pp. 63 – 79) . Beijing: Beijng World Publishing Corporation/ Cambridge, UK: Cambridge University Press .

[180] Ohta, A. (1996). *The development of pragmatic competence in learner-learner interaction*. Paper presented at the Annual Meeting of the International Conference on Pragmatics and Language Learning, March 22 – 23.

[181] Ohta, A. (2000). Rethinking interaction in SLA: Developmentally appropriate assistance in the Zone of Proximal Development and the acquisition of L2 grammar. In Lantolf, J. (Ed.), *Sociocultural Theory and Second Language Learning* (pp. 51 – 78). Oxford: Oxford University Press.

[182] Ohta, A. S. (2001). *Second language acquisition processes in the classroom setting*: Learning Japanese. Mahwah, NJ: Lawrence Erlbaum.

[183] Ohta, A. S. (2005). Interlanguage pragmatics in the Zone of Proximal Development. *System*, 33: 503 – 517.

[184] Olshtain, E. (1989). Apologies across languages. In Blum-Kulka, S., House, J. & Kasper, G. (Eds.), *Cross-cultural Pragmatics: Requests and Apologies* (pp. 155 – 173). Norwood, NJ: Ablex.

[185] Olshtain, E. & Weinbach, L. (1993). Interlanguage features of the speech act of complaining. In Kasper, G. & Blum-Kulka, S. (Eds.), *Interlanguage Pragmatics* (pp. 108 – 122). Oxford: Oxford University Press.

[186] Pavlenko, A. (1997). *Bilingualism and cognition*. unpublished. Ph. D. dissertation, Cornell University.

[187] Pavlenko, A. & Lantolf, J. P. (2000). Second language learning as participation and the (re) construction of selves. In Lantolf, J. P. (Ed.), *Sociocultural Theory and Second Language Learning* (pp. 155 – 177). Oxford: Oxford University Press.

[188] Pearson, L. Y. (2001). *Pragmatics in foreign language teaching: The effects of instruction on L2 learners' acquisition of Spanish expressions of gratitude, apologies, and directives*. Ph. D. dissertation, The University of Texas at Austin. Available from UMI ProQuest Digital Dissertation, UMI Microform 3035162.

[189] Pellet, S. H. (2005). *The development of competence in French interlanguage pragmatics: The case of the discourse marker 'donc'*. Ph. D. dissertation, The University of Texas at Austin. Available

from UMI ProQuest Digital Dissertation, UMI Microform 3217159.

[190] Platt, E. & Brooks, F. B. (1994). The acquisition-rich environment revisited. *The Modern Language Journal*, 78: 497 –511.

[191] Poehner, M. E. (2005). *Dynamic assessment of oral proficiency among advanced L2 learners of French.* Ph. D. dissertation, The Pennsylvania State University. Available from UMI ProQuest Digital Dissertation, UMI Microform 3193226.

[192] Poehner, M. E. (2007). Beyond the test: L2 dynamic assessment and the transcendence of mediated learning. *The Modern Language Journal*, 91: 323 –340.

[193] Poehner, M. (2008a). Both sides of the conversation: The interplay between mediation and learner reciprocity in dynamic assessment. In Lantolf, J. & Poehner, M. (Eds.), *Sociocultural Theory and Second Language Teaching* (pp. 33 –56). London: Equinox.

[194] Poehner, M. E. (2008b). *Dynamic assessment: A Vygotskian approach to understanding and promoting L2 development.* Berlin: Springer.

[195] Poehner, M. E. (2011). Validity and interaction in the ZPD: interpreting learner development through L2 Dynamic Assessment. *International Journal of Applied Linguistics*, 2: 244 –263.

[196] Poehner, M. E. (2012). The Zone of Proximal Development and the Genesis of Self-Assessment. *The Modern Language Journal*, 96 (4): 610 –622.

[197] Poehner, M. E. & Lantolf, J. (2013). Bringing the ZPD into the equation: Capturing L2 development during Computerized Dynamic Assessment (C – DA). *Language Teaching Research*, 17 (3): 323 –342.

[198] Prachanant, N. (2007). *Pragmatic transfer in responses to complaints by Thai EFL learners in the hotel business.* Unpublished doctoral dissertation, Suranaree University of Technology, Thailand.

[199] Rassaei, E. (2014). Scaffolded feedback, recasts, and L2 development: A sociocultural perspective. *The Modern Language Journal*, 98 (1): 417 –431.

[200] Ren, W. (2012). Pragmatic development in Chinese speakers' L2 English refusals. *EUROSLA Yearbook*, 12, 63 –87.

[201] Robbins, D. (2003). *Vygotsky's and A. A. Leontiev's semiotics and psycholinguistics: Applications for education, second language acquisition, and theories of language.* Westport, CT: Praeger.

[202] Robinson, M. (1992). Introspective methodology in interlanguage pragmatics research. In Kasper, G. (Ed.), *Pragmatics of Japanese as native and target language* (TechnicalReport#3). Honolulu: University of Hawaii, Second Language Teaching and Curriculum Center.

[203] Roebuck, R. (1998). *Reading and recall L1 and L2: A sociocultural approach.* Stamford, CT: Ablex.

[204] Roebuck, R. (2000). Subjects speak out: How learners position themselves in a psycholinguistic task. In Lantolf, J. P. (Ed.), *Sociocultural Theory and Second Language Learning* (pp. 79 – 95). Oxford: Oxford University Press.

[205] Roever, C. (2001). *A web-based test of interlanguage pragmalinguistic knowledge: Speech acts, routines, and implicatures.* Unpublished doctoral dissertation, University of Hawaii, Honolulu, Hawaii.

[206] Rover, C. (2005). *Testing ESL Pragmatics: Development and Validation of a Web-Based Assessment Battery.* Frankfurt am Main: Peter Lang.

[207] Rover, C. (2006). Validation of a web-based test of ESL pramalinguistics. *Language Testing*, 23 (2): 229 – 256.

[208] Roever, C. (2011). Testing of second language pragmatics: Past and future. *Language Testing*, 28 (4): 463 – 481.

[209] Roever, C., Wang, S. & Brophy, S. (2014). Learner background factors and learning of second language pragmatics. *IRAL*, 52 (4): 377 – 401.

[210] Roever, C. & Al-Gahtani, S. (2015). The development of ESL proficiency and pragmatic performance. *ELT Journal*, 69 (4): 395 – 404.

[211] Rose, K. (1994). On the validity of discourse completion tests in non-western contexts. *Applied Linguistics*, 15 (1): 1 – 14.

[212] Rose, K. (2001). Compliments and compliment responses in film: Implications for pragmatics research and language teaching. *IRAL*,

39: 309 – 326.

[213] Rose, K. (2005). On the effects of instruction in second language pragmatics. *System*, 33: 385 – 399.

[214] Rose, K. R. & Kasper, G. (Eds.). (2001). *Pragmatics in language teaching*. Cambridge, UK: Cambridge University Press.

[215] Rose, K. R. & Ng, C. K. (2001). Inductive and deductive teaching of compliments and complement responses. In Rose, K. R. & Kasper, G. (Eds.), *Pragmatics in Language Teaching* (pp. 145 – 170). Cambridge, UK: Cambridge University Press.

[216] Rose, K. & Ono, R. (1995). Eliciting speech act data in Japanese: The effect of questionnaire type. *Language Learning*, 45: 191 – 223.

[217] Rueda, L. Y. T. (2004). *Effects of pedagogical intervention on the development of pragmatic competence in adult learners of English as a foreign language* (EFL). Ph. D. dissertation, The University of Arizona. Available from UMI ProQuest Digital Dissertation, UMI Microform 3145136.

[218] Safont-Jordà, M. & Portolés-Falomir, L. (2013). Research method effects on third language learners' refusals. *Utrecht Studies in Language & Communication*, 25: 213 – 234.

[219] Salgado, E. F. (2011). *The Pragmatics of Requests and Apologies: Developmental Patterns of Mexican Students*. Amsterdam/Philadelphia: John Benjamins.

[220] Schauer, G. A. (2006). Pragmatic awareness in ESL and EFL contexts: contrast and development. *Language Learning*, 56 (2): 269 – 318.

[221] Schauer, G. A. (2009). *Interlanguage pragmatic development: The study abroad context*. Continuum.

[222] Schauer, G. A. & Adolphs, S. 2006. Expressions of gratitude in corpus and DCT data: Vocabulary, formulaic sequences, and pedagogy. System, 34: 119 – 134.

[223] Schmidt, R. (1990). The role of consciousness in second language learning. *Applied Linguistics*, 11: 129 – 158.

[224] Schmidt, R. (1993). Consciousness, leaning and interlanguage pragmatics. In Kasper, G. & Blum-Kulka, S. (Eds.), *Interlanguage pragmatics* (pp. 21 – 42). Oxford: Oxford University Press.

[225] Schmidt, R. (1995). Consciousness and foreign language leaning: A tutorial on the role of attention and awareness in learning. In Schmidt, R. (Eds.), *Attention and awareness in foreign language learning* (Teaching report #9) (pp. 1 -63). Honolulu: University of Hawaii, Second Language Teaching and Curriculum Center.

[226] Schmidt, R. (2001). Attention. In Robinson, P. (Ed.), *Cognition and second language instruction* (pp. 1 - 34). Cambridge: Cambridge University Press.

[227] Searle, J. R. (1969). *Speech Acts: An Essay in the Philosophy of Language.* Cambridge: Cambridge University Press.

[228] Searle, J. R. (1975). Indirect speech act. In Cole, P. & Morgan, J. L. (Eds.). *Syntax and Semantics* (3): Speech Acts (pp. 59 - 82). New York, NY: Academic Press.

[229] Searle, J. R. (1979). *Expression and Meaning: Studies in the Theory of Speech Acts.* Cambridge: Cambridge University Press.

[230] Silva, A. J. B. (2003). The effect of instruction on pragmatic development: Teaching polite refusals in English. *Second Language Studies*, 22 (1): 55 -106.

[231] Smith, H. (2007). The social and private worlds of speech: Speech for inter- and intra-mental activity. *The Modern Language Journal*, 91: 341 -356.

[232] Soler, E. A. (2005a). Does instruction work for learning pragmatics in the EFL context? *System*, (33): 417 -435.

[233] Soler, E. A. (2005b). Investigating pragmatic language learning in foreign language classrooms. *IRAL*, 46: 173 -195.

[234] Soler, E. A. (2008). Investigating pragmatic language learning in foreign language classrooms. *IRAL*, 46: 173 -195.

[235] Soler, E. A. (2012). Teachability and bilingualism effects on third language learners' pragmatic knowledge. *Intercultural Pragmatics*, 9 (4): 511 -541.

[236] Soler, E. A. & Martinez-Flor, A. (Eds). (2008). *Investigating Pragmatics in Foreign Language Learning, Teaching and Testing.* Bristol: Multilingual Matters.

[237] Song, S. & Kellogg, D. (2011). Word meaning as a palimpsest: A defense of sociocultural theory. *The Modern Language Journal*, 95

(4): 589 -604.

[238] Storch, N. (2002). Pattern of interaction in ESL pair work. *Language Learning*, 52 (1): 119 -158.

[239] Stevens, P. (1993). The pragmatics of "No!": Some strategies in English and Arabic. Ideal, 6: 87 -112.

[240] Su, I. R. (2010). Transfer of pragmatic competences: A bi-directional perspective. *The Modern Language Journal*, 94: 87 -102.

[241] Sullivan, P. N. (2000). Playfulness as mediation in communicative language teaching in a Vietnamese classroom. In Lantolf, J. P. (Ed.), *Sociocultural Theory and Second Language Learning* (pp. 115 -131). Oxford: Oxford University Press.

[242] Swain, M. (2000). The output hypothesis and beyond: Mediating acquisition through collaborative dialogue. In Lantolf, J. P. (Ed.), *Sociocultural Theory and Second Language Learning* (pp. 97 -114). Oxford: Oxford University Press.

[243] Swain, M. (2001). Examining dialogue: Another approach to content specification and to validating inferences drawn from test scores. *Language Testing*, 18: 275 -302.

[244] Swain, M. (2006). Verbal protocols: What does it mean for research to use speaking as a data collection tool? In Chaloub-Deville, M., Chapelle, C. A. & Duff, P. (Eds.), *Inference and Generalizability in Applied Linguistics: Multiple Research Perspectives* (pp. 97 -113). Amsterdam: John Benjamins.

[245] Swain, M. & Deters, P. (2007). "New" mainstream SLA theory: Expanded and enriched. *The Modern Language Journal*, 91: 820 -836.

[246] Swain, M. & Lapkin, S. (2002). Talking it through: Two French immersion learners'response to reformulation. *International Journal of Educational Research*, 37: 285 -304.

[247] Swain, M., Lapkin, S., Knouzzi, I., et aL. (2009). Languaging: University students learn the grammatical concept of voice in French. *The Modern Language Journal*, 93: 5 -27.

[248] Tada, M. (2005). *Assessment of ESL pragmatic production and perception using video prompts*. Unpublished doctoral dissertation, Temple University, Japan.

[249] Taguchi, N. (2008a). The role of learning environment in the development of pragmatic competence: A comparison of gains between EFL and ESL learners. *Studies in Second Language Acquisition*, 30: 423 – 452.

[250] Taguchi, N. (2008b). Cognition, language contact, and the development of pragmatic comprehension in a study-abroad context. *Language Learning*, 58 (1): 33 – 71.

[251] Taguchi, N. (2011). Pragmatic development as a dynamic, complex process: general patterns and case histories. *The Modern Language Journal*, 95 (4): 605 – 627.

[252] Taguchi, N. (2012). *Context, Individual Differences and Pragmatic Competence*. Bristol: Multilingual Matters.

[253] Taguchi, N. (2014). Pragmatic socialization in an English-medium university in Japan. *IRAL*, 52 (2): 157 – 181.

[254] Taguchi, N. & Kim, Y. (2014). Collaborative dialogue in learning Pragmatics: pragmatic-related episodes as an opportunity for learning request-making. *Applied Linguistics*, first published online July 29, 1 – 23.

[255] Taguchi, N. & Sykes, J. M. (Eds.) (2013). *Technology in Interlanguage Pragmatics Research and Teaching*. Amsterdam: John Benjamins.

[256] Tajeddin, Z. & Moghadam, A. M. (2012). Interlanguage pragmatic motivation: Its construct and impact on speech act production. *RELC Journal*, 43 (3): 353 – 372.

[257] Takahashi, S. (1995). *Pragmatic transferability of L1* indirect request strategies perceived by Japanese learners of English. Ph. D. dissertation, The University of Hawaii. Available from UMI ProQuest Digital Dissertation, UMI Microform 9532631.

[258] Takahashi, S. (1996). Pragmatic transferability. *Studies in Second Language Acquisition*, 18: 189 – 223.

[259] Takahashi, S. (2001). The role of input enhancement in developing pragmatic competence . In Rose, K. R. & Kasper, G. (Eds.), *Pragmatics in Language Teaching* (pp. 171 – 199). Cambridge: Cambridge University Press.

[260] Takahashi, S. (2005a). Noticing in task performance and learning

outcomes: A qualitative analysis of instructional effects in interlanguage pragmatics. System, 33: 437 –461.

[261] Takahashi, S. (2005b). Pragmalinguistic awareness: Is it related to motivation and proficiency? *Applied Linguistics*, 26 (1): 90 –120.

[262] Takimoto, M. (2006). The effects of explicit feedback and form-meaning processing on the development of pragmatic proficiency in consciousness-raising tasks. *System*, 34: 601 –614.

[263] Takimoto, M. (2008). The effects of deductive and inductive instruction on the development of language learners' pragmatic competence. *The Modern Language Journal*, 92 (3): 369 –386.

[264] Tateyama, Y. (2001). Explicit and implicit teaching of pragmatic routines: Japanese sumimasen. In Rose, K. R. & Kasper, G. (Eds.), *Pragmatics in language teaching* (pp. 200 –222). Cambridge: Cambridge University Press.

[265] Tateyama, Y., Kasper, G., Mui, L., et aL. (1997). Explicit and implicit teaching of pragmatic routines. *Pragmatics and Language Learning monograph series*, Vol. 8. Illinois: Division of English as an international language, University of Illinois at Urbana-Campaign.

[266] Thomas, J. (1983). Cross-cultural pragmatic failure. *Applied Linguistics*, 4 (2): 91 –112.

[267] Thorne, S. L. (2003). Artifacts and cultures-of-use in intercultural communication. *Language Teaching and Technology*, 7: 38 –67.

[268] Thorne, S. L. (2005). Epistemology, politics, and ethics in sociocultural theory. *The Modern Language Journal*, 89: 393 –409.

[269] Usó-Juan, E. & Martínez-Flor, A. (2008). Teaching learners to appropriately mitigate requests. *ELT Journal*, 62 (4): 349 –357.

[270] Usó-Juan, E. (2013). Effects of metapragmatic instruction on EFL learners' production of refusals. *Utrecht Studies in Language & Communication*, 25: 65 –99.

[271] van Compernolle, R. A. (2013). From verbal protocols to cooperative dialogue in the assessment of second language pragmatic competence. *Intercultural Pragmatics*, 10 (1): 71 –100.

[272] van Compernolle, R. A & Kinginger, C. (2013). Promoting

metapragmatic development through assessment in the Zone of Proximal Development. *Language Teaching Research*, 17 (3): 282 - 302.

[273] van Compernolle, R. A & Henery, A. (2015). Learning to do concept based pragmatics instruction: Teacher development and L2 pedagogical content knowledge. *Language Teaching Research*, 19 (3): 351 - 372.

[274] van Compernolle, R. A. & Zhang, H. M. (2014). Dynamic assessment of elicited imitation: A case analysis of an advanced L2 English speaker. *Language Testing*, 31 (4): 395 - 412.

[275] van Lier, L. (2004). *The Ecology and Semiotics of Language Learning*: A sociocultural Perspective. Boston, MA: Kluwer.

[276] Vasquez, C. (2004). "Very carefully managed": advice and suggestions in post-observation meetings. *Linguistics and Education*, 15: 33 - 58.

[277] Verity, D. P. (2000). Side effects: The strategic development of professional satisfaction. In Lantolf, J. P. (Ed.), *Sociocultural Theory and Second Language Learning* (pp. 179 - 198). Oxford: Oxford University Press.

[278] Vygotsky, L. S. (1962). *Thought and Language.* Cambridge: MIT Press and Wiley (Originally published in Russian in 1934).

[279] Vygotsky, L. S. (1978). Mind in Society. *The Development of Higher psychological Process.* Cole, M., John-Steiner, V., Scribner, S. & Souberman, E. (Eds.), Cambridge, Mass.: Harvard University Press.

[280] Vygotsky, L. S. (1986). *Thought and language* (revised). Cambridge, MA: MIT Press.

[281] Vygotsky, L. S. (1987). *The Collected Works of L. S. Vygotsky, Volume* 1. *Problems of General Psychology.* Reiber, R. W. and Carton, A. S. (eds.). New York: Plenum Press.

[282] Vygotsky, L. S. (1990). *The Collected Works of L. S. Vygotsky, Volume* 2. *The Fundamentals of Defectology.* Reiber, R. W. and Carton, A. S. (eds.). New York: Plenum Press.

[283] Vygotsky, L. S. (1997a). The Collected Works of L. S. *Vygotsky, Volume* 3. *Problems of the Theory and History of Psychology.* Reiber,

R. W. and Wollock, J. (eds.) . New York: Plenum Press.

[284] Vygotsky, L. S. (1997b). *The Collected Works of L. S. Vygotsky, Volume 4. The History of the Development of Higher Mental Function.* Reiber, R. W. (eds.) . New York: Plenum Press.

[285] Vygotsky, L. S. (1997c). *Educational Psychology.* BocaRaton, FL: St. Lucie Press.

[286] Vygotsky, L. S. (1998). *The Collected Works of L. S. Vygotsky, Volume 5. The Problems of Age. Reiber*, R. W. (Eds.) . New York: Plenum Press.

[287] Vygotsky, L. S. (1999). *The Collected Works of L. S. Vygotsky, Volume 6. Scientific Legacy.* New York: Plenum Press.

[288] Waite, P. T. (2004). *A Sociocultural process of teacher assessment and intervention for African American and Hispanic students at risk for special education.* Ph. D. dissertation, Harvard University. Available from UMI ProQuest Digital Dissertation, UMI Microform 3134508.

[289] Walters, F. S. (2007). A conversation-analytic hermeneutic rating protocol to assess L2 oral pragmatic competence. *Language Testing*, 24 (2): 155 – 183.

[290] Wannaruk, A. (2004). Say "No": A cross cultural comparison of Thais and Americans Refusals. *English Language Studies Forum*, 1: 1 – 22.

[291] Wannaruk, A. (2005). *Pragmatic transfer in Thai EFL refusals.* Paper presented at the 13th Annual KOTESOL International Conference, Sookmyung Women's University, Seoul, Korea.

[292] Wannaruk, A. (2008). Pragmatic transfer in Thai EFL refusals. *RELC Journal*, 39 (3): 318 – 337.

[293] Watson, J. (2009). *Applying Sociocultural Theory to a language classroom environment with second-year students of College Russian.* Ph. D. dissertation, Bryn Mawr College. Available from UMI ProQuest Digital Dissertation, UMI Microform 3338755.

[294] Weizman, E. (1989). Requestive hints. In Blum-Kulka, S., House, J. & Kasper, G. (Eds.) . *Cross-cultural Pragmatics: Requests and Apologies* (pp. 71 – 95) . Norwood, NJ: Ablex.

[295] Weizman, E. (1993). Interlanguage requestive hints. In Kasper, G. & Blum-Kulka, S. (Eds.), *Interlanguage Pragmatics* (pp. 123 – 137).

Oxford: Oxford University Press.

[296] Wells, G. (2010). Dialogic *Inquiry toward a Socialcultural Practice and Theory of Education.* Beijing: Foreign Language Teaching and Research Press and Cambridge University Press.

[297] Wilder-Bassett, M. (1984). *Improving pragmatic aspect of learners' interlanguage.* Tubingen: Narr.

[298] Wilder-Bassett, M. (1986). Teaching and learning "polite noises": Improving pragmatic aspects of advanced adult learners' interlanguage. In Kasper, G. (Ed.), *Learning, teaching, and communication in the foreign language classroom* (pp. 163 – 178). Arhus: Arhus University Press.

[299] Wildner-Bassett, M. E. (1994). Intercultural pragmatics and proficiency: polite noises for cultural appropriateness. *IRAL*, 32 (1): 3 – 17.

[300] Winke, P. M. & Teng, C. H. (2010). Using task-based pragmatics tutorials while studying abroad in China. *Intercultural Pragmatics*, 7 (2): 363 – 399.

[301] Wongwarangkul, Ch. (2000). *Analysis of the nature of interlanguage pragmatics in choice making for requesting strategies by Thai EFL learners.* Ph. D. dissertation, Michigan State University. Available from UMI ProQuest Digital Dissertation, UMI Microform 3000630.

[302] Xu, Y., Gelfer, J. & Perkins, P. (2005). Using Peer Tutoring to Increase Social Interactions in Early Schooling. *TESOL Quarterly*, 39 (1): 83 – 106.

[303] Yamanaka, J. N. (2003). Effects of proficiency and length of residence on the pragmatic comprehension of Japanese EFL learners. *Second Language Studies*, 22 (1): 107 – 175.

[304] Yamashita, S. O. (1996). *Six measures of JSL pragmatics* (Technical Report #14). Honolulu: University of Hawaii, Second Language Teaching and Curriculum Center.

[305] Yoshimi, D. R. (2001). Explicit instruction and JFL learner' s use of interactional discourse markers. In Rose, K. R. & Kasper, G. (Eds.), *Pragmatics in Language Teaching* (pp. 223 – 244). Cambridge, UK: Cambridge University Press.

[306] Yoshitake, S. (1997). *Interlanguage competence of Japanese students of English: A multi-test framework evaluation.* Unpublished doctoral dissertation, Columbia Pacific University, San Rafael, California.

[307] Youn, S. J. (2007). Rater bias in assessing the pragmatics of KFL learners using facets analysis. *Second Language Studies*, 26 (1): 85 - 163.

[308] Youn, S. J. (2015). Validity argument for assessing L2 pragmatics in interaction using mixed methods. *Language Testing*, 32 (2): 199 - 225.

[309] Yu, Sh. & Lee, L. (2015). Understanding EFL students' participation in group peer feedback of L2 writing: A case study from an activity theory perspective. *Language Teaching Research*, 19 (5): 572 - 593.

[310] Zhu, W. H. (2012). Polite requestive strategies in emails: An investigation of pragmatic competence of Chinese EFL learners. *RELC Journal*, 43 (2): 217 - 238.

[311] 白丽梅. 2010. 中介语语用学多语言跨文化研究——《外语学习、教学和测试中的语用学研究》评介. 外语教学与研究 (6): 475 - 477.

[312] 曹宇. 2014. 心智主义与社会文化视角下二语习得观异同. 英语研究 (4): 59 - 63.

[313] 陈融. 2014. 从学者自指方法看语用能力的培养及其文化因素. 浙江外国语学院学报 (2): 9 - 23.

[314] 陈新仁. 2014. 基于社会建构论的语用能力观. 外语研究 (6): 1 - 7.

[315] 陈新仁等. 2013. 语用学与外语教学. 北京: 外语教学与研究出版社.

[316] 陈新仁、李民. 2015. 英语作为国际通用语背景下的语用失误新解. 外语与外语教学 (2): 7 - 12.

[317] 陈治安、袁渊泉. 2006. 语际语用学研究的回顾与展望. 外语教学 (6): 1 - 5.

[318] 程晓堂、岳颖. 2011. 语言作为心智发展的工具——兼论外语学习的意义. 中国外语 (1): 51 - 57.

[319] 程晓. 2011. 活动理论之客体概念及其对课堂教学研究的启

示——以高等师范英语语音课堂为例（英文）. 中国应用语言学（季刊）（3）：72 – 88.
［320］ 戴炜栋、陈莉萍 . 2005. 影响二语语用能力发展的因素 . 外语与外语教学（9）：1 – 5.
［321］ 戴炜栋、杨仙菊 . 2005. 第二语言语用习得的课堂教学模式 . 外语界（1）：2 – 8.
［322］ 董晓红 . 1994. 对不同阶段英语专业学生语用能力的调查与分析 . 外语教学（3）：91 – 95.
［323］ 段玲琍 . 2007. 语用能力的可教性研究 . 四川外语学院学报（5）：140 – 144.
［324］ 段玲琍、Anchalee Wannaruk. 2008. 英语拒绝策略的可教性实证研究 . 四川外语学院学报（3）：128 – 132.
［325］ 段玲琍 . 2009. 中国外语教学语境下语用能力可教性的实证研究 . 天津外国语学院学报（4）：67 – 74.
［326］ 段玲琍 . 2012（a）. 语用能力测试工具的效度和信度研究 . 外国语文研究（1）：84 – 96.
［327］ 段玲琍 . 2012（b）. 社会文化理论与语用习得理论框架的构建. 江南大学学报（人文社会科学版）（3）：124 – 128.
［328］ 段玲琍 . 2013（a）. 语用能力测试评分的拉西模式分析 . 复旦外国语言文学论丛（春季号）：59 – 66.
［329］ 段玲琍 . 2013（b）. 社会文化理论与语用习得的理论基础 . 外国语言文学（2）：101 – 106.
［330］ 段玲琍 . 2014（a）. 社会文化理论与英语阅读教学 . 中国外语教育（1）：16 – 23.
［331］ 段玲琍 . 2014（b）. 英语阅读教学的最近发展区论证 . 语言教育（1）：14 – 18.
［332］ 方秀才 . 2012. 外语语用测试：问题与对策 . 外语测试与教学（2）：43 – 50.
［333］ 高瑞阔、唐胜虹 . 2014. 中国大学生的英语学习同伴资源运用状况调查 . 现代外语（5）：668 – 678.
［334］ 高艳 . 2008. 从社会文化理论的角度论语言教师的中介作用 . 外语教学理论与实践（3）：93 – 96.
［335］ 高一虹、周燕 . 2009. 二语习得社会心理研究：心理学派与社会文化学派 . 外语学刊（1）：123 – 128.
［336］ 高瑛 . 2009. 认知与社会文化视域下的课堂互动话语研究述评 .

外语教学理论与实践（4）：76－83.
[337] 高月琴.2002. 语用能力的培养与英语口语能力的提高. 外语电化教学（2）：6－9.
[338] 甘文平.2001. 中国大学师生英语语用能力的调查与分析——兼评《大学英语听力》教材修订版. 西安外国语学院学报（1）：73－75.
[339] 盖淑华.2010. 最近发展区中的词块习得实证研究——基于支架式教学的实验报告. 外语与外语教学（5）：68－72.
[340] 贡献.1997. 恭维答语——英汉言语行为对比. 解放军外语学院学报（3）：10－19.
[341] 桂敏.2006. Vygotskyps Sociocultural Theory and the Role of Input and Output in Second Language Acquisition. 中国英语教学（双月刊）（4）：87－92.
[342] 韩宝成.2009. 动态评价理论、模式及其在外语教育中的应用. 外语教学与研究（6）：452－458.
[343] 韩大伟、邓奇.2013. 动态抑或互动？—动态系统理论与社会文化理论在二语习得中的应用. 外语电化教学（2）：10－15.
[344] 韩东红、兰裕明、姚文清.2002. 涉外专业学生语用能力的调查与分析研究. 西安外国语学院学报（4）：79－82.
[345] 韩亚文.2009. 最近发展区理论及其对二语习得研究的启示. 南京工业大学学报（社会科学版）（3）：92－96.
[346] 何德华.2015. 英语通用语视角下语用教学的新思维. 外语与外语教学（2）：1－6.
[347] 何善亮.2007. "最近发展区"的多重解读及其教育蕴涵. 教育学报（4）：29－34.
[348] 何自然、阎庄.1986. 中国学生在英语交际中的语用失误—汉英语用差异调查. 外语教学与研究（3）：52－57.
[349] 何自然.1996. 什么是语际语用学. 国外语言学（1）：1－6.
[350] 何自然、张巨文.2003. 外语教学中的语用路向探索. 山东外语教学（4）：3－8.
[351] 何自然、冉永平.2002. 语用学概论. 长沙：湖南教育出版社.
[352] 何自然.2003. 语用学讲稿. 南京：南京师范大学出版社.
[353] 何自然.2014. 在语用学指导下发展语用能力. 浙江外国语学院学报（2）：1－8.
[354] 何兆熊.1989. 语用学概要. 上海：上海外语教育出版社.

［355］洪岗．1991．英语语用能力调查及其对外语教学的启示．外语教学与研究（4）：56－60．
［356］洪岗．2000．语际语语用学研究．杭州教育学院学报（3）：1－7．
［357］洪岗．2001．跨文化语用学研究中的对等问题．外国语（2）：42－48．
［358］洪岗、陈乾峰．2011．中美新闻发言人拒绝策略对比研究．外语教学与研究（2）：209－219．
［359］侯国金．2014．语用能力及其发展方案．浙江外国语学院学报（2）：24－31．
［360］胡美馨．2004．在专业英语口语教学中培养学生语用能力——基于一项教学实验的分析和建议．外语电化教学（1）：28－31．
［361］黄秀兰．2014．维果茨基心理学思想精要．广州：广东教育出版社．
［362］黄永红．2001．对言语行为“道歉”的跨文化研究．解放军外国语学院学报（5）：33－36．
［363］贾冠杰．2010．社会文化视角下的二语习得活动论．中国海洋大学学报（社会科学版）（4）：40－44．
［364］贾冠杰．2013．交互论研究——心理—认知—社会视角．山东外语教学（6）：56－62．
［365］贾光茂、方宗祥．2009．激活最近发展区：大学英语课堂交际活动中教师及同伴支架作用研究．西安外国语大学学报（3）：84－88．
［366］姜孟．2012．从社会文化理论透视二语习得．英语研究（3）：53－58．
［367］姜占好．2004．中澳大学生英语道歉策略的对比研究．外语研究（2）：32－35．
［368］姜占好．2003．中介语语用学研究及其对提高学生语用能力的启示．山东外语教学（2）：64－67．
［369］姜占好．2007．语境关系顺应和语用能力评估．山东外语教学（4）：40－43．
［370］姜占好．2009．多媒体外语教学语境下学习者语用能力的发展探讨．外语电化教学（127）：28－32．
［371］姜占好、周保国．2012．学习者语用能力评估研究．外语教学（5）：45－48．
［372］姜占好、陶源、周保国．2011．国外课堂语用教学研究三十年．

西安外国语大学学报（2）：93－96.
[373] 柯祖林.2007. 心理工具：教育的社会文化研究. 黄佳芬，译. 上海：华东师范大学出版社.
[374] 李成团、冉永平.2014. 虚假礼貌的实现方式及语用特征分析. 外国语（2）：42－51.
[375] 李成团、冉永平.2015. 身份构建的人际语用学研究：现状、原则与议题. 中国外语（2）：47－54.
[376] 李丹丽.2012. 二语课堂互动话语中教师"支架"的构建. 外语教学与研究（4）：572－584.
[377] 李健雪.2006. 二语语用发展的体验认知思考. 外语与外语教学（5）：4－7.
[378] 李健雪.2007. 论二语语用发展研究认知路向. 扬州大学学报（人文社会科学版）（6）：32－36.
[379] 李悦娥、范宏雅.1998. "招呼语"语用失误分析及策略研究. 外语与外语教学（11）：28－31.
[380] 李怀奎.2005. 国内关于学习者外语语用能力的实证研究：调查与分析. 山东外语教学（5）：60－63.
[381] 李怀奎.2008. 论语用能力的基本内容及性质——过渡语语用学系列研究之一. 广西师范大学学报（哲学社会科学版）（3）：115－119.
[382] 李怀奎.2011. 二语语用发展特征的四大理论模式——过渡语语用学系列研究之四. 太原师范学院学报（社会科学版）（4）：105－109.
[383] 李怀奎、李怀宏.2007. 国内外语语用习得实证研究的数据收集工具的质量评估. 广西师范大学学报（哲学社会科学版）（3）：132－137.
[384] 李民、陈新仁.2007. 中国英语专业学生语法/语用意识程度及其能力调查. 中国外语（6）：35－41.
[385] 李民、陈新仁、肖雁.2009. 英语专业学生性格类型与语法、语用能力及其意识程度研究. 外语教学与研究（2）：119－124.
[386] 李萍、郑树棠.2005. 语际语用学述评. 山东外语教学（5）：22－25.
[387] 李萍、郑树棠、杨小虎.2006. 影响中美学生抱怨话语严厉程度的因素分析. 外语教学与研究（1）：56－60.
[388] 李清华、宾科.2014. 中国 EFL 学习者英语程式话语能力发展

研究．外语界（6）：11－20.
[389]（俄）列夫·维果茨基．2010. 思维与语言．李维，译．北京：北京大学出版社.
[390] 李霞、兰英．2007. 基于社会文化学派理论的第二语言学习观及其述评．国外外语教学（2）：54－61.
[391] 李燕、姜占好．2014. 新时期英语专业学生语用能力调查报告及启示．外语教学（5）：68－71.
[392] 梁爱民．2010. “可理解性输入”与“最近发展区”概念支架类型研究．济南大学学报（社会科学版）（4）：33－36.
[393] 梁爱民．2012. 维果斯基“最近发展区”理论框架下语言知识构建机制研究．济南大学学报（社会科学版）（4）：29－32.
[394] 廖开洪．2007. 语用迁移研究的现状及发展趋势．暨南学报（哲学社会科学版）（4）：115－119.
[395] 刘建达．2005. 话语填充测试方法的多层面 Rasch 模型分析．现代外语（2）：157－169.
[396] 刘建达．2006. 中国学生英语语用能力的测试．外语教学与研究（4）：259－265.
[397] 刘建达．2007. 语用能力测试的评卷对比研究．现代外语（4）：395－404.
[398] 刘建达．2008. 语用能力测试研究：现状、问题与启示．外语研究（4）：52－58.
[399] 刘建达．2013. 大学英语语用能力的教学与评估．山东外语教学（6）：49－55.
[400] 刘建达、黄玮莹．2012. 中国学生英语水平与语用能力发展研究．中国外语（1）：64－70.
[401] 刘红艳、李悦娥．1999. 接受及谢绝的过渡语语用调查．外语与外语教学（9）：22－24.
[402] 刘芹、戴炜华．2004. 语用测试及其在英语口语能力评估中的应用．上海电力学院学报（3）：61－66.
[403] 刘绍忠．1997（a）．国外语际语用学研究现状与我国语际语用学研究的思考．现代外语（3）：74－80.
[404] 刘绍忠．1997（b）．语境与语用能力．外国语（3）：24－31.
[405] 刘润清、刘思．2005. 语用习得的认知特性和影响因素述评．外语教学与研究（3）：218－225.
[406] 刘星河．2011. 从“社会言语”到“内部言语”——维果茨基论皮

亚杰自我中心言语学说的方法论取向. 外语学刊 (5): 90 -94.

[407] 刘学惠. 2011. 社会文化理论视角下的外语课堂与语言学习. 课程·教材·教法 (7): 46 -51.

[408] 刘艳. 2015. 中国英语学习者语用能力发展模式实证研究. 外语学刊 (1): 114 -119.

[409] 刘正光、冯玉娟、曹剑. 2013. 二语习得的社会认知理论及其理论基础. 外国语 (上海外国语大学学报) (6): 42 -52.

[410] 卢加伟. 2006. 英汉拒绝策略及其语用迁移的实证研究. 河南科技大学学报 (社会科学版) (4): 65 -67.

[411] 卢加伟. 2009. 语用迁移与二语水平的关系研究——基于拒绝言语行为的实证调查. 北京: 科学出版社.

[412] 卢加伟. 2010 (a). 语用迁移与二语水平的关系研究. 外语教学理论与实践 (1): 14 -25.

[413] 卢加伟. 2010 (b). 语用迁移的影响因素研究述评. 中国海洋大学学报 (社会科学版) (2): 101 -105.

[414] 卢加伟. 2011. 第二语言语用发展研究述评. 洛阳师范学院学报 (3): 102 -105.

[415] 卢加伟. 2013 (a). 认知框架下的课堂语用教学对学习者二语语用能力发展的作用. 解放军外国语学院学报 (1): 67 -71.

[416] 卢加伟. 2013 (b). 国外二语语用教学研究述评. 现代外语 (2): 206 -211.

[417] 卢加伟. 2014. 第二语言语用教学研究述评. 洛阳理工学院学报 (社会科学版) (1): 87 -92.

[418] 卢加伟. 2015. 体验认知语用观下的二语语用能力研究. 外语学刊 (5): 28 -32.

[419] 卢仁顺、夏桂兰. 2005. 语用迁移研究述略. 东华理工学院学报 (社会科学版) (1): 76 -81.

[420] 马俊波. 2008. 社会文化理论及二语习得研究的社会文化视角. 天津外国语学院学报 (3): 9 -15.

[421] 马平. 2012. “支架理论”框架下英语专业《英语阅读》教学探讨. 外国语文 (3): 131 -134.

[422] 马月兰. 2000. 中美拒绝语策略共性比较研究. 西安外国语学院学报 (2): 46 -49.

[423] 麻彦坤. 2004. 维果茨基社会建构论思想在教学实践中的应用. 外国教育研究 (12): 6 -9.

[424] 毛齐明 . 2013. 教师有效学习的机制研究——基于“社会文化—活动”理论的视角 . 武汉：华中师范大学出版社.
[425] 毛眺源 . 2009. 语用习得研究理论述评及其对外语教学的启示 . 当代教育理论与实践（4）：85 –87.
[426] 毛眺源 . 2011. 文化习得观照下二语语用能力发展探究 . 湖南第一师范学院学报（5）：106 –109.
[427] 毛眺源 . 2013. 语用能力发展的文化流利性考量 . 湖南社会科学（6）：256 –259.
[428] 孟梅、刘秦亮 . 2000. 大学生英语语用能力研究报告 . 西安外国语学院学报（4）：92 –94.
[429] 牛瑞英 . 2007.《社会文化理论和第二语言发展的起源》述介 . 外语教学与研究（4）：314 –316.
[430] 秦丽莉、王绍平、刘风光 . 2015. 二语习得社会文化理论研究的学科归属与理念 . 东北师大学报（哲学社会科学版）（1）：193 –196.
[431] 秦丽莉、戴炜栋 . 2013. 活动理论框架下的大学英语学习动机自我系统模型构建 . 外语界（6）：23 –31.
[432] 秦丽莉、戴炜栋 . 2015. 生态视阈下大学英语学习环境给养状况调查 . 现代外语（2）：227 –237.
[433] 冉永平 . 2004. 语用学与二语习得交叉研究的新成果：第二语言中的语用发展评介 . 外语教学与研究（2）：152 –155.
[434] 冉永平 . 2006. 外语学习的语用学综览与管见 . 外语研究（1）：48 –51.
[435] 冉永平 . 2013. 多元语境下英语研究的语用关注 . 外语教学与研究（5）：669 –678.
[436] 冉永平、赖会娣 . 2014. 虚假拒绝言语行为的人际语用理据分析 . 外语学刊（2）：65 –70.
[437] 冉永平、刘平 . 2015. 人际语用学视角下的关系研究 . 外语教学（4）：1 –7.
[438] 冉永平、杨青 . 2015. 英语国际通用语背景下的语用能力思想新探 . 外语界（5）：10 –17.
[439] 彭庆华 . 2011. 关于语用能力构建的思考 . 载陈新仁，语用学研究 . 北京：高等教育出版社.
[440] 彭元玲 . 2008. “支架”理论在 E-learning 环境中的应用研究 . 四川外语学院学报（1）：138 –141.

[441] 桑思民、栾守凤. 1993. 跨文化交际语用测试分析. 外语与外语教学（大连外国语学院学报）(4): 30-34.
[442] 司联合. 2001. 过渡语、语用能力与文化教学. 外语学刊（黑龙江大学学报）(2): 101-106.
[443] 尚晓明. 1997. 语际语用学与二语学习. 外语学刊（黑龙江大学学报）(1): 62-64.
[444] 邵钦瑜、冯蕾. 2011. 从社会文化理论的视角论教师在大学英语词汇教学中的中介作用. 北京交通大学学报（社会科学版）(4): 105-109.
[445] 孙德华. 2006. 留学生汉语语用能力调查研究. 语文学刊 (4): 115-118.
[446] 孙晓曦. 2009. 第二语言语用能力的发展——一项基于母语为汉语的小学生英语语用能力发展的研究. 上海: 上海交通大学出版社.
[447] 孙晓曦、王同顺. 2007. 论从交际行为角度看第二语言语用能力的发展. 北京第二外国语学院学报（外语版）(4): 51-57.
[448] 孙晓曦、王同顺. 2008. 中国第二语言学习者英语交际行为研究. 外语与外语教学 (10): 34-39.
[449] 孙晓曦、王同顺. 2009. 中国小学生第二语言语用能力的发展及第二语言语法能力的影响（英文）. 中国英语教学（双月刊）(3): 3-15.
[450] 陶源、姜占好. 2012. 语用能力培养的认知观. 外语学刊 (3): 96-99.
[451] 谭芳、刘永兵. 2010. 语言、文化、自我——论巴赫金与维果斯基理论核心思想之殊途同归. 外语研究 (3): 40-45.
[452] 王爱华. 2001. 英汉拒绝言语行为表达模式调查. 外语教学与研究 (3): 178-185.
[453] 王初明. 2009. 学相伴用相随——外语学习的学伴用随原则. 中国外语 (5): 53-59.
[454] 王得杏. 1990. 跨文化交际的语用问题. 外语教学与研究 (4): 7-11.
[455] 王光荣. 2009. 文化的诠释: 维果茨基学派心理学. 济南: 山东教育出版社.
[456] 王洁卿. 2012. 计算机中介交流在外语教学中的应用研究述评. 外语教学与研究 (5): 775-783.

[457] 王绍斌、李玮 . 2007. 拒绝言语行为的语用迁移研究——一项实证考察 . 外语学刊 (4): 77 -81.
[458] 王涛 . 2006. 维果茨基的社会建构主义及文化观 . 广西社会科学 (12): 159 -161.
[459] 魏梅 . 2011. 系统—理论教学与动态评价述评 . 天津外国语大学学报 (4): 42 -48.
[460] 文秋芳 . 2008. 评析二语习得认知派与社会派 20 年的论战 . 中国外语 (3): 13 -20.
[461] 吴文、甘勇 . 2011. 社会文化视野下二语习得研究 25 年 . 北京第二外国语学院学报 (6): 75 -83.
[462] 吴文、李森 . 2009. 社会文化视野下的生态语言教学观 . 山东外语教学 (6): 48 -53.
[463] 熊淑慧 . 2009. 一个中英文双语者的自我身份个案研究 . 外语教学理论与实践 (4): 55 -64.
[464] 熊淑慧 . 2010. 活动理论的发展及其在二语习得研究中的应用 . 长春理工大学学报 (5): 99 -100.
[465] 徐锦芬、聂睿等 . 2015.《社会文化理论及其在二语教育中的必要性》述评 . 现代外语 (4): 575 -578.
[466] 严世清 . 2012. 意义进化论理论溯源 . 外语教学与研究 (1): 45 -53.
[467] 杨华 . 2012. 从原始言语到内部言语——《思维与言语》的辩证法思想解读 . 天津外国语大学学报 (1): 9 -14.
[468] 杨立民 . 2010. 现代大学英语 . 北京: 外语教学与研究出版社.
[469] 杨满珍 . 2009. 对大学英语语用能力教学的思考 . 广东外语外贸大学学报 (2): 102 -105.
[470] 杨鲁新、付晓帆 . 2014. 语法教学理念及实践转变——活动理论取径 . 外语与外语教学 (1): 60 -66.
[471] 杨梅、姜琳 . 2013.《二语习得的非主流研究理论》评介 . 现代外语 (4): 434 -436.
[472] 杨文秀 . 2002. 语用能力 · 语言能力 · 交际能力 . 外语与外语教学 (3): 5 -8.
[473] 杨仙菊 . 2008. A Cross-sectional Study of Chinese Learners: Acquisition of English Requests. 中国英语教学 (6): 31 -43.
[474] 杨仙菊 . 2009. 第二语言语用习得: 中国学习者英语“请求”言语行为习得研究 . 北京: 国防工业出版社 .

[475] 杨仙菊.2015. ELF语境下基于人种志方法的英语语用教学. 外语与外语教学（2）：13－18.
[476] 尹洪山.2011. 从社会文化理论到语言社会化理论 —— 二语习得研究的社会学转向. 青岛科技大学学报（社会科学版）(1)：96－98.
[477] 于书林.2013. 教师书面反馈中的母语中介功能探究：社会文化活动理论视角. 外语界（2）：77－86.
[478] 于元芳.2009. 社会文化理论视角下的外语学习动机与学习成绩研究（英文）. 中国英语教学（3）：86－97.
[479] 邹莹.2009. 皮亚杰与维果斯基的建构主义比较. 外语学刊（5）：117－120.
[480] 詹德华.1998. 语言学研究的人文因素——苏联心理语言学管窥及两点启示. 外语研究（2）：29－31.
[481] 张国荣.2004. "支架"理论在英语写作教学中的应用. 外语与外语教学（9）：37－39.
[482] 张辉.1994. 试论跨文化交际中的语用迁移与语用失误. 外语教学（3）：24－27.
[483] 张莲、孙有中.2014. 基于社会文化理论视角的英语专业写作课程改革实践. 外语界（5）：2－10.
[484] 张绍杰.2013. 关于"语用能力"及其"不可教性"的重新思考——对卡斯珀观点的反驳. 外国语文研究（2）：83－92.
[485] 张晓晴.2008. 运用"支架"理论实现英语阅读教学监控的转移. 山东外语教学（3）：83－88.
[486] 郑弘.2009. 明示教学与语用能力发展. 湖北第二师范学院学报（4）：106－107.
[487] 朱静静.2008. 中介、内化理论与二语习得. 西昌学院学报（社会科学版）(4)：1－4.
[488] 朱炼红.2007. 二语语用能力发展的相关理论模式述评. 黑龙江教育学院学报（12）：88－90.
[489] 教育新闻爱思英语.2014. 为什么中国人说英语有时候听起来没有礼貌. http://edu.qq.com/a/20140912/015928.htm?pgv_ref=aio2012&ptlang=2052.

后 记

十几年前当我在广东外语外贸大学（以下简称“广外”）读硕士研究生时，听到王初明教授介绍语用习得研究，我眼前一亮；何自然教授的讲课也专门讲到了语际语用学，当时很激动，也就萌发了做这方面研究的想法。但是，由于当时能力有限，想法没成现实。当我在泰国读博士研究生时，想做语用习得研究的想法得到了导师的肯定。起初，社会文化理论的研究视角吸引了我，由于操作性的问题没法解决，我只好忍痛放弃了，最终博士学位论文还是选择了注意假设和语用习得，但是关于社会文化理论与语用习得的研究就一直在脑海里萦绕。博士研究生毕业来到四川外国语大学（以下简称“川外”）工作后，开始思考以社会文化理论为基础申报课题，又得到了川外王鲁男教授的鼓励和支持，最终成功获批省部级、校级相关项目和教学成果奖多项。成果的宣讲又得到了广外何自然教授和南京大学陈新仁教授的支持。今天，研究成果就要出炉，心里有一种孕育了十月的婴儿就要出世的喜悦，同时也有一种惴惴不安的感觉，因为不知效果是否令人满意。

做此研究犹如再读一个博士研究生，所经历的过程是一样的复杂，因为实验过程涉及面广，光学生就涉及七百人左右，有中国老师，还有外籍教师；有同事，还有外校的同行、专家；在此过程中要与各种不同层次的人员沟通和交流，有时行政工作太让我分心，研究工作断断续续；研究过程是喜悦和痛苦并存，不过，我乐在其中。

在此要特别感谢给予我研究灵感的老师和专家，广外的王初明教授、何自然教授，南京大学的陈新仁教授，川外英语学院的刘兴兵博士、伍红军老师、赵奂老师，川外翻译学院的张鹏老师，川外商务英语学院的段俊晖、余曦、杨佳雯、甘姝姝等老师，他们为本项目的完成做了大量的工作，如教学、资料收集、网站搜索等。

还要特别感谢教育部人文社科项目基金的资助以及评审专家的意见，使本项目能得以顺利完成！同时，还要感谢中国语用学研究会支持本专著列入“语用学学人文库”，并提出非常好的建议，为专著的撰写增色不少。

最后，要感谢暨南大学出版社为出版本书所付出的努力！特别是刘晶编辑的细心核对，减少了许多错误，衷心感谢！

我的工作做了一些，效果怎样敬请各位同仁、专家、学者批评指正！

段玲琍

2016 年 6 月于重庆歌乐山下四川外国语大学